Le ragioni del male
di Christopher Berry-Dee
Prima ristampa: ottobre 2023

Edizioni Clandestine
Via Fabio Filzi, 3
Cinisello B. Milano 20092
340.9481047
www.edizioniclandestine.com

Edizioni Clandestine è un marchio di proprietà del Gruppo Editoriale Santelli
www.grupposantelli.it

Traduzione di Barbara Gambaccini
Contributo alla traduzione Claudia Atzas
Lingua originale: Inglese
Titolo Originale: Talking with serial killer

Christopher Berry-Dee

LE RAGIONI DEL MALE

Edizioni clandestine
GRUPPO SANTELLI

PREMESSA

Non lasciamo che il ricordo delle sofferenze causate da queste piaghe della società decada nell'oblio.

Dedico questo libro alla piccola Leanna Williams (uccisa il 23 agosto 1994).

Braccio della morte, Ellis Unit, Texas, Santiago. Perfino posto a paragone dei più ripugnanti misfatti di altri brutali compari, Margarito Ranger Varelas appare ai nostri occhi come un mostro rivoltante. Vittima dell'indicibile crudeltà di questo essere indegno, fu Leanna Williams, la figliastra di soli due anni. Varelas era sposato con la madre di Leanna da soli quattro mesi, quando la bambina morì. Eppure, in quel breve lasso di tempo, egli riuscì a perpetrare sulla piccola un'infinita quanto implacabile serie di violenze e abusi sessuali. Le brutalità scoperte sul corpo della bambina, le cui profusioni ebbero inizio non appena officiata la cerimonia nuziale, sarebbero state sufficienti a provocare il decesso persino in una persona adulta. Leanna spirò a causa di molteplici emorragie celebrali, provocate da ripetuti calci sulla testa. La maggior parte delle sue costole riportava delle fratture e vi erano evidenti segni di sodomia.

Varelas affermò, innanzi ai poliziotti incaricati delle indagini, che la bambina era accidentalmente caduta nella loro casa, al 4415 di 2nd Street di Bacliff, in Texas. Ciò che più di tutto inquieta e risulta impossibile da credere, soprattutto in seguito al fatto che l'uomo fu accusato di aver rivolto le sue indecenti attenzioni anche alle sorelle di Leanna, di 5 e 9 anni, è però la dichiarazione della madre, che si disse totalmente estranea e inconsapevole dei fatti.

Capitolo 1

HARVEY LOUIS CARIGNAN (USA)

"Quel ragazzo è un fottuto demone!
Avrebbero dovuto friggerlo anni fa:
la gente si sarebbe messa in coda per premere l'interruttore.
Poi, una volta cadavere, trafittogli il cuore con un palo,
lo avrebbero seppellito.
Una settimana più tardi,
qualcuno lo avrebbe senz'altro riesumato,
infilzandolo nuovamente con una pertica,
giusto per essere certo che il suo trapasso fosse ineluttabile!"
Ruyssell J. Kruger Investigatore capo, Minneapolis, PD

Minneapolis, 24 Settembre 1974, primo mattino.

Il sole era sorto e i poliziotti Robert Nelson e Robert Thompson circolavano a bassa velocità lungo la 38esima, quando notarono una *Chevrolet Caprice* del 1968, tinteggiata in un inconsueto abbinamento cromatico nero e verde pisello in sosta innanzi a un ristorante. Thompson, fatto rapidamente il giro del caseggiato, attese che il collega controllasse quanto riportato sul bollettino di polizia emesso il giorno precedente: *"È questa!"*, concluse Nelson, *"I dettagli sulla macchina coincidono. Ora dobbiamo solo trovare il conducente. Secondo quanto segnalato,* è *un ragazzo di corporatura massiccia"*.

I due agenti si soffermarono a esaminare dal vetro, l'interno dell'auto. Le loro certezze trovarono conferma quando si avvidero di una coperta rossa, di materiale pornografico, di una bibbia e, vicino al cambio, di diversi pacchetti di *Marlboro*, tutti elementi che la vittima di uno stupro aveva riportato, nella descrizione del mezzo del suo assalitore. Mentre Nelson trasmetteva per radio le proprie coordinate, chiedendo rinforzi, Thompson entrò nel ristorante, interrogando il proprietario in merito al conducente del mezzo: *"Certo, era qui"*, rispose quegli, *"ma non appena vi ha visti, è fuggito dall'uscita sul retro"*.

Pochi minuti dopo, Harvey Louis Carignan venne fermato, interrogato e infine trattenuto per omicidio e stupro. Con oltre cinquanta omicidi a suo carico, uno dei più depravati serial killer americani cessava così di mietere vittime.

"Perfino ora, mi pare che la mia infanzia, incredibilmente breve, non sia durata che pochi, fuggevoli istanti. Nulla vi ritrovo a cui restare avvinghiato, nulla su cui volgere un tenero rimpianto. Tra il passato e il presente non vi è altro che un inferno di disperazione". (Carignan, da una lettera all'autore datata 14 aprile 1993).

Nato il 18 maggio del 1927, nel quartiere meno rispettabile della città di Fargo, Nord Dakota, come molti altri serial killer, Harvey, figlio illegittimo, non conobbe mai il padre. Sua madre, Mary, che lo mise al mondo all'età di vent'anni, pareva del tutto incapace di prendersi cura di quel bambino malaticcio, così inadeguato a una crescita sana e vigorosa.

Per questo, nel 1930, durante la fase cruciale della *Grande Depressione*, la donna soleva affidare il piccolo a chiunque si mostrasse abbastanza generoso da occuparsene. Sballottato dapprima tra Erode e Pilato e successivamente da una scuola all'altra, Harvey non ebbe alcuna possibilità di intrecciare profonde radici familiari, né poté godere di una solida educazione.

Ben presto, durante gli anni della formazione, sviluppò un fastidioso tic facciale e seguitò a bagnare il letto fino all'età di tredici anni. Contrasse altresì la malattia denominata *Ballo di San Vito* o *Corea infantile*, un'affezione che si manifesta con incontrollati e dolorosi spasmi muscolari. All'età di dodici anni fu rinchiuso nel riformatorio di Mandan, dove, secondo il casellario giudiziario dell'FBI, rimase per sette anni. In seguito, dichiarò di essere stato fin da bambino costantemente angariato e di aver subito abusi sessuali da parte di una delle insegnanti. In una lettera datata 12 giugno 1993, scrive: *"...avevo un'insegnante che, seduta sul mio banco, mi costringeva a scrivere con lei storie sconce. Avevo all'incirca 13 o 14 anni all'epoca – mostrami un ragazzino di quell'età che non sarebbe consenziente ed entusiasta di fronte alla possibilità di scambiare frasi porno con la propria insegnante. Per quanto non potessi allungare una mano su di lei senza essere schiaffeggiato, amava trattenermi dopo la lezione: in piedi, innanzi a lei, dovevo osservarla masturbarsi, mentre mi ricopriva di ingiurie e fantasie su quello che mi avrebbe fatto – nessuna delle quali, purtroppo, venne realmente concretizzata! -. Quella puttana neppure mi concedeva di masturbarmi con lei. Non appena provavo a estrarre il pene, mi picchiava a sangue. Aveva due enormi mammelle, ma oltre a quello, di lei non ricordo altro se non la sua smisurata crudeltà".*

Harvey Carignan trascorse l'intera adolescenza alla casa di correzione di Mandan poi, nel 1948, ormai ventenne, si unì all'esercito statunitense, che lo accolse a braccia aperte. Grazie alla dieta ricca di carboidrati e ben bilanciata del riformatorio, infatti, il magro e debole ragazzino, che, si suppone, abbia subìto abusi sessuali e psichici fin dall'età di quattro anni, era infatti mutato in un forte, robusto e ben nutrito giovane uomo.

Un anno più tardi, e per la precisione la sera del 31 luglio 1949, Carignan diede inizio alla sua lunga carriera omicida, con l'assassinio, a seguito di un tentativo di stupro, della cinquantasettenne Laura Showalter in un piccolo parco di Anchorage, Alaska.

Il decesso pervenne rapido, a seguito di ripetuti fendenti al capo, che le causarono terribili fratture celebrali. Sul volto della vittima, deformato dal mento alla fronte, ossa e tessuti apparivano ridotti in poltiglia: *"L'assassino deve essere incredibilmente forte"*, asserì un poliziotto, *"con un pugno ha prodotto nel cranio della vittima la medesima spaccatura che un razzo potrebbe causare alla lamiera di un carro armato!"*

Venerdì 16 settembre, Carignan tentò, senza successo, di stuprare una giovane di nome Dorcas Callen. Il soldato, palesemente ubriaco per quanto fossero solo le undici del mattino, la avvicinò nei pressi di una taverna in Anchorage Street, chiedendole di fare un giro con lui.

Al rifiuto della ragazza, egli seguitò a importunarla:

"Ehi, credo di conoscerti!"

"Lasciami perdere", lo pregò lei, *"noi non ci conosciamo"*. Innanzi all'insistenza dell'uomo, Dorcas, nel ricordare il recente omicidio di una donna avvenuto poco lontano, fu colta dal panico. D'altro canto, il ripetuto diniego della ragazza suscitò l'ira di Harvey che la afferrò, tentando di trascinarla lontano dalla strada. I due, rotolati in un fosso, lottarono furiosamente: l'uomo le fu sopra e in un attimo cercò di strapparle i vestiti. Dorcas si difese ostinatamente, tentando di trovare un appiglio sulle pareti scivolose del canale. Nonostante la forza dell'uomo, la ragazza riuscì a fuggire e a raggiungere la taverna, dalla quale chiamò la polizia.

In ospedale, nonostante i lividi e il sangue che le ricoprivano il volto, fu costretta a rivivere, nei dettagli, il terrore dell'aggressione: *"Sembrava uscito da un girone infernale, la sua furia non era umana, pareva guidata da un demone"*, raccontò.

La sua descrizione condusse, quello stesso giorno, all'arresto di Carignan, che, accusato anche dell'omicidio di Laura Showalter, nel 1950 affrontò il processo, presieduto dal giudice George W. Folta, presso la Corte distrettuale per il Territorio dell'Alaska. Portando l'accusa, come principale prova a carico, la confessione dell'omicidio fatta dallo stesso imputato al maresciallo Herring, la sentenza di morte fu praticamente immediata.

In realtà, durante l'appello alla Corte suprema degli Stati Uniti, i giudici Reed, Douglas, Black e Frankfurter concordarono sul fatto che il verdetto di colpevolezza fosse attribuibile a un'infrazione del *McNabb Rule*[1].

In base a questo, la confessione di Carignan, ritenuta inammissibile, fu tolta dagli atti e la sua sentenza commutata in 15 anni di detenzione. Il prigioniero fu trasferito dalla prigione Steward in

1 Ndt. Si tratta di una norma federale utilizzata nei processi criminali, che sostiene l'inammissibilità di una confessione al processo, laddove questa sia stata rilasciata dall'imputato durante un periodo irragionevolmente lungo di detenzione tra la fase dell'arresto e la prima udienza.

Alaska al penitenziario sull'isola McNeil, nello stato di Washington.

Durante l'intervista, Carignan dichiarò: *"Laura Showalter, Dorcas Callen? Nomi che non significano niente per me!"*

Il 13 settembre 1951, Carignan fu trasferito alla prigione di Alcatraz, in California, dove rimase nove anni.

Il 2 aprile 1960, all'età di 32 anni, ottenne la libertà condizionata.

Ad eccezione dei pochi anni trascorsi nell'esercito, la sua reclusione perdurava dall'età di 12 anni. Non appena sbarcato sulla banchina di San Francisco, avvolto in un abito economico rilasciatogli dall'istituto carcerario, rimase qualche minuto immobile, contemplando la piccola scialuppa allontanarsi nella baia alla volta de "La Roccia", noto soprannome per la prigione di Alcatraz. Poi, salito su un treno per Duluth, Minnesota, si recò da uno dei suoi tre fratellastri.

Quattro mesi dopo, il 4 agosto 1960, fu nuovamente arrestato per furto con scasso di terzo grado e tentato stupro. Per sua fortuna, quest'ultima accusa decadde per mancanza di prove; in caso contrario, egli sarebbe probabilmente finito in prigione per il resto dei suoi giorni. In ogni caso, la violazione della libertà vigilata gli costò una condanna a 2.086 giorni di reclusione da scontare nel carcere federale di Leavenworth, Kansas.

Rientrato nella comunità nel 1964, si spostò a Seattle, dove, in data 2 marzo, si ha una sua registrazione come condannato rilasciato sulla parola n. C-5073.

Il 22 novembre di quello stesso anno, fu tratto in arresto dalla sceriffo di King County per accattonaggio e furto con scasso di secondo grado.

Il 20 aprile 1945 lo vede ancora una volta sulla banchina, dopo aver ricevuto una condanna di 15 anni da scontare nel Penitenziario statale di Walla Walla, a Washington. Rinchiuso in una delle più antiche prigioni degli Stati Uniti, Carignan decise di dedicare il proprio tempo a migliorare la sua scarsa istruzione. La meticolosa applicazione agli studi gli valse il massimo dei voti e, conclusi questi, rivolse il suo interesse al giornalismo, con una dedizione che suscitò una profonda impressione sui tutor che lo seguivano.

Eppure, il suo lato oscuro, tutt'altro che scomparso, riemergeva ogniqualvolta si ritrovava in solitudine. Ai compagni di detenzione, confessava le proprie perverse fantasie su giovani e nubili ragazze, la sua ossessione per la 'carne fresca', sostenendo, come seguita a fare tutt'oggi nonostante la veneranda età di 84 anni, che le ragazzine rimarranno per sempre all'apice dei suoi desideri.

In realtà, quando Harvey uscì per l'ennesima volta dal carcere, aveva già raggiunto la mezza età e questo, unito al fatto che fosse un ex detenuto e alle sue caratteristiche fisiche, faceva sì che le sue probabilità di successo nel corteggiare adolescenti fossero assai remote.

Dovette pertanto accontentarsi di sposare Sheila Moran, divorziata, madre di tre figli e residente nel Ballard, quartiere scandinavo di Seattle. La donna, proveniente da una buona famiglia, si rese però ben presto conto di non potersi fare alcuna illusione sulla personalità del marito, che tornava sempre a notte fonda e trascorreva tutto il tempo a bighellonare con un gruppo di spostati, correndo a rotta di collo con la sua auto.

L'aggressione, da parte di Carignan, all'anziano zio della moglie fu semplicemente la goccia che fece traboccare il vaso: impacchettati i suoi effetti personali e presi i bambini, Sheila lo abbandonò. Appena in tempo, giacché egli, stabilito di ucciderla, la attese per tutta la notte stringendo convulsamente tra le mani un martello.

Il 14 aprile 1972, Harvey contrasse un nuovo matrimonio, questa volta con Alice Johnson, un'ottusa e scialba trentenne, la quale si era ingenuamente convinta di aver trovato in lui un marito di saldi principi e un eccellente lavoratore. Alice aveva due figli, nati da un precedente matrimonio, Billy, di undici anni e Georgia, splendida quattordicenne che ben presto attirò la lussuriosa attenzione del patrigno. In quel periodo, egli aveva preso in gestione, dalla compagnia *Time Oil*, un distributore di metano. Ben presto, la moglie scoprì che una serie di giovani fanciulle si avvicendavano in continuazione alle pompe e che nessuna di loro rimaneva per un periodo di tempo superiore a pochi giorni. Questo strano comportamento fece sorgere in lei dei sospetti, rapidamente confermati dal diffondersi di pettegolezzi in merito all'ossessione del marito per le adolescenti: i suoi approcci erano caratterizzati, per lo più, da osservazioni e proposte oscene. Allorché Alice si azzardò a rimproverarlo aspramente, quegli, infuriato, prese a inveirle contro, picchiando Billy e lanciando occhiate sinistre alla spaventata figliastra. Ovviamente, anche quel matrimonio ebbe fine.

Il 15 ottobre 1972, vicino al monte Vernon, nello Stato di Washington, Carignan violentò e uccise l'adolescente Laura Brock.

Un annuncio di lavoro apparso sul *Seattle Times*, il primo marzo 1972, avrebbe successivamente fornito l'iniziale anello di congiunzione per una catena di raccapriccianti accadimenti. La richiesta di personale alla stazione locale di metano, attirò l'attenzione della quindicenne Kathy Sue Miller. In realtà, lei cercava lavoro per il suo ragazzo, Mark Walzer. Eppure, quando al telefono le fu specificato che si cercava personale femminile, decise di incontrare quell'uomo, cui diede indirizzo e numero telefonico, accettando di incontrarlo dopo la scuola. Si accordarono per vedersi all'esterno del *Sears Building* di Seattle da dove si sarebbero diretti, con la macchina di lui, sul posto di lavoro per compilare il verbale di assunzione.

La madre di Kathy, innanzi all'accordo preso dalla figlia, si mostrò piuttosto preoccupata. Oltre a non approvare il fatto che la ragazza avesse dato a uno sconosciuto telefono e indirizzo, non concordava sul fatto che ella salisse sulla sua auto. Nella sua mente si era delineata l'immagine dell'articolo uscito pochi mesi prima sul giornale in merito allo stupro e all'omicidio di Laura Brock: *"Sai come la penso Kathy"*, la mise in guardia, *"non azzardarti a incontrare quell'uomo!"*

Con impazienza, la ragazza, prima di allontanarsi con i libri di scuola tra le braccia, promise di non farlo. Preso lo stesso autobus, la madre osservò la bella Kathy scendere alla fermata più vicina alla scuola superiore *Roosevelt* e voltarsi indietro per salutarla, sorridendole per l'ultima volta.

Quel pomeriggio, la ragazza, disobbedendo infatti alla madre, incontrò Carignan come stabilito. Nel vedere la ragazzina dal fisico atletico e i lunghi capelli biondi che le ondeggiavano sulle spalle, il cuore dell'uomo perse un colpo. Kathy, occhi verdi e una spruzzata di lentiggini a ricoprirle la candida pelle, indossava un grembiule blu e bianco, abbinato con camicetta e calzamaglia dello stesso colore.

La sua prima impressione di Harvey, sportosi sul sedile del passeggero per aprirle la porta, fu decisamente poco edificante. Oltre all'aspetto tutt'altro che piacevole, le molteplici rughe che ne segnavano il volto lo facevano apparire molto più vecchio di quanto realmente fosse. La sua espressione era solitamente arcigna e, per sorridere, necessitava di un immane sforzo.

In quel momento, però, fatto sfoggio del massimo fascino possibile, disse: "*Ciao, tu devi essere Kathy!*"

"*Sì!*", rispose lei sorridendo, "*sono proprio io!*" Fattole segno di salire in macchina, Harvey aggiunse:

"*Dobbiamo semplicemente riempire il formulario che ho in ufficio, questione di pochi minuti, poi ti riporto a casa!*"

Kathy sembrava a disagio: "*Mia mamma non è molto contenta di questo*", spiegò.

Innanzi alla reticenza della ragazzina, Harvey cambiò tattica: "*Beh, non posso certo biasimarla. Anch'io ho dei bambini. Sono sposato con una donna adorabile. Davvero non posso certo rimproverare tua madre per le sue attenzioni!*"

Le rassicurazioni dell'uomo sortirono effetto: "*Mi assicura che non ci saranno inconvenienti?*".

"*Assolutamente! Se vuoi, quando ti riaccompagno, verrò a conoscere tua madre*".

In realtà, nessuno ebbe più modo di vedere Kathy Sue Miller viva.

In seguito alla sua scomparsa, Carignan, il cui comportamento violento era ben noto, fu interrogato, ma non furono trovate prove a suo carico.

Infine, sabato 3 giugno, due sedicenni, che viaggiavano sui motorini lungo la *Riserva Tulalip*, poco a nord di Everett, trovarono un corpo nudo avvolto in una plastica nera. Lo stato di putrefazione era tale che, a prima vista, fu difficile perfino riconoscerne il sesso. Durante l'autopsia, solo l'impronta dentale permise di identificare Kathy. Molteplici fratture al cranio testimoniavano un pesante pestaggio da parte dello spietato assassino.

Neppure il ritrovamento del corpo permise l'arresto di colui che in seguito fu definito *Harvey il Martello*. Quegli si trasferì rapido in Colorado e, successivamente, a Minneapolis, in Minnesota, dove, il 4 agosto 1974, uccise Eileen Hunley, il cui corpo fu ritrovato il 18 settembre nella contea di Sherburne.

In merito a questo omicidio, Carignan commentò: "*Considerandola mia di diritto, la fermai lungo la strada. Pensavo fosse giusto farle conoscere l'uomo nero... Le sbattei la testa contro il palo della luce, schiacciandole il volto contro il coperchio di un tombino, finché non fui certo del suo decesso. Infine, cercai di darla in pasto ai maiali!*"

Gli ultimi mesi del 1974 furono contrassegnati, in Colorado come in Minnesota, da una lunga serie di aggressioni sessuali commesse ai danni di autostoppiste. Coloro sopravvissute descrissero un uomo dalla corporatura massiccia, che mulinava un martello sopra le loro teste.

Sette le ragazzine decedute.

L'8 settembre, un'autostoppista, incautamente salita sull'auto di Carignan, fu condotta in una zona rurale, aggredita e colpita alla testa con l'impugnatura di un martello. La vittima, abbandonata in un campo, riuscì a sopravvivere, fornendo agli investigatori una calzante descrizione del suo aggressore e dell'auto che guidava.

Pochi giorni dopo, il 14 settembre, Carignan diede una passaggio a Roxanne Wesley, la quale aveva avuto un problema con la sua auto. Offertosi generosamente di aiutarla, l'uomo la condusse in una zona boschiva, dove la violentò ripetutamente, arrivando a penetrarla con il manico del martello, prima di colpirla alla testa. Ritenendola morta, l'uomo si allontanò, senza sapere che la giovane donna, ancora viva, sarebbe in seguito riuscita a raggiungere la strada, mettendosi in salvo.

Anch'essa riuscì a fornire una dettagliata descrizione del killer e del veicolo.

Il 19 settembre del medesimo anno, due autostoppiste adolescenti riportarono di essere state abbordate da uno sconosciuto, il quale, condottele in campagna, aveva minacciato di stuprarle e ucciderle. Una delle due, colpita alla bocca, accusava alcuni denti rotti. Le ragazzine erano riuscite a scappare, gettandosi fuori dall'auto nel momento in cui l'uomo in prossimità di un incrocio era stato costretto a rallentare. La loro descrizione dell'aggressore coincideva perfettamente con quella delle precedenti vittime.

Il giorno successivo, la denuncia di due teenager comparve sul tavolo della polizia di Minneapolis. Le ragazze erano state avvicinate da un uomo, il quale aveva offerto loro 25 dollari ciascuna se lo avessero accompagnato a ritirare un veicolo nel nord Minnesota, guidando poi fino a Minneapolis. Nel tragitto, l'uomo le condusse in una zona boschiva, chiedendo a una di loro di seguirlo nel folto della vegetazione, presumibilmente per prendere possesso dell'altro mezzo. Afferrata una tanica di benzina e un cacciavite, i due si erano così allontanati nella foresta. Poco dopo, udite delle grida strazianti, la ragazzina rimasta in macchina corse a cercare soccorso e, raggiunta un'abitazione, fu avvisata la polizia locale. La sua amica fu ritrovata, priva di sensi ma ancora in vita, con diverse ferite alla testa provocate da colpi di martello.

La descrizione del balordo parve perfettamente compatibile con Carignan.

Il 21 settembre, venne ricevuto un ulteriore rapporto di un'aggressione molto simile a quelle riportate sopra, in cui la vittima era sopravvissuta. Finalmente, pochi giorni dopo, Carignan fu tratto in arresto.

Ciò che segue è parte di un rapporto, gentilmente fornito dai Pubblici Ministeri di Minneapolis e Hennepin, sui 4 capi d'accusa relativi a crimini commessi su una ragazzina di 13 anni. Il nome di quest'ultima è stato cancellato per preservarne l'identità:

"Aggressione aggravata. Sodomia aggravata. Licenziosità indecenti. Sodomia su o con un minore.

La sopraccitata_______stava facendo l'autostop a Minneapolis, allorché l'imputato, alla guida di un camper si fermò e la fece salire, principiando una conversazione per sapere dove fosse diretta. Dopo averle assicurato di condurla a destinazione, la costrinse a praticare su di lui sesso orale, minacciandola con un martello che aveva estratto da un comparto tra i sedili. In seguito la obbligò a spogliarsi, avvisandola che, se non si fosse mostrata consenziente, le avrebbe fracassato il cranio. Tentò poi di inserirle il martello all'interno della vagina, vincendo la sua reticenza con ripetuti fendenti portati all'altezza del bacino. In seguito la costrinse nuovamente a praticargli sesso orale. Infine le permise di rivestirsi e la accompagnò a casa di un'amica, al n. 5644 di Lakeland Avenue, a Crystal nella contea di Hennepin. Fattala scendere dal mezzo, le disse di chiamarsi Paul Harvey".

In due separati processi, tenutisi rispettivamente nel 1975 e nel 1976, Carignan fu riconosciuto colpevole soltanto di due omicidi e altri crimini minori. Condannato all'ergastolo, è probabile sconti meno di 40 anni.

"So dove abiti. So che hai una moglie giovane e graziosa, dai capelli corvini, e due figli in tenera età. Guidi una Mercedes di color grigio metallizzato. Ti assicuro che niente e nessuno farà del male a te e alla tua famiglia, perché ho molti amici nel tuo paese che hanno a cuore i miei interessi". (Questo l'agghiacciante benvenuto che Carignan mi rivolse durante il nostro primo incontro in carcere).

Harvey Louis Carignan, conosciuto come "*Harvey il Martello*" o "*Il killer delle inserzioni*", risiede attualmente dietro le cupe mura nell'Istituto Correzionale di Stillwater, Minnesota, la struttura di massima sicurezza più grande dello stato, ospitante, a oggi, circa 1460 detenuti[2]. Per cinque anni ho tenuto una fitta corrispondenza con Harvey, giungendo a intervistarlo nel marzo 1995. Quella fu la prima e ultima intervista ch'egli concesse dal 24 settembre 1974, giorno in cui fu definitivamente arrestato per stupro e omicidio.

Gli individui con i trascorsi di Harvey tendono a trasformare le proprie anime in luoghi impenetrabili, entro cui celano oscuri segreti. Per metterli a proprio agio, inducendoli ad aprirsi, è dunque necessaria una certa sensibilità. In ognuno dei casi presi in considerazione in questo testo, ho dovuto curare molto l'approccio con cui mi sono avvicinato a loro, perdendo moltissimo tempo a individuarne le caratteristiche personali e cercando di non fossilizzarmi nelle generalizzazioni connesse ai loro crimini. Nello sviluppare tale empatia verso i soggetti esaminati, sono stato però attento a non simpatizzare con loro al punto da immedesimarmi con i loro drammi personali: tutto ciò richiede una penosa opera di bilanciamento tra identificazione e analisi.

Per conoscere veramente una persona, occorre mettersi nei suoi panni, comprenderne i pensieri, percepirne le emozioni. Eppure,

---

2 Ndt. I dati sono stati ricavati dal sito del suddetto Istituto www.corr.state.mn.us/facilities/stillwater.htm, nel febbraio 2011. In base ai record dei detenuti, Harvey Carignan, 84 anni, risulta tutt'ora nella lista dei prigionieri.

per quanto tu possa seguire le contorte riflessioni di questi individui, per quanto tu possa addentrarti nelle loro menti sconvolte e attribuire un senso a idee e sensazioni del tutto estranee al tuo sentire, è fondamentale riuscire a fermarsi e tornare indietro per ripristinare la propria integrità morale e mentale. Per questo, ho ritenuto importante ripetermi spesso le seguenti parole di Nietzsche: *"Chiunque combatta i mostri, dovrà vegliare affinché egli stesso non divenga tale. Quando guardi negli abissi, ricorda che questi ti osservano"*.

Perfino lo psichiatra di Carignan mi avvertì: *"Stai accorto. Stai per parlare con Harvey, o con qualcosa che vive nella sua testa. Lo intervisterai e, nel contempo, sarà il Demonio a interrogare te"*.

Quando Harvey fu scortato all'intervista, ebbi la sensazione di trovarmi innanzi un uomo ormai finito. Goffo e pesante nei movimenti, 115 chili di peso distribuiti in circa un metro e ottanta di altezza, mi apparve come uno scimmione, il cui imponente scheletro culminava in una cupola calva e le cui enormi mani penzolavano inerti dalle possenti spalle. Carignan rivolse su di me i suoi penetranti occhi blu e parlò con voce rauca. Il suo volto, dall'espressione gentile, potrebbe indurci a ritenerlo una sorta di gigante buono, impressione, essendo costui uno dei più spietati e pericolosi serial killer americani, drammaticamente fuorviante. A dispetto della sua apparenza, perfino all'età di 74 anni, così mi dissero all'epoca, egli poteva rimanere appeso alla sbarra per quindici minuti senza esternare la minima fatica.

Durante il nostro incontro, cinque angoscianti minuti trascorsero, prima che uno dei due si decidesse a rompere il silenzio, un lunghissimo intervallo durante il quale i suoi pericolosi occhi non smisero un solo istante di esaminarmi. Quasi una creatura aliena, insidiosa e diabolica, stesse sondando la mia mente attraverso lunghi e contorti tentacoli, mi percepivo esplorato, palpeggiato, saggiato attraverso tutti i sensi a sua disposizione. Poi, un sorriso perverso si delineò sul suo viso; le sue labbra inumidite erano lievemente discoste e il resto del volto non esprimeva alcuna emozione. Era estremamente affascinante osservare da vicino quel glaciale serial killer, giacché costui appariva come il lupo travestito da agnellino, l'uomo e nel contempo l'anticristo, ovvero tutto ciò che colmava di terrore le notti dei nostri bambini.

Infine, prese a parlare: *"Bene, Chris, sappi che non* è *mai accaduto che io abbia commesso un crimine per celarne uno precedente. Uccidevo semplicemente per evitare di incorrere in false accuse di stupro"*.

Il ghiaccio era rotto e ricordo che il mio primo pensiero fu che Harvey vivesse nella perenne negazione della realtà: si era costruito un mondo in cui solo una parte dei suoi misfatti era riconosciuto e ammesso. Perfino in seguito, allorché, nel corso dell'intervista, ammise di aver violentato e ucciso una giovane donna, mi assicurò trattarsi del risultato di una inammissibile provocazione: pareva infatti volermi convincere che, di fronte alle sue semplici offerte di un passaggio, fossero sempre le vittime a introdurre l'argomento sesso. Tutto ciò appare evidente nel resoconto, qui sotto riportato, da lui stesso fatto in merito al caso della babysitter ventenne, cui si era rotta l'auto. In base alla testimonianza della vittima, egli si offrì di verificare il danno, sostenendo di dover prima recuperare gli attrezzi. Poi, costrettola a salire sul suo veicolo, l'aveva condotta in una zona isolata dove, violentatala brutalmente, tentò di ucciderla colpendola alla testa. Il resoconto di Carignan risulta alquanto differente, a partire dalla sua convinzione che la donna salì sull'auto di sua spontanea volontà. Il suo racconto contiene un'infarinatura di verità, condita con innumerevoli bugie. Per quanto rivoltante, esso ci offre un affascinante percorso nella mente di un serial killer sessuale, i cui omicidi ammontano all'incirca a cinquanta: *"Quando salì sul mio mezzo era nervosa, ma niente affatto spaventata. Durante il tragitto, parlammo di un'altra ragazza che solevo incontrare. Non l'avevo più vista da quando non le avevo dato i 30 dollari che ero solito regalarle ogni settimana. Per quel che mi riguardava, lontano dal ritenerlo un pagamento obbligato, lo consideravo un semplice dono. La ragazza con me in quel momento, asserì che non avrebbe mai accettato 30 dollari in cambio di sesso, come riteneva avesse fatto l'altra, verso la quale mostrò un profondo disprezzo. Allorché cercai di chiarire la situazione, lei si mostrò risoluta nel ribadire che non avrebbe fatto sesso per 30 dollari e non, come io avevo inizialmente capito, che non lo avrebbe fatto a pagamento. Fu allora che compresi il 'succo del suo discorso': pensava le avrei offerto la stessa somma e, nel caso, declinava l'offerta. Comunque, non sto dicendo affatto che voleva soldi per fare sesso. La piega presa dalla conversazione poteva significare entrambe le cose: non intendeva accettare 30 dollari in cambio di prestazioni sessuali o non avrebbe acconsentito a concedersi per alcuna cifra. A dire la verità, non reputai tutto ciò molto rilevante, per lo meno fino a quando non si è reso necessario ricordare tutto ciò che ci eravamo detti. Non appena arrivammo a casa del mio amico, dove intendevo recuperare gli attrezzi, fermai un istante la macchina, poi, fatta inversione, ripartii: mi aveva chiesto di non aggirarmi in zona, se non avessi visto il suo pick up parcheggiato fuori. A quanto pareva, anche se stentai a credergli, visto che neppure li avevo mai incontrati, ai suoi figli non ero simpatico (in realtà non esisteva alcun amico). Comunque, mi allontanai, fermando nuovamente la macchina poco prima di immettermi nella via principale. Fu allora che le misi un braccio attorno alle spalle. Seppure esitante si avvicinò, e non per la pressione del mio braccio, la cui presa non l'avrebbe trattenuta se avesse deciso diversamente. In pratica, le mostrai ciò che mi sarebbe piaciuto e lei, semplicemente, acconsentì. Rammento ancora che, in quell'istante, pensai: 'Lo vuole anche lei!', a dispetto di quanto proferito sul sesso a pagamento. Allora, feci scivolare la mano dietro alla sua testa, esercitando una lieve pressione sul collo e lei si piegò docilmente; quindi mi sbottonai i pantaloni facendole capire che avrei avuto piacere se lo avesse preso in bocca, cosa che fece senza farsi pregare. Quando finì, nel vederle in bocca il mio sperma, le gridai: 'Sputa quella dannata roba!', trattenendola, nel caso fosse saltata fuori dalla macchina per fuggire via. Temevo si sarebbe inventata che l'avevo costretta a farlo. Ma lei, voltandosi con uno strano sorriso, quasi ritenesse folle il sospetto che avesse inteso fuggire, richiuse la portiera e io potei ripartire. Mentre accendevo il motore le dissi: 'Voglio scoparti, conosco un posto tranquillo'. Lei si limitò a domandarmi: 'È molto lontano? Dovrei rientrare per l'una in punto'. Erano le 10:30. Avevo in mente un luogo adatto, ma poiché era troppo distante, optai per la zona del lago. Non appena mi fermai, però, avvistomi di una casa poco lontano e un uomo che camminava nella nostra direzione, ripartii immediatamente. Mai, durante tali manovre, benché ne avesse la possibilità, la ragazza manifestò l'intenzione di fuggire. Dall'altra parte della strada che conduceva al lago, un sentiero, non molto lontano dalla via principale, conduceva nella forra. Una volta arrivati, estratta dal bagagliaio una coperta blu (in seguito ritrovata dalla polizia), la stesi a terra, dicendole: 'Pronti!'. Era una donna molto sexy, sulla ventina, e la desideravo moltissimo. Lei mi tolse i jeans e dopo essersi liberata dei pantaloni, si distese sulla schiena, aprendo le cosce e mostrandomi i genitali. Era talmente bella! Beh io non so come si sarebbe comportato un altro uomo di fronte a tutto ciò, ma io adoro guardare e giocare con il sesso femminile. Ora, voglio ribadire il fatto che quando mi ero fermato, la mia intenzione era realmente quella di aiutarla a far ripartire la macchina. Non avevo minimamente pensato al fatto di fare sesso con lei, né volevo rapirla. Tutti pensano che queste ragazze siano innocenti, ma solitamente non è così. Tutte loro volevano qualcosa da me, che fosse denaro o la possibilità di guidare una delle mie macchine o qualcosa che non amano divulgare. Non le ho rapite, né costrette a venire con me. Lei non era affatto diversa. Non sono uno stupratore, la sola idea suscita in me una profonda avversione. A dispetto di quanto si dice, il tempo trascorso insieme fu delizioso, per lo meno fino a quando non cominciò ad accusarmi di averle rubato del denaro dal portafoglio. Mi arrabbiai, soprattutto quando le assicurai di non essere stato io a sottrarglielo, perché non dette credito alle mie parole. In quel momento, notai che il pneumatico posteriore destro era sgonfio e mi apprestavo a cambiarlo, quando lei, avvicinatasi, prese a inveirmi contro, urlando che quei soldi non erano suoi e che avrebbe dovuto restituirli. Mi ordinò con insistenza di renderle il maltolto. Poi, all'improvviso, cambiò tono e mi raccontò che voleva cambiare la sua macchina con un altro veicolo e che, per farlo, necessitava di 200 dollari. Se io non le avessi dato quella cifra, mi disse mentre mi accingevo a rimettere a posto i bulloni, mi avrebbe denunciato per stupro. A quelle parole, colto da un'incontrollabile rabbia, la colpii con il manico della chiave inglese (e non con un martello, come lei testimoniò successivamente e come tutti hanno creduto). Era del tutto vestita, conservo la perfetta visione di quanto accadde, quasi si stesse verificando in questo stesso istante. Cadde a terra, quasi fosse stata colpita da una scure e rotolò di qualche metro giù per il fossato. Cercando di dominare il panico, riposti gli attrezzi, fuggii via con il mio mezzo. Percorsi sì e no una trentina di chilometri, realizzai che non potevo lasciarla laggiù a morire. Dovevo tornare indietro e così feci. Ma non appena arrivai sul posto, notai diverse auto ferme sulla strada e una piccola folla raccolta attorno a qualcuno, ch'io ero certo fosse lei. Così, decidi di proseguire senza fermarmi".*

Quando Harvey tacque, misi a confronto quanto da lui raccontato con i verbali dell'aggressione. Gli ricordai che, in effetti, lui aveva senz'altro creduto morta la donna quando si era allontanato, ma che questa si era risvegliata, parecchie ore dopo, in una pozza di sangue, fuoriuscito da diverse ferite alla testa. Era praticamente notte fonda quando ella, sconvolta dal terrore, dopo aver vagato per ore tra i campi deserti, aveva raggiunto la strada dove un contadino, soccorsola, aveva provveduto a chiamare le forze dell'ordine e il pronto intervento medico, che comunque non sopraggiunsero prima del mattino seguente. L'intento di Carignan, allorché fece realmente ritorno sul luogo del delitto trovandovi l'ambulanza, era semplicemente quello di accertarsi che la sua vittima, deceduta, non potesse testimoniare l'accaduto. Nel caso l'avesse trovata sola e ancora in vita, senz'altro avrebbe posto fine ai suoi tormenti.

Harvey pretende di essere stato abusato sessualmente da praticamente tutti i personaggi femminili che avevano fatto parte della sua vita, a partire dai suoi stessi parenti, dalle babysitter e dall'insegnante del riformatorio. Benché consapevoli che la piaga degli abusi su minori solo negli ultimi trent'anni sia stata recepita come tale, non abbiamo neppure una prova di eventuali atti illeciti compiuti ai danni di Harvey. Di certo, sappiamo ch'egli ha sviluppato, probabilmente a causa della negligenza della madre e del resto della sua famiglia, un forte risentimento nei confronti del genere femminile. È ammissibile altresì, dovendo avere l'odio una qualche origine, che egli possa avere subìto degli abusi. Anni fa egli disse: *"Io odio le donne... fanno strani giochetti nella mia mente!"*

In ogni caso, il suo rapporto in merito agli abusi sessuali ricevuti, ci mostra qualcos'altro del suo passato. Quelle poche righe nelle sue lettere sono colme di contraddizioni e, senza dubbio, ricche di fantasie. Il risultato è un resoconto confezionato su misura per le sue esigenze, in cui lui, povero ragazzino abbandonato finisce sotto le grinfie della crudele insegnante. Al tempo stesso, pare quasi che il crogiolarsi nelle sue miserie gli fornisca una sorta di compiacimento.

Come molti altri serial killer, Harvey Carignan fu gravato, fin dalla nascita, da numerosi problemi. Marchiato come 'bastardo', debole e gracile di costituzione, oltre a soffrire del "*Ballo di San Vito*", continuava a bagnare il letto e, come accadeva al collega inglese Peter Sutcliffe, venne tormentato dai compagni per tutto il corso degli anni formativi. Seppure non vi siano le prove di veri e propri abusi, senz'altro né la madre, né le altre componenti femminili del nucleo familiare (nonna e zie) trattandolo con infinita indifferenza, mostrarono alcun amore nei suoi confronti. Tutto ciò diede origine in lui a un profondo rancore verso le donne. Il fatto stesso di convincersi che esse 'giocavano con la sua mente', lo spingeva, probabilmente, a massacrarne il cranio con corpi contundenti. La sua furia, unita a una forza innaturale e demoniaca, lo induceva per lo più a non fermarsi fino a quando il cranio della vittima non fosse stato ridotto a un'informe poltiglia. La vendetta – e in particolare quella contro le donne gioca dunque un ruolo fondamentale nel movente e nel suo *modus operandi*, che praticamente era, di volta in volta, identico. Ma c'è un altro aspetto che suona bizzarro nelle motivazioni di questo killer seriale: se egli, salvo rari casi, massacrava le donne adulte, che probabilmente gli ricordavano la madre, le zie o la nonna, spesso, nonostante la crudeltà dell'aggressione, permetteva alle vittime adolescenti di sopravvivere. In rari casi, arrivava perfino a ricondurle sane e salve a casa. Tale incoerenza può essere motivata con la sua chiara attrazione sessuale per le giovani ragazze, verso le quali sviluppava continue piacevoli fantasie erotiche, ben diverse dal risentimento suscitato in lui dalle donne di una certa età.

Per tutto il lungo periodo in cui corrispondemmo, Harvey fabbricò molte di quelle che definiva le sue "perle di saggezza". Queste, così lui le riteneva, erano dettagli senza prezzo, che egli rilasciava solo quando giudicava fosse giunto il momento appropriato: "*La verità risiede in queste mie perle*", dichiarò con la massima franchezza, "*ed io non intendo rivelarle per anni*", aggiunse prima di chiudersi nel silenzio e rifiutarsi di rispondere alle mie domande in merito alla natura dei suoi crimini. *Harvey il Martello* Carignan dedicò la parte finale dell'intervista a descrivere se stesso come un uomo molto sentimentale. Un uomo colto le cui parole, avendo egli studiato filosofia, erano meritevoli dell'altrui considerazione.

Eppure, a dispetto di tali convinzioni, quell'uomo reca in sé un vizio di fondo. Nonostante abbia trascorso la parte migliore della sua inutile vita dietro le sbarre, questo mostro, nel vero senso della parola, appare totalmente incapace di accettare e riconoscere le sue colpe.

Una caratteristica, questa, che contraddistingue molti altri serial killer. Nonostante l'evidenza delle prove schiaccianti a suo carico, Carignan seguita a far gravare il biasimo dei suoi misfatti sulle vittime.

Qualora smascherato o costretto a realizzare l'inconsistenza delle sue giustificazioni, egli si limita a battere in ritirata, rifugiandosi in quello che può essere definito il baluardo più apprezzato dai criminali: quello dell'autocommiserazione e delle accuse al sistema di applicazione della legge e della giustizia che, in modo così subdolo, ha deciso di incastrarlo.

Se la tipologia e il numero dei misfatti non fosse così grave, si potrebbe anche pensare di perdonare questo atteggiamento, deridendo le sue esilaranti spiegazioni. Qualcuno potrebbe sostenere che si tratti delle divagazioni di un folle, da confutare o, ancora meglio, ignorare.

Eppure, Harvey non può essere dichiarato pazzo. Ed è proprio nei suoi rifiuti a parlare, nel suo celarsi dietro sciocche battute, nelle sue improvvise dimenticanze di fatti rilevanti e nella sua patologica abnegazione che emerge la bestia insita nella sua vera natura, quella capace di suscitare in tutti noi tanto interesse.

Dal momento che in Minnesota nessuno, indipendentemente dal numero e dalla gravità dei crimini commessi, può essere rinchiuso in prigione per più di 45 anni, Harvey possiede attualmente i requisiti per ottenere la libertà condizionale. Ha perfino un'amica di penna, la trentenne Gloria Pearson, condannata per i ripetuti abusi e l'uccisione del figlio.

Una coppia decisamente ben assortita.

Questo capitolo è basato su un'intervista registrata in esclusiva, avvenuta nel 1996 tra Christopher Berry-Dee e Harvey Louis Carignan, all'interno del carcere del Minnesota, nonché su una lunga corrispondenza privata.

Capitolo 2

ARTHUR JOHN SHAWCROSS (USA)

"Per un istante, i suoi occhi parvero concentrarsi. Se, appena un attimo prima, un raro sorriso ne celava la furia repressa; per la prima volta, la maschera della ragione pareva essere scivolata via; la fiamma della follia omicida brillava nei suoi occhi mentre lottava per soggiogare le perverse emozioni che gli ribollivano dentro. Un silenzio tombale discese sulla piccola stanza concessami per le interviste".

La reazione di Shawcross alla domanda di Berry–Dee, in merito all'omicidio del piccolo Jack Blake, di anni dieci.

Sprofondato nell'Istituto Correttivo Sullivan di Fallsburg, New York, Arthur Shawcross, soprannominato dalla stampa "Il mostro del fiume", è uno dei più famosi serial killer dello stato. Quando gli chiesi spiegazione sull'appellativo conferitogli, rispose: *"Perché era là che le uccidevo, quasi che il mostro sopito nel mio petto si risvegliasse in quei luoghi, dove riusciva ad emergere senza ch'io potessi esercitare alcun controllo".*

Arthur era alla nascita un bambino esile, dal modesto peso di poco più di due chili.

Nato il 6 giugno 1945, alle 4.14 del mattino nell'ospedale della marina militare di Kittery, nel Maine, il suo certificato di nascita riporta, come padre, il Caporale Arthur Roy Shawcross, 21 anni, e come madre Bessie Yerakes Shawcross, 18 anni, residenti al 28 di Chapel Street, a Portsmouth, nel Maine.

Il padre, noto alla polizia perché bigamo, si era arruolato, durante la Seconda guerra mondiale, nel Corpo della Marina statunitense. Sbarcato a Guadalcanal con un reggimento di artiglieria della Prima Divisione, aveva anche avuto una medaglia al valore. Nel febbraio 1943, dopo un'azione di rastrellamento, lui e un suo compagno furono mandati in licenza in Australia, dov'egli incontrò Thelma June, che sposò il 14 giugno di quello stesso anno a Melby. Da quel matrimonio sarebbe nato, in seguito un figlio, chiamato Hartley.

Arthur Roy Shawcross, ottenuto un congedo temporaneo, tornò negli Stati Uniti nel 1944, dove il 23 novembre sposò, acquisendo così segretamente lo *status* di bigamo, la sua antica fidanzata Bessie Yerakes. Questa, solitamente chiamata Betty, era figlia di due operai del Somersworth, New Hampshire. Suo padre, James Yerakes era nato in Grecia e la madre, Violet Libby, aveva origini mediterranee.

Una volta nato il bambino, il marito, sempre impegnato nella Marina, li mandò a vivere dalla sorella a Watertown, nello stato di New York. Una volta ottenuto il congedo definitivo, si trasferirono tutti nella cittadina di Brownville, a breve distanza dal Lago Ontario.

Il piccolo Arthur, unica mela marcia del canestro, era il più grande di 4 fratelli, Jean, Donna e James, verso i quali, ad eccezione di Jean, di cui si raffigurava amante, covava un profondo risentimento.

Fin da bambino, emersero alcuni problemi nella sua personalità: all'età di 5 anni creò due amici immaginari, un coetaneo di nome Paul, e una bambina più piccola, che rimase senza nome, dai capelli biondi.

Nei mesi che seguirono, prese a conversare spesso con loro, anche in presenza degli insegnanti e dei compagni di scuola: *"Abbisognavo di tali amici"*, mi disse durante l'intervista, *"perché volevo qualcuno con cui giocare. Nessun'altro suscitava il mio interesse"*.

Additato con il nomignolo di "Oddie" (*lo strano*) dai coetanei, delle cui angherie e derisioni divenne ben presto vittima, il piccolo Arthur si ritirò nel proprio mondo, girovagando spesso di classe in classe immerso nelle sue fantasticherie. Facile preda per i ragazzi più forti, che lo tormentavano ogniqualvolta ne intravedevano la possibilità, si difendeva urlando e agitando i pugni, per poi correre a casa a sfogare il proprio rancore sul fratello e le sorelle minori.

Realizzando di avere a che fare con un bambino problematico, gli assistenti scolastici fecero una serie di indagini, scoprendo che i genitori solevano viziare il ragazzo. Quando questi si comportava male, la madre lo sculacciava debolmente o si limitava a mandarlo in camera. Perfino il padre appariva eccessivamente clemente con il primogenito. Dopo una breve fuga e il forzato ritorno a casa, la situazione parve peggiorare ulteriormente: Arthur prese infatti l'abitudine a portare con sé, sull'autobus che lo conduceva a scuola, un cerchione di ferro con cui colpiva tutti coloro che provavano a infastidirlo. Compreso che i suoi pugni non erano sufficienti, necessitava di un'arma per raggiungere i suoi scopi.

Poco prima del suo ottavo compleanno, la scuola ne richiese una visita psichiatrica. Gli psicologi della Clinica mentale della contea di Jefferson compresero subito che la madre di Arthur inviava a quel figlio attraente, pulito e ben vestito messaggi per lo più contraddittori. In quella complessa relazione, Bessie trattava il figlio come una piccola bambola da portare sul palmo della mano, salvo poi affrettarsi a punirlo senza una ragione apparente, comportamento che provocava nel ragazzino una certa confusione. La signora Shawcross ripeteva al figlio l'importanza dell'ordine e della pulizia e, insieme al marito, impartiva un'educazione militare, rifacendosi a valori piuttosto antiquati. La stanza di Arthur doveva essere immacolata, i suoi vestiti sempre ordinatamente riposti e, alla più piccola infrazione, veniva schiaffeggiato o recluso in camera. D'altro canto, Arthur, deciso a ingraziarsi i genitori, sebbene apparisse estremamente confuso, senza mai dimenticare un compleanno o un anniversario, li ricopriva di regali. Sviluppata una fobia per i rumori inconsueti, il subbuglio con cui era costretto a convivere generava in lui un profondo risentimento. Per preservarsi dai bulli della scuola, rubò del denaro alla madre. Privo di amicizie, si comportava in modo meschino con il fratellino e divenne sempre più difficile, mostrandosi egli perennemente spaventato, ottenere da lui la verità su qualsiasi cosa. Oltre a ciò, gli psicologi ritennero che, nella sua mente, vi fosse la convinzione che il padre prediligesse gli altri fratelli e che la madre lo rifiutasse.

Perso ogni interesse per la scuola, i suoi voti peggiorarono al punto che divenne ben presto l'ultimo della classe: gli insegnanti attribuirono quel rapido declino più a un atteggiamento sbagliato dell'alunno che non a problemi di apprendimento. In quel periodo, oltre a sviluppare un curioso tic all'occhio che ancora lo caratterizza, prese a emettere un suono simile a un lieve belato, ricadendo talvolta nel confuso linguaggio infantile. Le sue notti erano tempestate da incubi e molto spesso si risvegliava terrorizzato e fradicio di urina. Fuggì ancora di casa, per esservi rapidamente ricondotto, tra urla e proteste.

Ma fu un evento cruciale, di cui non si conosce la data esatta, a mettere definitivamente in subbuglio l'unità familiare. Allorché Arthur ebbe compiuto i nove anni, la nonna materna ricevette una lettera, proveniente da Thelma June, Australia. In essa, la donna informava l'anziana signora che il genero era in realtà suo marito e che dalla loro unione era nato dieci anni prima un figlio.

Inaspettatamente, quando Bessie lesse il messaggio, lo prese immediatamente sul serio e, a partire da quel giorno, odiando qualsiasi istante doveva trascorrere con il marito, risolse di trasformare la sua vita in un inferno.

Da bambino ipersensibile e confuso, Arthur cercò allora di trascorrere il minor tempo possibile tra le mura domestiche. Si vergognava del padre e, nel contempo, non poteva tollerare quella perenne faida che imbastardiva i rapporti tra i suoi genitori. S'intratteneva allora quanto più a lungo possibile con la nonna, ch'egli adorava e, per quanto fondamentalmente conservasse un atteggiamento riflessivo e gentile, cominciò a sviluppare un lato profondamente oscuro. Quasi la sua mente fosse scissa in due settori antagonisti, sembrava che egli tendesse a rispecchiare l'ambiguità del comportamento materno, perennemente istigato da sentimenti antitetici.

Fu nel 1960, quando Arthur frequentava la sesta classe della scuola superiore General Brown, che i suoi problemi comportamentali si rivelarono nella loro complessità. Divenne sua abitudine dedicare il tempo libero alla tortura di piccoli animali, spellando vivi i pesci e giocando con le loro carcasse. Amava osservarli nella loro agonia e calcolare il tempo che trascorreva prima che ne avvenisse il decesso. Catturava dei conigli, dilungandosi nel torcere loro il collo oppure, afferrati dei pipistrelli, li chiudeva nelle macchine parcheggiate, divertendosi poi a osservare i terrorizzati conducenti. Legava insieme i cani, uccideva a martellate gli scoiattoli, inchiodava i rospi su alcune assi e strappava le penne a polli ancora vivi. Un giorno, gettato nel lago un sacco, si rivolse a un compagno di scuola chiedendo: "*Chi dice che i gatti non sappiano nuotare?*".

Quando la bestiola, terrorizzata, cominciò a nuotare per trarsi in salvo, Arthur la afferrò, scagliandola più lontana. Per tre volte il gatto raggiunse disperatamente la riva, per poi affogare quando il ragazzo, in un rinnovato gesto di crudeltà, lo lanciò nuovamente in acqua.

In questo periodo di sadismo giovanile, egli realizzò che uccidere animali aveva un inconveniente: oltre a essere eccessivamente rumorosi, questi, qualora seviziati, rilasciavano escrementi e urine che finivano per imbrattargli gli abiti. Per evitare tale sconvenienza, Arthur escogitò allora uno stratagemma che in seguito, quando cominciò a uccidere donne e bambini, ne avrebbe caratterizzato il *modus operandi*: occludere con foglie e detriti gli orifizi dei corpi, così che non potessero più rilasciare alcuna sostanza.

All'età di quindici anni, Arthur era ormai il flagello di tutti i bambini del vicinato. Divenuto forte e robusto, pareva nulla lo spaventasse e si dilettava nello scaricare il suo fucile calibro 22 ad aria compressa contro tutti coloro che, incautamente, incrociavano la sua strada. Se un coetaneo osava in qualsiasi modo disturbarlo, era capace di colpirlo spietatamente con la mazza da baseball o di prenderlo a pugni fino a lasciarlo a terra esanime. Decisamente Arthur non era più governabile e i vani tentativi dei suoi insegnanti di disciplinarne i comportamenti finivano solitamente con lui che si precipitava fuori dall'aula, rivolgendo al loro indirizzo irrispettose oscenità.

A diciassette anni, con grande sollievo dei professori, abbandonò la scuola, dedicando il tempo libero a sua disposizione alla microcriminalità. Rubava praticamente tutto ciò che non era inchiodato a terra. Svaligiati i cottage estivi, trafugava denaro dalle casse dei distributori, in cui, per brevi periodi, trovava impiego; irrompeva nei magazzini locali, sottraendo furtivamente cibo e contanti e rapinava negozi a cadenza praticamente giornaliera. Un sabato notte, nel dicembre del 1963, fatta irruzione nel seminterrato di un grande magazzino, fece maldestramente scattare l'allarme, provocando l'immediato intervento della polizia e il suo conseguente arresto.

Il giudice mostratosi comprensivo, lo condannò a diciotto mesi di libertà vigilata. Oltre alla giovane età, ad alleviare la pena contribuì la scusa ch'egli addusse a giustificazione del misfatto: 'aveva cercato di rubare, per poter comprare i regali di natale alla sua famiglia'.

Già allora il sadico teenager mostrava caratteristiche comportamentali a dir poco bizzarre. Oltre a utilizzare frequentemente un'acuta voce infantile, assai simile allo starnazzare di un'oca, Arthur sviluppò la curiosa abitudine di prendere sempre delle scorciatoie, coprendo con passo veloce distanze immense, sempre oscillando esageratamente le braccia, e mantenendo il corpo rigidamente eretto, quasi fosse il suonatore di una banda. Proseguiva sempre in rettilineo e, allorché un ostacolo si frapponeva nel suo cammino, invece di aggirarlo, lo calpestava o vi si arrampicava.

Un cugino così lo ricorda: "*Pur di non percorrere qualche metro in più, deviando da quello che doveva essere il suo tragitto mentale, si strappava i pantaloni scavalcando gli steccati o si gettava dentro a un acquitrino. Tutto ciò sembrava quasi divertirlo. Era davvero stravagante all'epoca!*"

A vent'anni, già noto alla polizia, fu accusato di aver aggredito un tredicenne, dopo una battaglia a palle di neve. Sembrava preferire la compagnia di ragazzi più piccoli e fu spesso colto nell'atto di dilettarsi segretamente con giocattoli di età infantile.

Il killer in erba era altresì incline agli infortuni: oltre a occasionali svenimenti, perse conoscenza sbattendo la testa durante un salto con l'asta, si procurò una sottile frattura al cranio a causa di un disco maldestramente lanciato, prese la scossa da un interruttore elettrico difettoso, fu colpito da una martello inavvertitamente caduto dalla sommità di una scala a pioli e finì in ospedale per la quinta volta, allorché fu investito da un camion di passaggio.

All'incirca in questo periodo, Arthur incontrò Sarah Louise

Chatteron. Nel settembre del 1964, si sposarono nella cappella battista di Sandy Creek. Da quel felice matrimonio, che terminò rapidamente nella reciproca ostilità, nacque un figlio, Michael.

In seguito, Sarah avrebbe raccontato: *"Arthur era incredibilmente immaturo. Simulava in continuazione una malattia o una ferita per non recarsi al lavoro. Il sesso con lui era alquanto scadente. Semplicemente non era all'altezza!"*

La coppia, tra reciproche recriminazioni, si separò nell'agosto del 1966. Shawcross accusò la moglie di non aver mai accondisceso alle sue richieste di sesso orale, cosa ch'egli prediligeva sopra ogni altra, ma nessuno dei due menzionò i suoi ripetuti adulteri.

Nuovamente single, Shawcross cominciò a uscire con Linda Ruth Neary, ma, il 7 aprile 1967, fu chiamato per il servizio di leva a Fort Lee, in Virginia. Il primo impatto della recluta con la giustizia militare si ebbe allorché un sergente lo criticò per la sua pigrizia. Secondo gli atti ufficiali dell'esercito, Arthur rispose: *"Vai a farti fottere!"* Per l'insolenza, fu multato di 27 dollari. Completò il suo addestramento a Fort Benning, in Georgia, dove fu designato al rifornimento e alla distribuzione. Quando non si presentò per un lavoro di distaccamento, fu nuovamente multato di 11 dollari e costretto a montare la guardia per quattordici giorni consecutivi.

In seguito, giacché non vi furono successivi richiami, parve sottomettersi alla disciplina militare. In diversi test di intelligenza, egli riportò un punteggio sotto la media, in altri leggermente sopra. Nelle valutazioni di rendimento, invece, ottenne per lo più voti eccellenti, che si alternavano ad altri discreti e buoni, un chiaro esempio di come il suo carattere, in ambienti ben strutturati, traesse un qualche giovamento.

Durante una licenza, nell'ottobre del 1967, sposò Linda Neary, ma al rientro venne immediatamente spedito in Vietnam, dove prestò servizio per un anno all'interno della compagnia di rifornimenti e trasporti della Quarta Divisione di Fanteria, dislocata nella città di Pleiku. In quel periodo, il Vietnam meridionale subiva l'offensiva del Tet[3], con la quale i vietcong e l'esercito regolare nordvietnami-

3 Ndt. L'offensiva del Tet si dimostrò cruciale per le sorti della guerra, non tanto militarmente – giacché non riuscì a sfondare le linee americane quando politicamente, dal momento che

ta lanciarono attacchi combinati sulle maggiori città e sui villaggi del sud. In quel conflitto apparentemente senza fine, gli Stati Uniti chiamarono a raccolta tutti coloro che potevano offrire i propri servigi alla patria. I documenti relativi al servizio militare di Arthur rivelano ch'egli non prese parte ad azioni significative, se si esclude quella di scansare le granate e i proiettili che, occasionalmente, piovevano sull'accampamento. Nelle lettere da lui inviate, però, il resoconto della sua esperienza appare molto diverso: egli descrive se stesso come una sorta di *Rambo*, una letale arma d'attacco utilizzata sempre in prima linea: "*Un giorno, andai in perlustrazione e uccisi un ragazzo incatenato a un albero. Lui aveva ammazzato un nostro soldato con un M1 sottratto alle nostre scorte. Di nuovo in ricognizione, sparai a due donne che avevano ucciso due dei nostri soldati. Oltre a una mappa dell'accampamento, possedevano fucili AK47 e munizioni, cibo e* 280.000 dollari. Divisi il denaro con alcuni compari e, distrutte armi e munizioni, portai il resto all'accampamento. Lasciai che i loro corpi fossero gettati nel fiume, dove vennero trasportati dalla corrente".

In un altro racconto scritto a mano, questo sedicente Rambo descrisse altre atrocità da lui presumibilmente commesse. Si tratta di resoconti rivoltanti, che devono essere considerati con le dovute riserve: "*Sparai a una donna che stava nascondendo munizioni nell'incavo di un albero. Non morì subito. Dopo averla legata e imbavagliata, perlustrai i dintorni. All'interno di una baracca, trovai un'altra ragazza di circa sedici anni. La colpii con il calcio della pistola e la portai dove avevo lasciato l'altra. Nella stamberga vi era molto riso, munizioni e altra roba. Legai la ragazza a un albero, senza che lei e l'altra pronunciassero una sola parola. Violentata la prima, con un machete le tagliai la gola, poi staccatale la testa, la posizionai su un palo all'ingresso della capanna. L'altra ebbe uno svenimento. La spogliai, costringendola a praticarmi del sesso orale! La slegai, per poi incatenarla nuovamente a gambe e braccia divaricate a due tronchi. Svenne a più riprese. Le praticai un'incisione superficiale dal collo all'altezza del cavallo. Urlava e se la faceva addosso. Preso il mio M16, le strappai un capezzolo, poi, posizionata la canna sulla sua fronte, premetti sul grilletto. Infine recisi anche la sua testa, infilzandola su una pertica vicina al luogo in cui solitamente*

essa suscitò un forte impatto sui mass media e sull'opinione pubblica mondiale.

andavano a prendere l'acqua".

In seguito, trasferito in Oklahoma con l'incarico di riparare armi, Shawcross fece frequenti quanto riluttanti visite al campo psichiatrico. A ogni modo, congedato con onore nella primavera del 1969, si trasferì con la moglie a Clayton, sul fiume St Laurence.

Immediatamente, chiese che gli fosse riconosciuta un'invalidità per ferite di guerra e, sebbene l'addetto dell'amministrazione Veterani non avesse riscontrato alcuna motivazione che ne giustificasse la pretesa, pur di far cessare le visite pressoché giornaliere di quel petulante ex soldato, gli concesse un vitalizio di 73 dollari al mese. Sette mesi dopo aver lasciato l'esercito, Arthur, divorziato per la seconda volta, ebbe nuovamente problemi con la polizia. Trovato impiego in una cartiera, la principale azienda della città, ripagò il favore dando fuoco allo stabilimento e causando danni per 28.000 dollari. Tre mesi dopo, fu proprio lui a dare l'allarme per un incendio scoppiato in un granaio poco lontano e, a distanza di tre giorni i vigili del fuoco, da lui premurosamente allertati, furono costretti a intervenire per un ulteriore incendio misteriosamente scoppiato nell'impianto di imbottigliamento del latte della contea. In quell'occasione, egli rimase ad ammirare i pompieri che si prodigavano attorno all'edificio ridotto in cenere.

Poco tempo dopo, improvvisò una rapina a un distributore di benzina. Ma quella volta, riconosciuto dal proprietario, fu arrestato. Sottoposto a interrogatorio, confessò tutti i suoi crimini, compresi gli attacchi di piromania. Condotto innanzi alla Corte, il giudice Milton Wiltse, della contea di Jefferson, che si rifaceva all'antica disciplina del "frustare e impiccare", lo condannò a 5 anni di carcere da scontarsi ad Attica.

Una volta stabilita la condanna, Shawcross, sottoposto a visita psichiatrica, fu valutato nel modo seguente: *"Soggetto estremamente immaturo, con personalità schizoide che determina disfunzioni dell'ego in situazioni di stress da disoccupazione, da lavoro o rifiuto sessuale da parte della moglie. Si tratta di un piromane schizoide che richiede una costante supervisione e un supporto emotivo. Rimando a una clinica mentale, nel caso di rilascio sulla parola. I suoi tentativi omicidi in almeno due dei suoi incendi non devono essere sottovalutati. La libertà vigilata* è *un rischio se non supportata da un trattamento psichiatrico e da un rigido controllo*".

Nonostante ciò, Shawcross fu rilasciato sulla parola il 18 ottobre del 1971, dopo 22 mesi di carcere. Trovato lavoro da *Frink Sno-Plows* a Clayton, non appena si diffuse la notizia dei suoi precedenti, venne immediatamente licenziato. Poco dopo Natale, il Dipartimento del Pubblico Impiego di Watertown lo assunse all'interno del Programma Lavoro per le Emergenze federali. Un supervisore lo assegnò a una discarica periferica di 60 acri, dislocata alla fine di Water Street. Come in seguito trapelò, la sua prima vittima viveva a meno di due chilometri di distanza.

All'inizio del 1972, Shawcross aggredì e violentò una sedicenne in un sotterraneo della ex stazione ferroviaria, ma tale crimine, non avendo la ragazza sporto denuncia, non fu mai scoperto. Poco tempo dopo, incontrò una ex compagna di scuola, Penny Nichel Scherbino, una donna minuta, di bell'aspetto, con vivaci occhi marroni, capelli fulvi e un'allegria rustica che sfociava in frequenti scoppi di ilarità. Dopo una serie di appuntamenti, si sposarono il 22 aprile di quell'anno, trasferendosi in un grazioso appartamento al secondo piano, al 233 di Clover Street.

Il 7 maggio, quindici giorni dopo il matrimonio, Arthur si stava dirigendo a pescare a Kelsey Creek, un torrente racchiuso tra l'interstatale 81 e la statale 37 e dislocato in un triangolo di bosco e palude, quando Jack Blake, dieci anni, gli corse incontro per chiedergli se necessitasse di vermi da usare come esca.

Il piccolo non fu più visto vivo.

Per quanto rudi, i Blake amavano il loro bambino. La madre lo aveva avvertito di non frequentare Shawcross il cui aspetto, unito al fatto che egli non faceva altro che vantarsi del suo servizio militare in Vietnam e mostrava a Jack fotografie di donne nude, non le pareva affatto rassicurante. Non vedendolo tornare, la donna aveva chiamato la polizia, informandola che il figlio, nonostante il suo diniego, aveva manifestato il desiderio di recarsi a una battuta di pesca con Shawcross. Nonostante ciò, egli, per quanto più volte interrogato, disse di non aver incontrato il bambino e, non essendoci prove dell'avvenuta tragedia, riuscì a farla franca. Ben presto, gli agenti si arresero di fronte all'eventualità che Jack fosse semplicemente l'ennesimo bambino fuggito di casa.

Il 26 maggio, Shawcross ebbe nuovi problemi con la giustizia. Questa volta fu colto nell'atto di infilare erba urticante sotto la maglia e nei pantaloni di un bambino di sei anni mentre procedeva a sculacciarlo. Per questo misfatto, la cui caratteristica infantile risulta inquietante in un giovane di ventisette anni, ricevette una multa di 10 dollari e un rimprovero dalla corte.

La tragedia colpì nuovamente Watertown, il 2 settembre, allorché egli violentò e strangolò Karen Hill, di otto anni. La piccola, a seguito di un incendio che ne aveva distrutta la casa, risiedeva temporaneamente con la famiglia da alcuni amici in Pearl Street.

In America, vi è all'incirca una possibilità su 350 milioni di finire tra le grinfie di uno psicopatico stupratore omicida, eppure in quella bellissima domenica di sole, in cui la piccola giocava nel cortile, la casualità giocò in suo sfavore. Alle 15:30, un uomo rispondente alla descrizione di Shawcross fu notato da alcuni bambini mentre conduceva Karen lungo il ponte di ferro di Pearl Street sul Black River, poco lontano dalla casa in cui la bimba risiedeva. Per quanto i ragazzi non ne conoscessero l'identità, non poterono fare a meno di riconoscere la caratteristica bicicletta bianca, con il suo parafango marrone e il cestino, ch'egli aveva incautamente lasciato lungo la ringhiera sud del ponte. Da lontano, essi avevano osservato l'uomo innalzare Karen al di là del parapetto e condurla con prudenza lungo il ripido argine, con il probabile pretesto di mostrarle i pesci.

Quando fu dato l'allarme della scomparsa, i bambini si affrettarono ad avvisare la polizia di quanto accaduto nel pomeriggio. Alle 22:00, alcuni agenti, equipaggiati di torce, ne scoprirono il corpo. Giaceva, ricoperto da una lastra di calcestruzzo, nella bocca di scarico della fognatura, sulla sponda meridionale del fiume.

Chiamati i cani, questi seguirono le tracce su per Pearl Street fino a Starbuck Avenue, trascinando gli agenti in Clover Street, fino alla porta d'ingresso dell'abitazione di Arthur, che venne immediatamente tratto in arresto. Effettuata l'autopsia, la polizia scoprì che la bambina, deceduta per soffocamento, era stata prima stuprata e sodomizzata. Oltre a ciò, Shawcross ne aveva otturati gli orifizi con erba e detriti.

Durante l'interrogatorio, Shawcross accennò alla scomparsa del piccolo Jack Blake, senza però fare alcuna ammissione. Ma, il solo fatto ch'egli lo avesse menzionato indusse gli agenti a riaprire il caso, riprendendo le ricerche. I loro sforzi furono premiati il 6 settembre, durante un'approfondita operazione di rastrellamento durata quattro ore, nella zona di Kelsey Creek. Fu il detective Gordon Spinner, insieme al vice sceriffo John Griffith, a notare che lunghe strisce di corteccia, strappate da un albero, erano state deposte sopra un cumulo di terra poco lontano. Muovendosi con cautela lungo la riva, Spinned dovette retrocedere per il disgusto non appena, approssimatosi al tumulo, una nuvola di mosconi si sollevò mettendo in mostra quello che appariva come una massa informe di carne putrefatta che ricopriva parzialmente un piccolo corpo scheletrico. Un solo ciuffo di capelli biondi permaneva attaccato al cranio. A testimonianza del festino presumibilmente perpetrato da qualche fiera, molte delle ossa di quei macabri resti apparivano scomposte. Poco lontano, gli agenti reperirono un dente rotto e i vestiti del ragazzo salopette blu, scarpe da ginnastica nere, giacca verde con le braccia legate insieme a formare un nodo e una T-shirt, su cui era stata posta a penna la scritta 'Blake' – ordinatamente ripiegati.

A lungo, Shawcross si rifiutò di ammettere la responsabilità di quel delitto, fino a quando non arrivò ad ammetterlo durante la mia intervista. I fatti perpetratisi in quel terribile giorno sono stati approssimativamente ricostruiti dagli investigatori. Jack accompagnò Shawcross a pescare. Camminarono lungo i binari della ferrovia, raggiungendo la zona paludosa e il bosco. Improvvisamente, il mostro che giaceva sopito nel petto del killer, destatosi, aveva ordinato a Jack di spogliarsi.

Per quanto riluttante, questi, impaurito, aveva obbedito, tentando poi di fuggire. La prospettiva della caccia eccitò ulteriormente l'assassino, che si gettò su Jack come un gatto su un topo. Il bambino non era certo un degno avversario. Scalzo, il piccolo tentò la fuga lungo i binari alcune scorie furono estratte dalle piante dei suoi piedi ma, nel disperato tentativo di arrampicarsi su un recinto di filo metallico uncinato, era scivolato e caduto direttamente tra le grinfie del suo aguzzino.

Un pugno in faccia lo aveva infine ridotto all'incoscienza, facendogli perdere ogni speranza di sfuggire al suo macabro destino.

Molto tempo dopo, Shawcross raccontò di averlo violentato, di avergli reciso il pene, i testicoli e di essersene poi cibato. Allo psichiatra Richard Theodore Kraus confessò perfino di avergli strappato il cuore per poi banchettare anche con quello.

Chiaramente, non vi sono prove di quanto asserisce.

Il 17 ottobre 1972, Arthur Shawcross si dichiarò colpevole dell'omicidio non premeditato di Katie Hill e, dopo un processo durato venti minuti, fu condannato alla pena massima per quel tipo di reato prevista in quello stato (25 anni) dal disgustato giudice Wiltse, di fronte al quale l'imputato era già precedentemente comparso.

Nei quattordici anni e mezzo successivi, il killer trascorse il periodo peggiore della sua vita. Per quanto i detenuti siano soliti ammirare i delitti dei compagni di prigionia, i sentimenti suscitati da coloro che stuprano e uccidono bambini sono del tutto differenti. Pestaggi e abusi, che ebbero inizio fin dalla sua ammissione ad Attica, si protrassero in seguito al suo trasferimento in uno dei più duri centri di detenzione, quello di Greenhaven, a Stormville. Collocato in una zona di colline accidentate tra il fiume Hudson e il confine con il Connecticut, a una sessantina di chilometri a nord di New York, questo carcere ospita i peggiori criminali dello Stato, per lo più stupratori e assassini. Per Shawcross, omicida pedofilo, non fu facile convivere con gli altri.

Descritto dagli psichiatri della prigione come *"un pericoloso pedofilo schizofrenico dalla personalità incredibilmente violenta"*, ben presto tutti furono a conoscenza del fatto che egli, durante i periodi di depressione, udiva delle voci e indugiava, con grande soddisfazione, nelle sue perverse fantasie. La sua ossessione per il sesso orale, risaliva, secondo alcuni esperti, alla sua infantile carenza di protezione materna. Segregato, per preservarne la vita, nell'unità preventiva A-1, Shawcross si rivelò un detenuto alquanto problematico. Nel corso della condanna, deciso ad attirare l'altrui attenzione, simulò ripetutamente malattie o problemi psichiatrici.

Eppure, non essendo affatto stupido, comprese ben presto, al pari di molti suoi compagni, che per ottenere in anticipo la libertà condizionata, occorreva adulare sfacciatamente gli assistenti sociali, gli psicologi del carcere e la Chiesa. Di conseguenza, principiò a comportarsi da 'prigioniero modello' e 'uomo pentito'.

Oltre a frequentare i servizi religiosi, si guadagnò la stima del consulente del lavoro dell'unità di igiene mentale del carcere. Inoltre, imparato il linguaggio psichiatrico e le principali nozioni psicologiche, fu in grado di aggirare la commissione, composta da tre persone, destinata a conferire la libertà sulla parola.

Il 28 aprile 1987, Arthur Shawcross varcò i cancelli di Greenhaven. Per quanto egli avesse ricevuto un'ottima valutazione dal gruppo di esperti, non tutti condividevano la decisione di rilasciarlo. Un addetto alla condizionale, Robert T. Kent, affermò: *"A rischio di apparire drammatico, sono certo che Shawcross potrebbe essere il più pericoloso detenuto che questa comunità abbia mai liberato"*.

L'affermazione del Dottor Kent si rivelò purtroppo profetica, spingendo tutti noi a interrogarsi sulle reali motivazioni del suo rilascio. La risposta più probabile va ricercata nella politica e, più precisamente, nel sovraffollamento del sistema penale statunitense. Se si escludono le prigioni federali, che hanno all'incirca una popolazione complessiva di 89.000 detenuti, tra uomini e donne, New York è, con circa 65.000 carcerati, il terzo stato in America per il maggior numero di carcerati. A surclassare il primato di New York sono il Texas (con 99.500 detenuti) e la California (con 123.000).

Non sorprende, dunque, che l'intero sistema penale sia prossimo al collasso. Sovraffollamento e aspetti fiscali costituiscono un serio problema. Con la sua posizione nella gerarchia criminale di condannato per mero omicidio non intenzionale di primo grado, Shawcross costituiva un numero nel sistema e, come tale, fu rilasciato semplicemente per fare posto a uno dei 18.000 nuovi detenuti che, ogni anno, venivano assicurati alla giustizia.

Arthur poté ben comprendere la fortuna avuta, giacché, per motivazioni puramente economiche, non solo era sfuggito a una sentenza di ergastolo, ma era stato perfino rilasciato in largo anticipo. Ciò che più suscita sconcerto è il fatto che con questi due gravi errori, che hanno salvaguardato le tasche della Stato di New York, la vita di almeno dodici donne innocenti è stata sacrificata alla burocrazia.

Quando Shawcross uscì di galera, all'età di quarantadue anni, il vigoroso ex-militare che vi era entrato quattordici anni e mezzo prima, pressoché scomparso, lasciava il passo a un corpulento uomo dai capelli grigi. Divorziato per la terza volta, trovò ad attenderlo, al di là della cancellata, la sua amica di penna, Rose Marie Walley. I suoi tentativi di stabilirsi in alcune comunità furono ostacolati dalla sua reputazione di omicida, che sempre lo perseguitava. Le sedi locali della polizia e perfino la stampa sembravano sempre ansiosi di informare tempestivamente i cittadini del sopraggiungere tra loro di un killer pedofilo.

Alla fine Arthur e Rose Marie si trasferirono a Rochester, una tranquilla cittadina conservatrice. Essa doveva la propria esistenza alla rapida corrente del fiume Genesee River, che Nathaniel Rochester, all'inizio del diciannovesimo secolo, aveva incanalato per potenziare i suoi mulini. Centocinquanta chilometri a ovest, il suddetto fiume, quasi una versione in miniatura delle cascate del Niagara, si getta su una cateratta, scavandosi poi il letto in una profonda gola confluente nel lago Ontario.

Seppure rovinata dall'inquinamento industriale, tale forra fornisce tutt'ora un frondoso e appartato santuario per pescatori e amanti. Inutile dire che Arthur Shawcross ne fu inesorabilmente attratto, elevandolo a luogo ideale per la pesca e, successivamente, per i suoi delitti.

Trascorso qualche giorno in albergo, i due si sistemarono in un appartamento al 241 di Alexander Street, a soli due caseggiati di distanza dalla trafficata Monroe Avenue, arteria principale della città.

Dovendo pagare l'affitto, Rose trovò impiego come infermiera nell'ospedale e Arthur si inserì nella ditta di Fred e Tony Broglia, specializzata nella vendita all'ingrosso di frutta e verdura. Dimostratosi un ottimo impiegato, egli lavorava dalle 7 alle 15.30, dedicando quanto rimaneva della giornata ai propri hobby. Viaggiava su una bicicletta da donna blu, con un capiente cestino sulla ruota anteriore e bandiera americana sul manubrio. Due profondi canestri, su cui era stipata la sua attrezzatura da pesca, pendevano ai lati della ruota posteriore.

Egli riprese anche i suoi approcci da casanova, stringendo una relazione con Clara Neal, una donna di 58 anni che annoverava dieci figli e diciassette nipoti. Talvolta prendeva in prestito, per le sue escursioni pomeridiane, una delle numerose vetture di lei, tra cui una piccola *Dodge Omni* color blu metallizzato e una *Chevrolet* grigia.

Nonostante il protrarsi di tale relazione, sposò Rose. Ben presto, commise l'errore di confessare ai fratelli

Broglia di essere un ex detenuto, raccontando a Tony di aver ucciso un uomo che aveva presumibilmente investito la precedente moglie senza fermarsi a prestarle soccorso e millantando con Fred di essere stato un killer al servizio della mafia. I fratelli, preferendo chiarire ogni dubbio, si rivolsero a un ufficiale di polizia, il quale si affrettò a divulgare la reale fedina penale di Shawcross.

Il licenziamento fu la naturale conseguenza.

Nuovamente disoccupato, Arthur si mise per qualche tempo a vendere hot dog lungo Main Street, prima di ottenere un nuovo impiego come confezionatore di insalate per la *G & G Food Services*, che forniva servizi di catering a ospedali e istituti scolastici.

Pagato 6,25 dollari all'ora, doveva lavorare nelle ore notturne, cosa che probabilmente costituì la scintilla che dette origine al suo regno di terrore.

La sua prima vittima, nella cittadina di Rochester, fu Dorothy Dotise Blackburn, madre ventisettenne di tre bambini, di cui uno di sette mesi. Snella, occhi marroni e lunghi capelli castani, era una donna graziosa e piuttosto sveglia, con due condanne per vagabondaggio risalenti al 1985. Fu vista viva per l'ultima volta il 15 marzo 1988, dopo aver pranzato con la sorella al *Runcon's Grill* di Lyell Avenue. Il suo corpo fu trovato il 24 marzo, mentre galleggiava nel Salmon Creek, un fiume che serpeggia attraverso boschi e terreni agricoli lungo l'estremità orientale di Rochester. Un gruppo di braccianti, intenti a rimuovere detriti e spazzatura da una fogna ostruita, notarono quello che inizialmente parve loro un manichino ricoperto da uno strato di limo. Ben presto, realizzarono però trattarsi del cadavere pressoché congelato di una donna. Dall'autopsia, risultò che il decesso era avvenuto per strangolamento e che sulla vagina e sul clitoride vi erano segni di molteplici morsi.

Durante l'intervista, Shawcross sostenne di aver ucciso Dotise al parco Northamton perché lei, durante il coito orale, le aveva addentato il pene: *"Si burlava di me"*, raccontò, *"perché non riuscivo a mantenere l'erezione. La colpii sulla testa e lei, per tutta risposta, affondò i denti. Inalberatomi, a quel punto la uccisi. Poi, liberatomi del corpo e ripulito il sangue dal seggiolino dell'auto, feci ritorno a casa"*.

Anna Marie Steffen, anch'essa ventisettenne, era una prostituta emaciata, dedita al meretricio per sostentare la propria tossicodipendenza, iniziata a seguito alla morte della sorella. Fu vista viva, per l'ultima volta, sabato 9 luglio, mentre percorreva a piedi Lyell Avenue. All'altezza del ristorante *Princess* si imbatté in Shawcross, con cui si incamminò sul retro della sede dell'*YMCA*[4].

In seguito, lui la condusse al parco Driving e, durante il sesso orale, dopo averla strangolata, fece rotolare il suo corpo nel fiume Genesee. Il cadavere fu trovato l'11 settembre da Hector Maldonado, impegnato nella ricerca di 'vuoti a rendere', il cui ricavato gli avrebbe fruttato un pacchetto di sigarette.

La vittima giaceva, in posizione semi fetale, rannicchiata sul fianco sinistro, i jeans abbassati fino alle caviglie e la canottiera bianca con le spalline rosse avvolta attorno al polso destro. La polizia reperì, poco lontano, un paio di infradito blu. Particolari inquietanti: una matassa di capelli le era stata strappata dal cranio e le cavità oculari apparivano vuote.

Dorothy Keller, quando incontrò Shawcross, era una donna alla deriva, con problemi di alcolismo. Nonostante la consueta diffidenza verso gli uomini, lui riuscì a guadagnarsi la sua amicizia. Assunta da lui come donna delle pulizie, il 29 luglio 1989 acconsentì ad accompagnarlo ad una battuta di pesca. Immersi nella boscaglia nell'isola Seth Green, consumarono un rapporto sessuale. Alla fine, lui la accusò di aver rubato a casa sua e lei, protestando, lo minacciò di raccontare alla moglie quanto accaduto tra loro. Fu allora che lui la

4 N.d.T. L'YMCA (Young Men's Christian Association) è un'organizzazione cristiana ecumenica internazionale, presente in oltre 125 paesi del mondo, che, attraverso una rete di volontari, fornisce numerosi servizi e attività, tra cui strutture sportive e ricreative. È un organo consultivo dell'ONU, dell'UNESCO e del Consiglio d'Europa.

uccise, colpendola ripetutamente con un bastone.

Il 21 ottobre, tre pescatori ne scoprirono il corpo, che descrissero come 'un cumulo di ossa con i vestiti'. Lo scheletro, disposto in posizione fetale e ricoperto, nella parte superiore, da tre pullover, presentava fratture a una costola ed era privo di testa. Shawcross raccontò che, tornato a masturbarsi sulla scena del delitto, l'aveva recisa, gettandola nel fiume: *"Galleggiò per un poco"*, disse, *"vorticando trascinata dalla corrente, poi scomparve per riemergere di lì a breve. E prima di inabissarsi per l'ultima volta, parve sorridermi"*.

Patricia Ives, conosciuta come *Patty la matta*, 25 anni, era una tossicodipendente emarginata, il cui bambino era stato dato in affido. Di quella donna, che nei suoi anni migliori mostrava un'impressionante somiglianza con Julia Roberts, era ormai rimasto solo lo scheletro. Nota prostituta, con un contegno rozzo e sciatto, presentava lunghi capelli sporchi, una bella carnagione e non si curava di celare le molteplici punture lasciate dalle siringhe, che ne contrassegnavano le braccia dal gomito al dorso delle dita. A causa di tutto ciò, aveva contratto l'AIDS e, probabilmente, altre patologie.

Un testimone dichiarò di averla vista, per l'ultima volta, il 29 settembre 1989, alle 7:30 circa in compagnia di un uomo bianco, che conduceva una bicicletta. Dai cestini posteriori della medesima fuoriuscivano delle canne da pesca. Egli dichiarò inoltre di averli visti oltrepassare una cavità posta nello steccato che delimitava il campo da tennis dell'YMCA.

Il giorno seguente il suo fidanzato e protettore, noto ladruncolo della zona che si compiaceva di rispondere al nome di Bill *faccia da topo*, ne denunciò la scomparsa.

Nonostante ciò, il suo corpo fu ritrovato solo il 27 ottobre, da alcuni ragazzini che cercavano una palla. Notato un piede spuntare da un mucchio di cartone collocato sotto un acero, si erano precipitati in cerca di aiuto. Il cadavere, rivestito di pantaloni neri e una pesante felpa, giaceva supino. La fede nuziale le era stata sottratta e non indossava scarpe né calze. Essendo trascorso all'incirca un mese dal decesso, le larve ne avevano consumata la carne, rendendo la donna pressoché irriconoscibile. Shawcross ammise di averla uccisa perché aveva tentato di sottrargli il portafogli: *"Vi erano alcuni bambini che giocavano poco lontano. Le misi una mano davanti alla bocca e l'altra attorno alle narici. Stranamente, neppure tentò di dibattersi né di sottrarsi al suo ineluttabile destino".*

June Stott, la più giovane e leggermente ritardata di otto figli, era una schiva senzatetto, che sentiva voci misteriose nella sua testa e soleva dormire all'aperto, sul marciapiede di Lyell Avenue. Trentenne, a differenza delle precedenti vittime, non si era conformata come prostituta, né come tossicodipendente, bensì come una solitaria anima perduta, nel perenne tentativo di sfuggire agli spiriti dannati, che, riteneva, le dessero la caccia. Shawcross la conosceva perché ella era stata a pranzo a casa sua in diverse occasioni.

Il 23 ottobre del 1989, incontratala tra Dewey Avenue e Saratosa, la invitò a pescare con lui sul Genesee. Sul bordo del fiume, tentò un approccio sessuale, ma posto innanzi al suo diniego e alla minaccia di raccontare l'accaduto alla polizia, non esitò a strangolarla. Poi, spogliatala e gettati i vestiti nell'acqua, riportò a Clara l'auto presa in prestito e, recuperata la bicicletta, fece ritorno a casa.

Due giorni dopo, tornato sul luogo del delitto, trascinò il corpo sull'argine del fiume, sventrandolo con un lungo coltello e gettandone le viscere in pasto ai pesci.

Un mese trascorse, prima che, il 23 novembre, Mark Stetzel, a passeggio col cane nella periferia settentrionale di Rochester, scorgesse, tra le scialuppe arrugginite che costellavano la spiaggia, un tappeto ricoperto di ghiaccio, sotto il quale giacevano i martoriati resti di June Stott. A pochi passi, un asciugamano macchiato di sangue. Il corpo era prono, ma, a giudicare dal colore livido, probabilmente era stato rovesciato parecchio tempo dopo il decesso. La piega, innaturale in un cadavere, del ginocchio destro e il sollevamento forzato delle natiche lasciavano presupporre un rapporto anale, consumatosi dopo l'avvenuto decesso. Un lungo sfregio percorreva il corpo dallo sterno all'altezza del bacino e la vagina, ridotta a una poltiglia di sangue rappreso, risultava priva di labbra: *"Le ho asportate per mangiarle. Poi ho ricoperto il corpo con quel tappeto e raccolto quanto in eccesso ne era fuoriuscito, l'ho disperso nel fiume"*.

Allorché gli chiesi perché non avesse gettato in acqua l'intera salma, rispose: *"Beh, in fondo, quella donna mi piaceva!"*

Maria Welch, 22 anni, un metro e cinquanta per 46 chili di peso, carnagione chiara, occhi marroni e capelli castani, che talvolta tingeva di biondo, aveva un bambino di 5 mesi. Il 5 novembre di quello stesso anno, fu vista per l'ultima volta ancora in vita da una prostituta nei pressi di Lyell Avenue. A denunciarne la scomparsa, il giorno successivo, il compagno sessantenne, Jim Miller, il quale, oltre a descriverne l'abbigliamento, informò la polizia che la donna aveva tatuati un unicorno sull'avambraccio, una foglia di marijuana e una rosa sulla caviglia destra, a celare il nome 'Leo', un'altra foglia sulla gamba sinistra sempre vicino alla caviglia e la scritta *LOVE* sulle nocche della mano dello stesso lato.

Il corpo di Maria fu reperito solo successivamente all'arresto di Shawcross. Fu lui stesso a raccontarmi di aver adescato Maria al ristorante *Marques* in Lake Avenue: *"Ci allontanammo e, trovato un posto dove parcheggiare, iniziammo a parlare. Poiché aveva freddo, accesi il riscaldamento al massimo. Consegnatole 30 dollari, lei prese a spogliarsi, mentre io mi limitai a tirarmi giù la cerniera. Le chiesi se fosse arrabbiata per qualcosa, ma lei negò. Quando la toccai, mi accorsi che portava un assorbente interno ed era macchiata di sangue. Non l'avevo mai fatto in quel modo, così le chiesi di restituirmi i soldi. Non appena mi mandò a quel paese, le serrai la gola fino a farle perdere i sensi, poi, con della corda le legai le braccia dietro alla schiena e i piedi alle mani. Dovetti estrarre l'assorbente e appoggiarlo sopra un asciugamano. Nel frattempo, ripresasi, mi chiese di slegarla. Senza risponderle, la montai. Infine, quando mi disse 'Ti amo', dopo averla baciata, la uccisi*".

Francio 'Franny' Brown, tossicodipendente ventiduenne, poco prima di scomparire, l'11 novembre 1989 dal quartiere a luci rosse di Lyell Avenue, stava conversando con una vicina. Il 15 di quello stesso mese, un pescatore che passeggiava nelle prime ore del giorno lungo Seth Green Drive ne rivenne il corpo. Alla pallida luce mattutina, in principio ritenne di essersi imbattuto in un manichino. Il cadavere, nudo a eccezione di un paio di stivali bianchi alla moda, era disseminato di tatuaggi, tra cui la rudimentale scritta *KISS OFF* impressa sulle natiche e pareva afferrarsi a un blocco di cemento. Secondo la polizia, era stato presumibilmente gettato giù dalla sommità della forra. In seguito Shawcross spiegò: *"Stavamo facendo sesso orale, quando lei urinò nella mia bocca. La mia reazione incontrollata fu quella di premere con tutta la forza il pene nella sua gola, fino a farla soffocare. Approfittai di lei anche dopo il decesso, finché il corpo non prese a freddarsi. Le succhiai la lingua e il seno, ma non riuscii* a raggiungere l'apice del piacere. Alla fine, rivestitomi, gettai il suo corpo dalla scogliera".

Il 15 novembre, Kimberley Logan, taciturna trentenne di colore, leggermente ritardata mentale, fu vista per l'ultima volta innanzi alla sua casa, intenta a conversare con un uomo che rispondeva alla descrizione di Arthur. Più tardi, quello stesso giorno, Jimmie James incespicò letteralmente nel cadavere della donna, nudo e cosparso di lividi, parzialmente celato sotto una roulotte parcheggiata in un cortile di Megis Street. Kim era stata strangolata; il naso e la bocca risultavano ostruiti da foglie e altro materiale e i suoi vestiti giacevano ordinatamente ripiegati accanto al corpo senza vita. Shawcross non ammise mai la responsabilità di questo delitto.

Gli omicidi di Rochester potevano apparire, agli occhi di un profiler criminale, come la realizzazione di uno schema perfettamente decifrabile. Tutti gli indizi si adattavano infatti perfettamente alla matrice omicida: le donne, per lo più prostitute che lavoravano nel quartiere a luci rosse di Lake e Lyell Avenue, venivano strangolate o picchiate a sangue. I loro corpi, nudi o semivestiti, giacevano nella periferia cittadina, nelle immediate vicinanze di un fiume o perfino immersi nell'acqua ghiacciata. Salvo alcune eccezioni, i cadaveri, accanto a cui solitamente si rinvenivano i vestiti accuratamente ripiegati, mostravano orifizi ostruiti da detriti e fogliame. Infine, nella maggior parte dei casi, alcune parti del corpo sembravano essere state divorate da un qualche animale selvaggio o cannibalizzate dall'assassino medesimo.

Nel realizzare la presenza di un vero e proprio schema comportamentale in quello che appariva un serial killer inserito nella comunità, la polizia di Rochester raddoppiò il numero degli agenti dell'Unità medico criminale.

L'unità tattica della polizia mise in atto una sorveglianza 24 ore su 24, focalizzando la propria attenzione sul quartiere a luci rosse frequentato dalla maggioranza delle vittime. Benché centinaia di prostitute fossero interrogate e messe in allerta dagli agenti, alcune, come June Cicero, non presero sul serio i loro avvertimenti finendo, poco dopo aver ascoltato i consigli degli investigatori, per condividere le tragiche sorti delle precedenti vittime. Tutti gli agenti furono avvertiti dell'importanza di mantenere intatta la scena del crimine, senza mettere a repentaglio eventuali prove per eccesso di zelo. Completati i formulari della polizia di stato di New York e dell'FBI VICAP[5], furono richieste le prestazioni dei profiler criminali di entrambi i gruppi per tracciare un profilo psicologico esaustivo del serial killer. Ma tutto ciò non fu sufficiente a impedire ulteriori omicidi.

Elisabeth Gibson, una vivace giovane donna sposatasi non appena terminata la scuola, si era ben presto convertita alla cocaina, ricorrendo alla prostituzione per procurarsi il denaro necessario a soddisfare questa sua dipendenza. Scomparsa il 25 novembre, il suo corpo fu ritrovato due giorni dopo da un cacciatore, a circa sedici chilometri a est di Rochester. Sul terreno melmoso accanto alla donna, deceduta per soffocamento, la polizia rinvenne impronte di pneumatici e su un albero poco lontano, dove presumibilmente l'auto del killer aveva strusciato, frammenti di vernice blu. In seguito questi risultarono provenire dalla *Dodge Omni* di Clara, che Shawcross frequentemente prendeva in prestito. Sul Genesee River, si era svolta una scena che Arthur avrebbe così descritto: *Accusata la donna di avergli rubato dei soldi, quella, avventatasi su di lui, aveva tentato di graffiarlo e colpirlo agli occhi. Durante la colluttazione, Elisabeth aveva accidentalmente sbattuto la testa sul cambio. Invano, lui aveva cercato di rianimarla, poi, versate amare lacrime sul tragico epilogo e scaricato il corpo nella boscaglia, si era dileguato.*

Darlene Trippi, una prostituta brunetta di 32 anni, conosceva Shawcross piuttosto bene, al punto che, a Natale, si scambiavano regolarmente i regali. Pochi giorni prima della sua scomparsa, egli le aveva fatto visita portandole in dono della cacciagione. Innanzi a

5 Ndt. Con FBI-VICAP si intende il Violent Criminal Apprehension Program, ovvero una sezione, interna all'FBI, che detiene il più vasto archivio investigativo dei maggiori casi criminali degli Stati Uniti. Essa è designata proprio a raccogliere e analizzare le informazioni in merito agli omicidi, agli stupri e alle persone scomparse.

una tazza di caffè, i due si erano perfino intrattenuti sulla misteriosa serie di omicidi che stava devastando la cittadina.

Il 15 dicembre, la sorella la vide mentre trattava con un cliente. Shawcross sopraggiunse portando la sua inconsapevole vittima lungo il Genesee. Qui, in seguito all'incapacità dell'uomo di concludere il rapporto sessuale, Darlene lo avrebbe preso in giro, dichiarando com'egli fosse ormai senza speranza: "*Fuori di me, allora, la strangolai!*" Il suo corpo congelato fu ritrovato, in seguito al suo arresto, nella rete fognaria 8 chilometri oltre Salmon Creek.

La penultima vittima fu June Cicero, una tossicodipendente trentaquattrenne giunta nel 1973 dal quartiere newyorkese di Brooklyn. Le più giovani prostitute di Rochester vedevano in lei una sorta di figura materna. Scaltra e selvatica, scomparve senza lasciare tracce dal locale a luci rosse *City Mattress*, nella tarda serata del 17 dicembre 1989. Il 3 gennaio, una squadra di agenti in elicottero ne individuò il corpo congelato nel Salmon Creek, nudo, a eccezione di un maglione e calzini bianchi. In quella occasione un osservatore dall'elicottero notò Shawcross su un ponte nelle vicinanze, mentre gettava qualcosa nel fiume; una disattenzione che condusse poi al suo arresto. Durante le indagini, i tecnici si avvalsero di una lampada speciale, dotata di una luce fluorescente in grado di individuare tracce altrimenti irrilevabili. Grazie a quella lugubre illuminazione, si avvidero di piccole chiazze nella neve, che a un'approfondita analisi si rivelarono minuscoli frammenti di tessuto umano.

In seguito, Shawcross spiegò che, condotta June al fiume, quella lo aveva deriso, definendolo un inetto. Schiaffeggiatala, quando lei minacciò di chiamare la polizia, l'aveva strangolata. Caricato il corpo nel bagagliaio dell'auto, aveva guidato lungo la 31ª strada fino a Northampton Park, per poi gettarlo nel Salmon Creek attraverso un viadotto che partiva da quella strada. Al ritorno, fermatosi a un chiosco, si era fatto servire una tazza di caffè e aveva trascorso un po' di tempo ad ascoltare alcuni agenti conversare sugli omicidi.

Felicia Stephens, una prostituta minuta, dai capelli corvini, la carnagione scura e gli occhi marroni, ebbe la sfortuna di salire sull'auto di Shawcross il 28 dicembre 1989. Tre giorni dopo, un guardiano del parco Northampton scorse un paio di jeans incrostati di ghiaccio nella neve. Grazie alla carta d'identità trovata nelle tasche, ne identificò la proprietaria come Felicia Stephens. Durante una più approfondita ricerca, la polizia reperì anche un paio di stivali, deducendo che la donna dovesse essere sepolta poco lontano. Fu però un cacciatore a individuarne il cadavere, a circa 300 metri di distanza, all'interno di una colonica in rovina.

In seguito Shawcross dichiarò che, a eccezione della pelliccia e degli stivali, la donna, quando infilò la testa attraverso il finestrino aperto della sua auto, non indossava altro: *"Stava scappando dal suo protettore e io mi spa*ventai al punto da premere il pulsante del finestrino per rialzarlo. Il capo bloccato dal vetro, la trascinai in quel modo per alcuni caseggiati, poi arrestai il veicolo. A quel punto lei, come se nulla fosse accaduto, salì sull'auto offrendomi sesso. Condottala al fiume, strangolai anche lei".

La cattura e il conseguente processo di Arthur Shawcross furono resi possibili grazie alla combinazione di fortuna e tenace perseveranza delle forze dell'ordine.

In definitiva, però, fu l'atteggiamento mentale dello stesso serial killer a segnare il suo destino. Si può dire che egli letteralmente consegnò se stesso alla polizia nel pomeriggio del 4 gennaio 1990, allorché i due agenti che perlustravano in elicottero la zona intorno al Northampton park, avvistarono contemporaneamente il corpo congelato di June Cicero nelle acque ghiacciate del Salmon Creek e Arthur Shawcross, intento a urinare o a masturbarsi affacciato al parapetto del ponte. Poco dopo, quest'ultimo, non sapendo di essere stato notato, salì sulla *Chevrolet Berlina* e si allontanò. L'auto fu rintracciata, qualche ora dopo, innanzi alla clinica privata di Spencerport e le successive indagini condussero a lui. Non appena ne ebbero riscontrato il passato criminale, gli investigatori si presentarono a casa sua per interrogarlo. Quella sera, Shawcross negò ogni suo coinvolgimento nei delitti, ma la mattina successiva, dopo un lungo ed estenuante interrogatorio, condotto in caserma dai detective, si decise a confessare.

Attualmente Arthur Shawcross sta scontando due condanne per un totale di 250 anni di prigione. Solo una cassa di legno potrà condurlo fuori dalle mura del carcere.

In prigione, Shawcross si è a lungo rifiutato di rilasciare interviste. Sono stati necessari diversi anni di spasmodica corrispondenza per fargli cambiare idea.

Quando si decise, mi inviò unicamente un biglietto con su scritto: *"Acconsento ad incontrarti"*.

Oltre a preparare l'intervista, ho parlato con tutti coloro coinvolti nella sua vita e nei suoi crimini e, in particolar modo, con Clara Neal, che, con incredibile ingenuità, si disse convinta che Arthur sarebbe presto uscito dal carcere: *"Lo terrò sotto controllo farmacologico affinché non compia ulteriori misfatti"*, promise. *"Del resto, presto saremo sposati. È un uomo così meravigliosamente gentile e io lo amo intensamente!"*

Alle 10:15 del mattino del 19 dicembre 1994, presso l'Istituto Correzionale Sullivan, ebbe inizio l'intervista. Prima che mi ammettessero alla sua presenza, i secondini mi spiegarono com'egli fosse ancora ritenuto altamente pericoloso, una vera e propria macchina per uccidere: *"Può cambiare all'improvviso, riprendendo il suo vecchio comportamento nell'intervallo di un microsecondo"*, mi avvertirono. *"Se dovesse di colpo impallidire, se il suo corpo dovesse irrigidirsi senza alcun preavviso o se solo cominciasse a sudare copiosamente, si allontani da lui il più velocemente possibile. È abbastanza forte da riuscire a strapparle la testa!"*

Centoventi chili di peso che ricoprono una superficie di un metro e ottanta di altezza, Arthur Shawcross, la cui testa, a forma di tubero, culmina in una cupola di sottili capelli grigi, è dotato di un naso bulboso e di due piccoli occhi scuri e acquosi, eccessivamente ravvicinati.

Senza dubbio, trovarselo innanzi può incutere un certo timore. Braccia massicce pendono da possenti spalle arcuate e il petto confluisce in un voluminoso cuscinetto di adipe, debordante dalla cintura. A dispetto di tale conformazione superiore, dalle anche si dipanano due gambe corte e tozze, le cui estremità posano su piedi eccessivamente piccoli. Complessivamente, un tale sbilanciamento nella figura indurrebbe a pensare ch'egli possa ribaltarsi da un momento all'altro. Nella prima di quattro interviste, mi ritrovai faccia a faccia con lui in un minuscolo cubicolo. Nessun'altro era presente, allorché egli si accingeva a divorare il suo pasto, infilandosi con foga il cibo in bocca e rivolgendo sguardi rapidi e ansiosi tutt'intorno, quasi temesse che qualcuno potesse emergere dal nulla per ghermirgli il tanto atteso nutrimento.

Terminato il pranzo, nell'osservarlo ripulirsi con cura la cavità orale da residui untuosi, non potei fare a meno di domandargli perché, dopo molti dei suoi omicidi, avesse sentito la necessità di mangiare parti del corpo delle sue vittime. Con un sorriso sconcertante, rispose: *"Ammetto di averlo fatto. Del resto la carne umana ha lo stesso sapore di quella suina. Sono solito mangiare bistecche e hamburger crudi, per cui non mi è parso molto differente. Non so dire cosa mi abbia spinto a comportarmi così, semplicemente l'ho fatto. Punto".*

Tacque per un tempo che mi parve infinito, lasciando che i suoi occhi esaminassero nervosamente il soffitto, quasi avesse intravisto su di esso un qualche invisibile insetto, poi aggiunse, con la massima indifferenza: *"Già e ora che ci penso, una volta ne ho gustato un pezzo rosicchiandolo all'osso!"*

Non potei fare a meno di riflettere su come si potesse fare una simile affermazione con tanta noncuranza, quasi fosse quella una dilettevole stravaganza da condividere con gli amici. Per quanto fosse ormai noto che Shawcross non sparò un colpo durante il suo servizio militare in Vietnam, egli seguitava a vantarsi delle atrocità ivi perpetrate. Compresi ben presto che introdurre l'argomento, a lui particolarmente gradito, mi avrebbe permesso di vincerne l'iniziale diffidenza.

In effetti, come avevo previsto, il suo 'lato migliore' non tardò a emergere. A dispetto dell'inverosimiglianza di quanto raccontava, sembrava che il suo principale obiettivo, da cui traeva uno smisurato diletto, fosse quello di suscitare sgomento nell'interlocutore e, nel contempo, di trovare una qualche giustificazione alle successive nefandezze. Asseriva, infatti, di aver ucciso, durante una missione di "ricerca e distruzione" una cinquantina di persone e di aver ricevuto, in quell'occasione, l'ordine di eliminare qualsiasi essere umano in cui si fosse imbattuto. In particolare, qualora stressato da alcune domande, si dilungava in molteplici e spesso incoerenti motivazioni, che variavano dagli abusi subiti nel corso dell'infanzia, alla sua immaginaria carriera da *Rambo* in Vietnam, atte a mitigare l'efferatezza dei suoi crimini: *"L'esercito mi addestrò a uccidere, ma non si curò di impartirmi lezioni di moralità. Mi indussero a ritenere me stesso un Dio, dai poteri illimitati. Sulla base di quanto ordinatomi, mi sono conformato giudice, giuria e boia al tempo stesso. Ho ucciso, macellato, distrutto esseri umani. Tutt'oggi non mi è ancora chiaro il perché!"*

Alquanto curiosa, per quanto già utilizzata in casi simili, appare la scusa addotta da Arthur per giustificare l'omicidio delle prostitute. Non potendo avvalersi dell'esercito, nominò suo committente niente meno che il Creatore, il quale gli avrebbe affidato tale ingrata incombenza allo scopo di salvare il mondo dall'AIDS.

Ovviamente, rimase senza parole allorché gli feci notare che, tra le tante meretrici, figuravano come sue vittime anche due bambini e due signore di accertato rispetto. L'incapacità di attribuire a tali misfatti una qualche colpa divina sembrò gettarlo in uno stato confusionale che si protrasse per tutta la durata del nostro colloquio. La chiamata divina era del resto invalidata dalla sua ammissione di aver avuto rapporti sessuali con le vittime e dal racconto di come, in un'occasione, avesse ucciso una donna solo perché, nel praticargli sesso orale, lo aveva morso. Innumerevoli furono le successive versioni che egli elevò a giustificazione: *"Sono uscito con 80, 100 donne, tra cui anche molte prostitute. Intendevo solo scoprire la causa della mia impotenza!"*

La successiva tesi, secondo cui soffriva di una rara affezione genetica, a cui attribuiva la colpa dei suoi omicidi seriali, crollò ben presto, per essere sostituita da quella del marito frustrato: le sue ex mogli, sottraendosi vilmente alle sue naturali bramosie, avrebbero suscitato in lui una tale rabbia da indurlo a cercare sfogo all'esterno. Infine, arrivò a sostenere che il problema derivasse dalle terribili emicranie di cui soffriva allorché esposto a luci troppo intense. Nel tentativo di addentrarmi nell'oscuro abisso della mente di Shawcross, lo interrogai su quanto da lui provato prima e durante gli omicidi.

Come sospettavo, la domanda non suscitò in lui alcun disappunto: *"Ero dominato da una moltitudine di fattori: la quiete del luogo, il cielo stellato, il mio disperato tentativo di portare a termine un rap-*

porto sessuale. D'un tratto perdevo il controllo e le strangolavo. Non è facile come sembra in TV, dove pare che le vittime crollino a terra dopo pochi secondi. Nella realtà, possono trattenere il fiato come minimo per tre minuti e possono passarne altri quattro prima di essere certi del loro decesso. Una donna ha perfino continuato a parlare mentre la soffocavo. Rammento ancora le sue parole: 'Io ti conosco!'. Poi, semplicemente, si è accasciata".

Quando gli domandai perché in alcuni casi i cadaveri presentassero semplici ecchimosi, mentre altri risultassero sventrati e altri ancora mostrassero gli orifizi occlusi da fogliame e detriti, prese ad agitarsi. Le sue mani si mossero irrequiete, mentre gli occhi dardeggiavano tutt'intorno. Infine, disse: *"Già, in alcuni casi le contusioni sono state provocate dal peso del mio corpo sul loro o durante il successivo trascinamento tra i giunchi per raggiungere la riva del fiume. Talvolta le ho sventrate per facilitarne la decomposizione. Per quel che riguarda la terza opzione, beh non è necessario che ne parliamo proprio adesso".*

Fu allora che ebbe la sfacciataggine di chiedermi di fargli da testimone nel suo imminente matrimonio con Clara Neal.

Lynde M. Johnston, capitano della squadra detective del Dipartimento di polizia di Rochester mostrò un profondo interesse per le mie interviste a Shawcross, che era altresì sospettato dell'omicidio della trentenne Kimberly Logan, una giovane di colore con cui sembrava essere stato in amicizia. Dalla sua cella, il killer, che appariva fortemente compiaciuto per le difficoltà riscontrate dalle forze dell'ordine nel collegarlo ad alcuni delitti, si rifiutava di rispondere alle loro domande. Impossibilitati a chiudere il caso, gli investigatori necessitavano di tutto l'aiuto che potessi fornire loro.

Il Dipartimento di Rochester mi garantì l'accesso alla cartella relativa all'omicidio Logan: era evidente, dalle fotografie delle scene del crimine e dal rapporto dell'autopsia, che sussistessero inquietanti similitudini con i casi attribuiti a Shawcross. Alcuni testimoni ne avevano perfino dato una descrizione perfettamente compatibile, sostenendo di aver visto con la ragazza un uomo a lui somigliante, con una t-shirt rossa. Eppure, al momento dell'arresto, egli non solo negò di aver conosciuto la donna, ma altresì di possedere un indumento di quel colore. Non sussistendo prove certe a suo carico, non era stato possibile attribuirgli il crimine. Kimberly, una ragazza ingenua e leggermente ritardata, avrebbe potuto fare amicizia con chiunque, perfino con Arthur.

Il suo omicidio si inseriva tra quello di Frances Brown dell'11 novembre 1989 e quello di Elisabeth Gibson del 25 novembre dello stesso anno. Oltretutto, in esso si palesavano caratteristiche distintive del *modus operandi* di Shawcross: aggressione, strangolamento, nessun segno evidente di stupro, contusioni sparse per tutto il corpo, naso e bocca della vittima ostruiti da scorie vegetali, vestiti ripiegati con cura a pochi metri dal cadavere e occultamento del corpo per evitarne il prematuro ritrovamento. Naturalmente non sempre questi tentativi di nascondere le carcasse risultavano fruttiferi, ma Arthur era perfettamente consapevole del fatto che più a lungo le vittime fossero rimaste esposte alle intemperie e all'ingordigia di animali selvatici, maggiormente si sarebbero deteriorate le prove a suo carico.

Data la disposizione mentale di Shawcross, fu la fortuna, più che l'abilità dei detective a conferire loro la prova delle sue menzogne: una fotografia in cui egli era ripreso con indosso una t-shirt rossa, la stessa ch'egli aveva negato di aver mai posseduto. A consegnare tale immagine fu l'ingenua fidanzata di Arthur, Clara Neal, la quale, nel tentativo di provare com'egli fosse adorabile, mi mostrò un album fotografico relativo al periodo della sua follia omicida. Tra le pagine, non potei fare a meno di notare quella particolare foto. Posto innanzi a tale prova, Shawcross si infuriò: *"È una stronzata, non ne ho mai posseduta una e ora mi state veramente urtando i nervi!"*

Nonostante il perentorio diniego, acclusa la foto nella cartella dell'omicidio Logan, la polizia dichiarò chiuso il caso. Eppure, vi era una questione in particolare ancora da risolvere: perché Shawcross, che si era dichiarato colpevole di tutti gli altri delitti commessi a Rochester, si rifiutava di essere collegato all'omicidio di Kimberley Logan?

Non avendo la polizia diffuso i particolari degli assassinii, non sussistevano molte possibilità che si trattasse di un folle imitatore. La risposta va probabilmente ricercata nella mentalità razzista del serial killer.

Diversi anni prima, egli aveva manifestato un profondo disprezzo per la popolazione di colore, asserendo che mai avrebbe potuto avere rapporti sessuali con una donna nera, il cui aspetto trovava repellente. In seguito al ritrovamento della fotografia, egli ritrattò, in una lettera, tali affermazioni: *"Ho avuto ottimi rapporti sessuali con 5 donne di colore, tutt'ora in vita.* (Ciononostante uccise, tra le altre, Felicia Stephens, nera). *Qualcuna poteva anche essere stata ubriaca, ma cavolo, era una loro scelta. Io non odio i neri, ne disprezzo alcuni, così come non tollero necessariamente tutti i bianchi e gli ispanici. Puoi anche dire ai poliziotti di Rochester di baciarmi dove non mi scalda il sole! Kimberley Logan non* è *mai entrata nella mia vita, non l'ho mai incontrata. Sono disposto a sottopormi alla macchina della verità e a parlare con gli agenti. Lei non* è *una mia vittima!"*

Quando però gli proposi di sottoporsi realmente a tale test e di rispondere alle domande degli investigatori, si rifiutò categoricamente.

Infine, contraddicendosi per l'ennesima volta, scrisse un'ulteriore lettera: *"Nessuna delle donne o ragazze che figurano tra le mie vittime, frequentavano la mia casa o il mio quartiere. Sono uscito con circa 6 donne che vivevano vicino a me, ma non le avrei mai uccise. Soprattutto non avrei mai potuto ammazzare una ragazza muta. Mi dispiace per lei. Eravamo in ottimi rapporti di amicizia".*

Non occorre analizzare con cura queste affermazioni per capire com'egli mentisse: tra le sue vittime figuravano infatti Dorothy Keeler, che lavorava come donna delle pulizie nel suo appartamento e Darlene Trippi, con cui egli era in amicizia al punto da scambiarsi dei piccoli regali.

Infine, se prima aveva negato perfino di conoscerla, in quest'ultima comunicazione ne ammetteva l'amicizia, consolidando tale affermazione con il riconoscimento del suo handicap, a cui nessuno aveva accennato.

Fin dall'inizio, Shawcross mi fece capire che in nessun caso intendeva discutere dell'omicidio del piccolo Jack Blake. Lungi dall'essere un uomo intelligente, Arthur possedeva però un'astuzia ferina e un incredibile istinto, caratteristiche che resero alquanto problematici i miei tentativi di introdurre l'argomento. Eppure, dal momento che la madre del piccolo, per quanto posta innanzi alle evidenze, seguitava a rifiutarsi di credere nella sua morte, occorreva indurlo ad ammettere la verità: *"Dicono che Shawcross abbia ucciso il mio bambino"*, mi disse singhiozzando la signora Blake: *"Io credo in Dio e sono una brava persona. Perderò le speranze solo il giorno in cui Shawcross confesserà. Solo allora potrò finalmente riposare in pace!"* Durante la mia terza intervista con Shawcross, feci alcuni riferimenti al suo precedente periodo detentivo. Dovendo documentare interamente la sua vita, lo avvertii, giacché questo era anche il suo desiderio, che non avrei certo potuto tralasciare quei quattordici anni e gli eventi che, già allora, lo avevano condotto in prigione. Quanto segue è la trascrizione verbale del successivo colloquio:

A.S. *"Allora, cosa vuoi sapere in particolare?"*.

C.B.D. *"Quattordici anni di carcere, Art. Come affrontiamo l'argomento?"*.

A.S. *"Non lo facciamo. Sei tu che vuoi condurmi là, quindi non cercare di fottermi!"*

C.B.D. *"Ok, estraggo un cancellino e semplicemente depenno quegli anni dalla tua vita?"*.

A.S. *"Esattamente!"*

C.B.D. *"Cosa mi dici di Jack Blake?"*.

Sapevo che porre quella domanda significava addentrarmi in una territorio minato: se i compagni di carcere avessero saputo che era stato in prigione per l'omicidio di due bambini, la sua vita, al pari del precedente periodo di detenzione, sarebbe mutata in un inferno. In un batter d'occhio, la sua espressione cambiò: si irrigidì e un innaturale pallore prese a diffondersi sul suo volto.

Sudando copiosamente, si protese improvvisamente verso di me, stringendomi il braccio in una morsa: *"Tu non capisci con chi hai a che fare, bastardo!"*, urlò. *"Tu non sai CHI sono, o COSA sono!"*

"Non serve assumere questo atteggiamento aggressivo!", risposi, tentando di celare il mio nervosismo. *"D'accordo, hai un problema con Jack e ora ne hai uno anche con me. Ma se mandi a monte l'intervista, Clara si infurierà!"*

La semplice menzione della sua fidanzata fu sufficiente a calmarlo. Quasi qualcuno avesse premuto un interruttore nella sua mente, l'espressione tornò normale e la morsa sul mio braccio si allentò, fino a sciogliersi del tutto. Confuso, scosse la testa e i suoi occhi si inumidirono allorché cominciò a blaterare una sorta di indistinta apologia:

A.S. "*Ok*", disse, la voce tremante. "*Sì, l'ho ucciso. Gli avevo ordinato di tornarsene a casa , ma lui non mi diede ascolto. Mi faceva impazzire, così lo uccisi e ne seppellii il corpo sotto l'immondizia, prima di andare a pescare. È colpa sua se è morto, non avrebbe dovuto avere niente a che fare con me... mi spiace!*"

C.B.D. "*Ma i vestiti, Arthur. Cosa mi dici dei suoi vestiti?*".

A.S. "*Se li tolse e io gli ordinai di piegarli*".

C.B.D. "*Perché?*".

A.S. "*Gli lasciai credere che li avrebbe indossati nuovamente. Qualcosa del genere... non so*".

Quando gli domandai se i suoi genitori da bambino gli facessero sempre piegare gli indumenti, mi confermò trattarsi di una delle regole fondamentali della casa.

Poi tornai su Jack Blake.

C.B.D. "*Cosa hai fatto al suo corpo, Art?*".

A.S. "*Non ne voglio parlare!*"

C.B.D. "*Perché?*".

Gli ricordai nuovamente che Clara sarebbe stata furiosa perché durante le interviste si aspettava da lui la massima onestà.

C.B.D. "*Cosa mi dici della piccola Karen Hill. Perché l'hai uccisa?*".

A.S. "*Per la stessa ragione delle altre. Lo desiderava, ne sono certo... intendo il sesso e cose del genere. Poi quando cominciai, iniziò a piangere, a dire che voleva la mamma. Così l'ho soffocata. Non con le mani. Le ho riempito la bocca di foglie e terriccio*".

C.B.D. "*Hai avuto rapporti vaginali e anali con lei, Arthur?*".

A.S. "*Sì, ma solo dopo il suo decesso. Poi tornai a casa*".

C.B.D. "*Art, perché riempivi gli orifizi delle tue vittime con foglie, ramoscelli, detriti...?*".

A.S. "*Non so, davvero non so. Forse solo per cancellare eventuali prove o per farle stare zitte, non so!*"

Così terminarono le interviste. Shawcross, alzatosi in piedi, mi strinse la mano per l'ultima volta, prima di permettere docilmente alle guardie di perquisirlo e ricondurlo in cella. Osservai "Il mostro del fiume" percorrere a ritroso i cupi corridoi della prigione. Mai si volse a guardarmi, né io gli indirizzai un ultimo saluto.

Se anche Arthur Shawcross, senza il quale il mondo sarebbe stato sicuramente un luogo più sicuro, è l'origine di tutto il male da lui compiuto, nel momento in cui lo arrestarono per gli omicidi di Karen Hill e Jack Blake, una parte della responsabilità dei suoi successivi delitti non poté che ricadere su altri.

Lo stesso giudice Donald Wisner, che presiedette il processo per gli omicidi di Rochester, mi confidò che il Pubblico Ministero avrebbe dovuto chiedere un'imputazione per omicidio di primo grado, allorché lo accusò dell'assassinio dei due bambini. Per quel che mi riguarda, avrei ritenuto maggiormente opportuna un'accusa di omicidio aggravato, che ne avrebbe scongiurata la scarcerazione: *"Senz'altro, in quel caso, sarebbe stato condannato all'ergastolo"*, confermò il giudice, *"invece, nel tentativo di evitare allo stato le spese di una tale sentenza, optarono per una condanna più lieve, agendo, in tal modo, come coloro che, solo a fatto avvenuto, sparano sentenze su quanto sia stato compiuto di sbagliato"*.

Charles Siragusa, il Pubblico Ministero incaricato degli omicidi di Rochester, nel sostenere interamente l'opinione del giudice Wisner, si disse disgustato dal preventivo rilascio di Shawcross dopo soli quattordici anni e mezzo di reclusione. Forse il più schiacciante atto d'accusa di tutta la vicenda emerge dalle labbra contratte di Edwin Elwin, direttore della Divisione di Stato per il rilascio sulla parola. Informato della scia omicida di Shawcross, conseguente alla sua scarcerazione, egli si limitò con noncuranza ad affermare: *"Evidentemente, costui ha saputo comportarsi in modo tale da apparire interamente riabilitato. Del resto, siamo inclini a disapprovare coloro, tra noi, che mostrino un atteggiamento troppo rigido e prevenuto nei confronti dei detenuti"*.

Lo psichiatra della prigione di Greenhaven, il dott. Robert Kent, ammise di aver avuto l'impressione che Shawcross fosse *"l'individuo più pericoloso tra quelli rilasciati negli ultimi anni"*, opinione avallata dal collega Y. A. Haveiwala, che aveva avuto modo di valutarlo in più di un'occasione. Shawcross si era sempre rifiutato di spiegare perché avesse ucciso quei bambini e che cosa lo avesse spinto a stuprare la piccola dopo averla assassinata. Oltretutto, egli aveva ammesso, innanzi al medico, che, una volta uscito, avrebbe potuto commettere altri delitti.

Questa l'opinione espressa da Haveiwala: *"Shawcross, nel caso di libertà condizionata, è un soggetto fortemente a rischio. Presenta una personalità antisociale* (sociopatica) *e schizofrenica con tanto di conflittualità psico-sessuale"*.

Purtroppo, altri colleghi palesarono opinioni diverse. La documentazione relativa al periodo detentivo di Shawcross mostra una collezione di interpretazioni pseudo-professionali, correlate a congetture plausibili e ad altre del tutto infondate, a cui si aggiunge una contraddizione di fondo: il persistente dubbio se egli potesse o meno uccidere ancora.

Nonostante ciò, egli fu rilasciato con dieci anni di anticipo rispetto al tempo espresso nella sentenza. Evidenziando come, giacché il costo in termini di vittime, nel caso Shawcross come in molti altri, è altissimo, la giustizia non possa basarsi sulla convenienza del sistema giudiziario.

Sempre che tale convenienza, all'analisi dei fatti, sussista realmente: oltre agli iniziali 35.000 dollari, versati per consegnare Shawcross alla giustizia nei due delitti di Watertown, e ai conseguenti 250.000 per mantenerlo in detenzione, a cui si aggiungono le spese accessorie delle fatture psichiatriche, occorre infatti mettere in conto gli esborsi per gli omicidi di Rochester.

Per individuare il serial killer, la polizia fece, nel corso delle indagini, 2.210 interrogatori, richiese 3.255 fogli di autorizzazione (del costo di 12 dollari ciascuno) e cercò indizi su 150 sospetti.

Il costo del personale di servizio ammontò a 420.447 dollari, quello degli straordinari a 121.916. Aggiungendo le spese per il personale non di servizio, pari a 27.196 si arriva a una cifra totale di 893.612 dollari. Il Dipartimento di polizia di Rochester dichiarò inoltre che, se avessero tenuto conto dei costi dell'incremento di pattuglie, dell'addestramento del personale investigativo, delle ore impiegate dagli addetti all'amministrazione per gestire il tutto, del lavoro volontario degli impiegati del Dipartimento e, come ultima cosa, del costo della nuova detenzione di Shawcross (quest'ultima stimabile in 750.000 dollari) l'ammontare si sarebbe avvicinato ai due milioni.

Oggi, Arthur Shawcross ripara serrature per la prigione, cucina per gli altri detenuti e, ancora una volta, ha ottenuto di essere introdotto nell'unità psichiatrica, dove fornisce consigli e suggerimenti ai carcerati. Al momento, allo scopo di ottenere delle attenuazioni sulla pena, continua ad asserire di soffrire di una 'rara affezione genetica', confermata, tra l'altro, da eminenti autorità americane del settore. Queste, nel convalidare la teoria secondo la quale eventuali anormalità nella catena cromosomica possono causare comportamenti violenti e omicidi, sostengono che Shawcross soffra di uno squilibrio biochimico estremamente raro, correlato a un disordine genetico dei cromosomi XYY[6]. Si ritiene altresì che tale scompenso possa essere una delle cause dei suoi atti violenti e dei comportamenti antisociali.

Se si analizza il suo periodo formativo, è evidente che vi fossero, già allora, segnali di tali atteggiamenti: inizialmente angariato e schernito dai compagni, mutò ben presto in un individuo sadico e violento.

Il seme del male era dunque già radicato all'epoca e, se si ammette la teoria del disordine genetico, si può credere che fosse insito in lui fin dal momento del concepimento. Ciò spiegherebbe perché, nella sua famiglia, gli altri componenti non fossero affatto inclini alla violenza.

L'ufficiale medico della prigione, allorché interrogato in merito, si rifiutò di confermare che Shawcross avesse un tale problema. Al contrario il dott. Kraus, che lo seguì a lungo, trovò solide conferme del suo disordine cromosomico. Neppure i colloqui con le autorità mondiali del settore, atti a chiarire se vi fosse realmente una correlazione tra la sindrome *XYY* e i comportamenti antisociali, fornirono alcuna certezza. Vi sono due punti di vista nettamente opposti in materia e risulta impossibile discernere quale sia il più attendibile. A ogni modo, date la attuali conoscenze, è appurato che l'anormalità cromosomica può essere addotta a causa di comportamenti asociali

6 Ndt. In Italia tale anomalia è chiamata Sindrome 47, XYY o Sindrome di Jacobs.

solo in una minima parte della popolazione criminale e, al tempo stesso, che vi sono milioni di persone perfettamente inserite nella società che presentano un disordine genetico. Di conseguenza, se anche nel caso Shawcross tale affezione può averne determinata la condotta, non la si può elevare a unico movente.

Ci sono milioni di cellule nel nostro cervello e la presenza di un cromosoma extra in ognuna di esse implica l'aggiunta di circa cento milioni di cromosomi in più nei maschi *XYY*. Il dott. Arthur Robinson, nel selezionare 40.000 neonati con la caratteristica *XYY* (ne nascono circa 2.000 ogni anno solo negli Stati Uniti) evidenziò come due terzi risultassero esili, alti e goffi, con un quoziente intellettivo compreso tra 80 e 140.

Secondo Robinson: *"Queste persone sono facilmente eccitabili, hanno scarsa capacità di concentrazione, sono iperattivi e intolleranti a qualsiasi frustrazione. Il 50% di loro mostra* difficoltà di apprendimento e ritardi nell'acquisizione del linguaggio".

Molte di queste caratteristiche corrispondono al profilo di Shawcross.

Il dott. Kraus commentò: *"Approfonditi studi riportano che il maschio XYY corre un rischio superiore da 10 fino a 20 volte, rispetto al resto della popolazione, di finire in manicomio o in prigione; un rischio che non può essere sottovalutato. Allo stesso modo, essi presentano un più alto tasso di difficoltà di apprendimento e sono per lo più descritti come 'bambini problematici', difficili da gestire sia nel contesto domestico, che in ambito scolastico".*

Tutto ciò appare perfettamente coerente con l'infanzia di Shawcross e con le sue stesse affermazioni di 'sentirsi diverso' rispetto al resto della famiglia. Altre caratteristiche della personalità associate a questi bambini includono la tendenza alla solitudine e all'incostanza, la predisposizione per la fuga dal contesto famigliare e, una volta cresciuti, l'inclinazione a impulsi pedofili, ad atti di piromania, la tendenza a minacciare di uccidere, a molestare i bambini, a rubare e a manifestare improvvisi scoppi di rabbia e violenza. Tutti tratti che caratterizzano la personalità del killer in questione.

In un articolo intitolato *Human Behavior Cytogenetics* (*Citogenetica del comportamento umano*), pubblicato nel *Journal of Sex Re-*

search, il dott. John Money conferì maggiore attendibilità alle affermazioni di Kraus: *"Pare perfettamente plausibile che la presenza di un cromosoma extra nel nucleo di ogni cellula del cervello possa, in qualche modo, rendere l'individuo maggiormente soggetto al rischio di sviluppare anomalie o disfunzioni comportamentali e psichiche"*. Dunque, seppur in minima parte, la presenza della sindrome denominata più precisamente *47, XYY* può aver realmente influenzato il comportamento di Shawcross. Per quanto riguarda invece lo squilibrio biochimico, nella ricerca di una diagnosi in merito al killer, il dott. Kraus ha focalizzato la propria attenzione sulle analisi del sangue e delle urine, imbattendosi in una caratteristica non molto conosciuta, coinvolgente una sostanza chiamata criptopirrolo[7]. In realtà, nessuno degli esperti a cui egli si rivolse per avere delucidazioni ne aveva sentito parlare e lo stesso laboratorio di biochimica dell'università di Rochester neppure era in grado di compitarne il nome.

Durante un'analisi di laboratorio del sangue e delle urine di Shawcross, il dott. Kraus riscontrò, accanto ad altri valori normali, un tasso eccessivamente alto di criptopirrolo, la cui struttura chimica rassembla quella di sostanze tossiche quali l'*LSD*. Per quanto la presenza elevata di tale composto non sia reputata indice di una vera e propria patologia, questo metabolita è considerato un marker di disfunzioni psichiatriche. Se il tasso normale dovrebbe essere compreso tra 0-20/100cc, i valori di Shawcross ammontavano a 200mcg/100cc. Combinata con la vitamina B6, essa dà origine a un difetto metabolico chiamato piroluria.

Se si esclude l'iniziale periodo di inserimento, Shawcross in carcere non ha più mostrato segni di irrequietezza, grazie soprattutto a una dieta bilanciata e ad alcuni medicinali. In condizioni non controllate, coloro affetti da piroluria paiono incapaci, qualora provocati, di controllare la rabbia, sono soggetti a frequenti sbalzi d'umore, non possono tollerare rumori eccessivi, sono fotosensibili e soffrono di scarsa memoria a breve termine, cosa che li rende incapaci di sostenere a lungo le menzogne. Talvolta manifestano un'e-

7 Ndt. Si tratta di una sostanza derivante dalla sintesi dell'emoglobina. Qualora prodotta in eccesso, essa genere uno squilibrio chimico noto come piroluria o malvaria, i cui sintomi sono sopra elencati.

sigua pigmentazione della pelle e tendono ad avere capelli bianchi in età prematura. Incapaci di controllare lo stress, possono rivelarsi individui piuttosto pericolosi. Tutto questo pone la personalità e il comportamento di Shawcross sotto una luce interessante. Il dott. Kraus ritiene che i sintomi da lui manifestati siano in qualche modo correlati con una patologia derivante dal tasso anormale di questa sostanza tossica: l'anomalia risultante nell'elettrocardiogramma, il consueto nervosismo, il calo nelle potenzialità sessuali sono tutti fattori fortemente radicati in lui.

Sulla base di tali elementi, si può dedurre come Shawcross, per lo meno dal punto di vista genetico e biochimico, presentasse alcuni handicap. La sindrome *47, XYY*, unita all'eccessivo tasso di criptopirrolo, ha innescato in lui una sorta di bomba a orologeria che, presto o tardi, sarebbe inesorabilmente esplosa.

Senz'altro, fin da ragazzo, egli presentiva la propria diversità, benché in nessun modo potesse immaginare dove essa lo avrebbe condotto. Nei primi venticinque anni della sua vita, le sue tendenze sessuali erano spesso rivolte a ragazzine molto più piccole di lui e senza dubbio le sue prime fantasie sessuali coinvolgevano la sorella Jean. Tale tendenza, unita alla sua innata predisposizione a comportamenti violenti, non poteva che condurlo ad atti di pedofilia, i quali sarebbero col tempo sfociati in stupri e omicidi.

Ne sono un'amara testimonianza le uccisioni dei piccoli Jack Blake e Karen Hill. Sessualmente inadeguato fin dall'adolescenza, Shawcross biasimava le sue ex mogli per averlo tradito e, non appena uscito di galera, per soddisfare i propri bisogni, si era rivolto con sempre maggior frequenza alle prostitute.

Vi sono palesi conferme che coloro soggetti a uno squilibrio chimico e genetico, quale quello attribuito a Shawcross, possano trasformarsi, in particolare durante le ore notturne, in individui estremamente pericolosi. La 'bestia', che il giorno rimane celata dietro un'apparente normalità, sembra risvegliarsi al calare del sole e nel suo perverso girovagare colpire chi, accidentalmente, ne incroci la strada: nel caso di Shawcross, le prostitute apparivano pertanto come vittime predestinate.

Ma osservando il passato con razionalità, è possibile affermare che il suo *modus operandi* poteva essere previsto? I vestiti, non solo i suoi, ma altresì quelli delle vittime, avevano per lui una qualche importanza; ne sembrava quasi ossessionato, al punto da tornare spesso sull'argomento nelle sue dichiarazioni alla polizia, nelle lettere e durante l'intervista. Forse non riusciremo mai a carpirne la reale motivazione e dovremo accontentarci della sua spiegazione per cui: *"Far loro piegare i propri abiti le induceva a credere che li avrebbero indossati nuovamente"*, ma è certo che l'accurato ripiegamento dei capi di abbigliamento costituisse nella sua scia omicida un indelebile marchio.

Per quanto riguarda la rivoltante abitudine di inserire residui vegetali negli orifizi di quasi tutte le sue vittime, essa potrebbe essere ricondotta alla sua insana attitudine, allorché adolescente, di torturare innocue bestiole. Fu infatti allora che comprese come occludere loro la bocca equivalesse a inibirne i lamenti e ostruire le cavità anali e vaginali ne prevenisse l'improvvisa e ributtante fuoriuscita di escrementi. Il fatto che conducesse sempre le sue prede nei pressi di un corso d'acqua è attribuibile non solo alla sua innata predisposizione per la pesca, che lo portava a conoscere bene quei luoghi, ma altresì al fatto che il fiume era stato per lui, durante l'infanzia, un rifugio dalle angherie dei compagni e il luogo ideale dove sviluppare le proprie fantasie sessuali. Il torrente costituiva il suo territorio, forse l'unico posto dove riuscisse a sentirsi realmente libero e sicuro. Shawcross mi confessò in una lettera che era solito tornare sul luogo del delitto e soffermarsi accanto ai cadaveri in decomposizione: *"Mi sedevo lì accanto e discutevo con i loro resti della mia vita, di quanto le mie ex mogli suscitassero in me un sentimento di profondo disgusto. Qualche volta confessavo loro il mio amore per i bambini, spiegando che non era colpa mia se avevo ucciso Jack Blake o Karen Hill. Il loro silenzio, ottimo sostituto all'infernale chiacchiericcio cui erano avvezze in vita, nel confermare le mie ragioni, costituiva un balsamo con cui lenire ogni sofferenza"*.

In alcune occasioni, Shawcross si cibò degli organi sessuali delle sue vittime.

Tornò sul luogo dove giaceva il corpo di June Cicero per ben tre volte e fu durante la seconda occasione che ne staccò una parte ancora congelata per poi allontanarsi con il suo macabro trofeo: "*È stato difficile*", ammise con un tono che lasciava trapelare al tempo stesso orgoglio e indifferenza, "*ma alla fine riuscii a tagliare una porzione del suo corpo che scongelai grazie al sistema di riscaldamento dell'auto. Lo divorai crudo. Avrei voluto mostrarne l'osso alla polizia, ma non sembravano ansiosi di conoscere quei particolari*".

Neppure Stephen King avrebbe potuto rendere maggiormente macabre tali affermazioni. Allorché l'agente in ricognizione su un elicottero lo avvistò masturbarsi sul ponte antistante la sponda del fiume in cui venne trovato il corpo di June Cicero, era la terza volta che egli tornava nei pressi del luogo del delitto.

Shawcross non ha mai palesato alcun rimorso per i suoi crimini, di cui attribuisce interamente la responsabilità a fattori esterni, quali l'incapacità di comprenderlo e i tradimenti delle sue ex-mogli, l'educazione impartitagli nell'esercito e, più recentemente, la sua anormalità genetica e biochimica. Scaricando il biasimo, egli giustifica i suoi atti come gesta di grande valore, che lo pongono nell'anticamera dei serial killer più famosi. Nel ritenersi a suo modo 'speciale', egli è arrivato a ritenere se stesso un meritevole oggetto di studi scientifici. Un'opinione non del tutto errata, se l'analisi del suo caso può permettere di approfondire la comprensione di un'affezione semi-sconosciuta quale quella in lui riscontrata.

Quanto segue è tratto da una lettera da lui inoltratami: "*Mi* è *stato chiesto se avessi ucciso. Sì, ma il tempo che devo scontare in prigione* è *troppo rispetto al numero di persone a cui ho tolto la vita. Dicono ch'io abbia banchettato con carne umana: torna con la memoria alle nostre origini, scoprirai che l'uomo ha sempre cacciato l'uomo e, in alcuni luoghi, pratica tutt'oggi tale attività. Pensa agli animali che noi chiamiamo maiali. Perché alcuni testi sostengono che non possiamo cibarci di loro? Non* è *forse perché hanno lo stesso sapore del corpo umano? Io, per non cadere in futili discriminazioni, ho assaggiato la carne di maschi e femmine... La prossima volta che ognuno di voi si lascerà sedurre da un piatto di pancetta, prosciutto o da un succulento arrosto, la prossima volta che gusterete una braciola di maiale, riflettete su quanto potrebbe essere fragrante la carne umana. Per quel che mi riguarda, ammetto di averlo fatto solo perché, dopo aver ucciso, ero sempre molto affamato... chiamalo pure appetito del predatore! Mi piace raffigurare me stesso come un dio. Essere giudice, giuria e boia nel medesimo tempo. Miei cari signori, io ho ucciso, massacrato e distrutto 53 esseri umani nella mia vita. Il motivo? Immaginatelo voi stessi: mi hanno insegnato a restare immobile per ore, a stanare e uccidere il nemico non appena mi si fosse presentato innanzi. Ho eseguito gli ordini. Per quel che riguarda le prostitute, il loro stesso stile di vita le rende colpevoli giacché esse diffondono il morbo dell'AIDS nella società. Mi chiedete se sia pentito di ciò che ho fatto? La mia risposta non può che essere sì, me ne dispiaccio e mi domando perché proprio io dovessi accollarmi una tale incombenza. Il governo degli Stati Uniti mi ha addestrato a uccidere, ciò che non mi ha insegnato è a desiderare di non farlo. Provo ancora la medesima bramosia, ma le pillole che mi costringono a ingerire riescono a placarla. Perché non me le hanno somministrate prima? Perché sono quello che sono? Studiatemi... cercate la risposta prima che altri imbocchino la mia stessa strada! Io sono un predatore, capace, in qualsiasi momento, di cacciare, stanare e annientare senza alcuna pietà. Sono stato schiacciato e minacciato, ma sono le medicine che mi impediscono di rivoltarmi e lottare. Senza di quelle, perderei del tutto il controllo e tornerei a essere un predatore. Molte persone sostengono che morirò in prigione. Ma chi può scegliere dove e come morire? Molti credono perfino nell'esistenza di un paradiso, dove andranno alla fine della loro vita. Non è così! Le vostre anime dovranno crogiolarsi in una lunga attesa, prima di essere chiamate: leggete la Bibbia se davvero volete credere in ciò che vi è scritto. Per quanto mi riguarda, io sono uno spiritualista e credo che la morte non sia altro che un passaggio verso una nuova vita. Anche le persone che ho ucciso hanno varcato tale soglia e sono certo esse stiano ora vivendo un'esistenza migliore di quella che si sono lasciate alle spalle. Io sono certo di aver vissuto in tante parti del mondo, perfino in Inghilterra, nel Kent, per l'esattezza. Le paludi, 700 anni fa, erano la mia dimora. Preferisco non parlare di ciò che accadde nella casa in cui sono cresciuto. Da bambino non potevo esercitare alcun controllo su coloro che si improvvisavano miei partner sessuali. Non posso dire di non averne goduto, che si trattasse di un cugino, una sorella o della mia stessa vecchia. Ogni uomo, donna o bambino al di sopra dei dieci anni è capace di uccidere consapevolmente. Io ho ucciso senza far uso di droga e, molte volte, senza che mi fosse opposta alcuna resistenza. Lascia che ti spieghi il concetto. Il corpo umano ha diversi punti su cui esercitare pressioni: alcuni ti permettono di rilassarti, altri di eccitarti, altri ancora provocano o alleviano il dolore. Alcuni di questi ti tramortiscono, altri infine, se premuti nel modo giusto, possono ucciderti. Molti di voi, comuni mortali, mi considerano un mostro, un folle. Naturalmente siete liberi di pensare ciò che volete. Ma potrebbe non essere così. Guardate il cielo, io vengo da lì! Così* è *anche per voi, ma vi rifiutate di ammetterlo. Il mio tempo sta ormai scadendo, ben presto, sia quel che sia, affronterò il passaggio a nuova vita. Riflettete sul fatto che, se ogni uomo, donna e bambino ricevesse le stesse possibilità di tutti gli altri, non vi sarebbero crimini, né guerre. Ricordate: guardate il cielo, stiamo venendo a liberarvi da voi stessi! Io sono o sono io?".*

Arthur Shawcross, 19 settembre 1994.

Questo capitolo è *basato sulle interviste esclusive tra Christopher Berry-Dee e Arthur Shawcross all'interno dell'Istituto Correzionale Sullivan a Fallsburg, Stato di New York, avvenute tra il 19 e il 30 settembre 1994, oltre che su una corrispondenza triennale.*

Chi volesse, per qualche imperscrutabile motivo personale, scrivere ad Arthur Shawcross può trovarlo al seguente indirizzo:

Detenuto # 91-B-083
Istituto Correzionale Sullivan,
PO Box AG, Fallsburg, NY 12733-0016.

Capitolo 3

JOHN MARTIN SCRIPPS (UK)

"Non possono impiccarmi.
Sono un cittadino britannico!"
Scripps, quattro giorni prima della sua esecuzione, avvenuta alla prigione Changi, di Singapore, il 19 aprile 1996

Descritto dalla stampa come 'il turista emerso dall'inferno', Scripps fu il primo killer occidentale e il secondo criminale se si considerano anche altri reati a essere impiccato a Singapore. Prima di lui, vi era stato il caso dell'olandese Johannes van Damme, giustiziato per traffico di droga nel 1994, dopo alcuni anni di detenzione.

Più in generale, Scripps fu il primo e l'ultimo cittadino britannico a essere impiccato da quando, nel 1964, la Gran Bretagna aveva abolito la pena capitale. Il 13 agosto di quell'anno, si erano infatti tenute in quel paese le ultime esecuzioni: quella del ventunenne Peter Anthony Allen, a Liverpool e quella del ventiquattrenne John Robson Walby, alias Gwynne Owen Evans, a Manchester. Entrambi erano imputati dell'omicidio a scopo di rapina di John West, un camionista di Workington.

John Martin Scripps nacque a Hertford il 9 dicembre del 1959. Trasferitosi con la famiglia a Londra, egli stesso ammise di aver avuto un'infanzia felice, durante la quale era molto legato alla sorella Jane. Quando aveva nove anni, il padre si suicidò, perché la madre intendeva lasciarlo per un altro uomo. Fu John a trovarne il corpo con la testa infilata nel forno. Più o meno nello stesso periodo, alla madre fu diagnosticato un tumore alla gola e, nonostante l'esito positivo delle cure, tutto ciò valse a distruggere l'idilliaco mondo del ragazzo.

Secondo le stime dell'FBI, il 70% dei killer seriali ha subito un qualche trauma nel periodo infantile: *"I traumi generano in molti casi il desiderio di ottenere vendetta"*, sostiene Ian Stephen, psicologo forense per la polizia e i servizi di detenzione a Strathclyde. *"Nel caso di Scripps, la rabbia può essere stata originata dal fatto che la madre, intenzionata ad abbandonare il marito, ne avesse provocata la morte, privando i figli dell'affetto paterno"*.

A partire da quel momento, John divenne estremamente introverso, al punto da estromettere gli amici dalla sua vita, e sviluppò una totale inabilità alla scrittura e lettura. Per quanto, durante il successivo periodo di detenzione, egli avesse acquisito nuovamente tali capacità, la sua calligrafia rimase pressoché allo stadio infantile. All'età di quattordici anni, fuggì senza lasciare traccia da un campo di addestramento in Francia organizzato dall'*Unità Finchley* della scuola dell'esercito, per comparire, un anno più tardi, innanzi alla corte con l'accusa di rapina e furto con scasso. Nel 1978 ricevette, per tentata violenza carnale, la sua prima condanna da adulto, che gli costò una multa di 40 dollari da parte della pretura di Hendon. A partire da quell'anno, la tragica sequela di reati si allungò tristemente, comprendendo innumerevoli furti con scasso perpetrati a Londra; la rapina di un operaio in un kibbutz israeliano, un'aggressione nel Surrey. Deciso a sfuggire al sistema penale, si imbarcò in un viaggio costellato di crimini dirigendosi verso l'Asia e l'America. In Messico conobbe e sposò la sedicenne Maria Arellanos, ma già nel 1985, tornato in patria, fu costretto a comparire nuovamente innanzi alla corte per rispondere all'accusa di furto con scasso. Evaso dal carcere, si dedicò nuovamente alle attività di contrabbando nel Sud-est asiatico e in America. Nel 1987 dovette scontare, a Londra, sette anni di galera per spaccio di eroina. Nel 1990, ottenuta la libertà vigilata, scomparve per la terza volta con destinazione Bangkok. In seguito, allorché gli ufficiali addetti alla riscossione dei dazi doganali lo interrogarono, asserì di essersi diretto là per incontrare una ragazza conosciuta per corrispondenza. Non appena arrivato nella capitale thailandese prenotò una stanza economica per tre notti al *Liberty Hotel*. In compagnia della ragazza, visitò le attrazioni turistiche e, forse pervaso dall'atmosfera romantica, si spostò poi due giorni nell'ex capitale storica di Ayuthaya, per poi dirigersi alla cosiddetta 'città del peccato', Pattaya, e quindi a Phuket. Trascorsi dieci giorni, dopo aver acquistato un ingente quantitativo di eroina, fece ritorno a Londra.

Qualche tempo dopo, Scripps s'imbarcò sul volo *GF153*, destinazione Muscat, Oman. Giunto all'aeroporto internazionale Seeb, attese la coincidenza per Heathrow, Londra. Viaggiava, con un documento rubato, sotto la falsa identità di Jesse Robert Bolah. In fase di imbarco, sottoposto a una perquisizione di routine da parte degli addetti alla sicurezza, il caporale Saeed Mubarak trovò nelle sue tasche due pacchetti avvolti con nastro adesivo rosso. Nel timore che potessero contenere esplosivo, richiese l'intervento dell'ispettore Saeed Sobait. I due, controllato il bagaglio a mano di Scripps, vi rinvennero un ingombrante involucro contenente polvere bianca. Per poter far analizzare tale sostanza, occorreva trattenere il passeggero, ma questo, nel caso di un fermo immotivato, avrebbe potuto creare loro parecchi problemi. Di conseguenza, optarono per affidare il passeggero, la cui partenza sarebbe stata consentita, e uno dei pacchetti recuperati dalle sue tasche, al capitano e all'equipaggio della *Gulf Air*. Durante il volo, un'insegnante, seduta poco lontano, scorse Scripps nascondere qualcosa sotto il sedile. Non appena giunti nello spazio aereo britannico, il pilota contattò i funzionari doganali, i quali, al comando di David Clark, salirono a bordo nel momento stesso in cui il velivolo, atterrato, smise di rullare.

Individuato il pacco inadeguatamente celato dall'indagato, dalla cui analisi emerse trattarsi di droga, John Scripps fu posto sotto custodia così da permettere la perquisizione della casa dov'egli viveva con lo zio Ronald White. Qui furono rinvenuti numerosi documenti, tra cui un passaporto della Germania Ovest, a nome di Alfred Wagner e una carta d'identità belga, che riportava, sotto la foto di Scripps, il nominativo Benjamin George Edmond Stanilsas

Balthier. Coloro realmente rispondenti a tali identità risultarono dispersi da anni. Più tardi, quello stesso giorno, Scripps fu nuovamente interrogato.

Allorché gli fu chiesto come guadagnasse il denaro per permettersi costosi viaggi in tutto il mondo, replicò sfrontato: *"Forse il mio stile di vita sarà troppo dispendioso per voi, ma non lo* è *altrettanto per me. Del resto voi siete servili dipendenti dello stato con salari adeguatamente miseri e nessuna inclinazione al duro lavoro"*.

Alle 22:00, Scripps fu rilasciato, purché si ripresentasse in data 29 ottobre, cosa che egli, ovviamente, non fece. In seguito a ciò, il detective Constable Malone, rintracciatolo a casa della madre sull'isola di Wight, lo trasse nuovamente in arresto. Reperita in loco un'ulteriore partita di droga, fu accusato anche di possesso di 50 grammi di morfina, pura all'80%, del valore di 9.473 dollari. Tale quantitativo, sommato ai 191,5 grammi di eroina ch'egli aveva tentato di nascondere sull'aereo, se adeguatamente immessi nel mercato, gli avrebbero garantito un utile di 48.000 dollari, cifra sufficente a spiegare il suo dispendioso tenore di vita. Essendo fuggito da una precedente condanna a sette anni di custodia cautelare per un reato simile, fu stabilito che l'imputato sarebbe stato trattenuto nel carcere Winchester in attesa del processo.

Con gli avvocati, confermato di volersi dichiarare non colpevole, stabilì la seguente linea di difesa: trovato il pacco contenente l'eroina sul pavimento dell'aeroporto di Muscat, si era affrettato a consegnarlo alla polizia. Nel rigettare categoricamente l'accusa secondo cui un certo quantitativo di droga era stato trovato perfino nelle sue tasche, asserì che qualsiasi traccia di eroina ivi rinvenuta dipendeva dal fatto che gli agenti lo avevano sollecitato ad aprirne lui stesso l'involucro. Allo stesso modo, sosteneva di non sapere alcunché dei presunti residui riscontrati nella tasca di una sua camicia. In realtà, se anche tali affermazioni potevano essere ritenute veritiere, in alcun modo poteva giustificare il fatto che la polizia di Sandown, nel perquisirlo, oltre all'eroina aveva scoperto un portafoglio con 2.000 dollari in contanti. Era piuttosto evidente, inoltre, benché egli seguitasse a negare, la sua intenzione di spacciare droga sull'Isola di Wight.

Il processo relativo al prigioniero V48468 Scripps si tenne presso la corte di Winchester il 6 gennaio 1991. Rappresentato da Bruce Maddick QC[8], nel tentativo di sollecitare la benevolenza della corte, decise di dichiararsi colpevole, ma, a dispetto di tale repentina disponibilità, fu condannato a 13 anni di prigione. In realtà, dopo aver scontato 3 anni e 10 mesi, progettò una nuova evasione. Assegnato al carcere di Albany nell'Isola di Wight, tra marzo e aprile del 1993, seguì il corso di macellazione dell'ufficiale James Quigley: *"Gli insegnai come disossare i quarti anteriori e posteriori di bovini e ovini e come sezionare i polli"*, ribadì quest'ultimo. *"Scripps si dimostrò rapido nell'apprendere le procedure di scuoiamento, smembramento e disosso degli animali. Un eccellente allievo"*.

Nessuno poteva prevedere ch'egli avrebbe successivamente applicato le abilità acquisite nella raccapricciante attività di squartare esseri umani. L'odissea finale di Scripps ebbe inizio il 28 ottobre 1994 allorché, ottenuta la libertà provvisoria, non si presentò, come stabilito dal regolamento, dopo quattro giorni, al carcere di Bovington. Durante la settimana precedente il suo rilascio, nel tentativo di finanziare la sua preventivata fuga, aveva tentato di vendere quanto in suo possesso, millantando, con altri detenuti, il suo ardimentoso proposito. Benché tali parole fossero giunte perfino alle orecchie del personale carcerario, nessuno si prese la briga di prevenirne le intenzioni. Innanzi al fatto compiuto, il Governatore Margaret Donnelly affermò: "*Da tempo non era più considerato un soggetto a rischio. Non aveva un passato violento e si mostrava sempre quieto e riservato*".

Ella pareva non essere informata delle precedenti fughe di Scripps, avvenute ogni qualvolta egli otteneva la condizionale, né poteva immaginare che quel mellifluo spacciatore sarebbe mutato in un efferato assassino. Una volta fuggito, Scripps si imbarcò infatti in una attività omicida che lo vide protagonista di efferati crimini in tre diversi paesi. Il suo primo scalo, prima che iniziassero i delitti, fu l'Olanda, dove incontrò un ex spacciatore conosciuto in carcere.

8 Ndt. La sigla QC sta per Queen's Counsel (Consiglio della Regina). Tale appellativo è associato ad alcuni avvocati che, in alcuni paesi del Commonwealth, esercitano la loro professione su nomina diretta della corona e sono, come tali, riconosciuti dalla Corte del luogo. Per essere ammessi in tale Consiglio, occorre essere avvocati da almeno quindici anni. Nel caso in cui il monarca fosse un uomo, si parlerebbe di King's Counsel (Consiglio del Re).

In seguito si recò in Belgio e in Spagna, prima di raggiungere, intorno alla metà di novembre, il Messico. Qui tentò di riconciliarsi con Maria Arellanos, dicendole che, rilasciato dal penitenziario per un cavillo giudiziario, intendeva tornare in Thailandia dove, insieme, avrebbero potuto aprire una boutique di abiti in seta a Cancun. Per confermare la sua affermazione di essere ormai un uomo nuovo, profondamente religioso, si mostrò devoto alla Vergine di Guadalupe, Santa patrona del Messico.

Per finanziare la sua nuova avventura, strinse amicizia con Timothy McDowell, un produttore di zaini che trascorreva le vacanze in Belize. Si ritiene che Scripps, dopo averlo convinto o costretto a versare 21.000 dollari sul suo conto londinese, abbia picchiato a morte il giovane imprenditore, per poi smembrarne il cadavere e lanciarlo in un fiume infestato dagli alligatori. Il denaro venne successivamente spostato su un conto americano: quello di un certo Simon Davis, uno dei tanti alias di Scripps.

Il trentatreenne Gerald George Lowe giunse all'aeroporto *Changi*, di Singapore, la mattina dell'8 marzo 1995. Abbigliamento casual, egli non appariva diverso da qualsiasi altro turista che affollava i cancelli d'uscita. Come tutte le persone abituate a viaggiare sole, anch'egli si volgeva attorno in cerca di facce amichevoli. Non gli ci volle molto a iniziare a colloquiare con un perfetto sconosciuto, che rispondeva al nome di Simon Davies. Nel corso della conversazione, Lowe si presentò come tecnico progettista di una fabbrica di birra sudafricana, affermando di aver scelto Singapore come meta di vacanza, nella speranza di trovare videoregistratori e telecamere a prezzi concorrenziali. Fu sufficiente che Scripps ne adocchiasse la carta di credito per designare Lowe quale sua prossima vittima. Avvedendosi del fatto che il suo nuovo conoscente appariva parsimonioso nelle spese, Scripps gli propose di condividere una stanza al *River View Hotel*, sistemazione abituale per uomini d'affari di ceto medio. Essendo l'albergo al completo, i due uomini dovettero attendere diverse ore prima di riuscire a ottenere una camera: "*Avevano entrambi un aspetto ordinario*", testimoniò al processo Roberto Pregarz, proprietario dell'Hotel, "*conversavano e ridevano allegramente. Nulla di strano si avvertiva nel loro contegno*".

Nella stanza numero 1511, Lowe, disfatti i bagagli, ammirava la vista panoramica su Singapore, predisponendosi, nel contempo, a compilare una lista degli oggetti che intendeva acquistare. Non ne ebbe, però, il tempo perché Scripps, posizionatosi alle sue spalle, con un martello da campeggio del peso di un chilo e mezzo gli assestò sul cranio un violento colpo. In seguito alla sua cattura, egli ebbe a confessare: *"Penso che Lowe fosse piuttosto sorpreso quando lo colpii. All'inizio ritenne ch'io stessi scherzando. Questo mi fece infuriare, perché ero certo trattarsi di un omosessuale. Quando lo spinsi contro la parete, realizzata finalmente la mia intenzione, principiò a tremare e a farsela sotto. Allora presi a picchiarlo selvaggiamente finché non lo costrinsi a confidarmi il pin della sua carta di credito. Era ancora cosciente quando lo spinsi in bagno. Sbavava ed emetteva suoni gutturali"*. Senza apparire in alcun modo scosso dal ricordo di quanto perpetrato, Scripps continuò: *"A quel punto, gli tagliai la gola, osservandolo dissanguarsi come un maiale!"* La seguente conversazione ebbe luogo, dopo la sua condanna a morte, durante l'intervista che mi concesse in carcere.

C.B.D.: *"Allora John, confermami quanto segue. Quel giorno hai sbattuto un uomo innocente contro la parete, lo hai picchiato fino a fargli quasi perdere i sensi o qualcosa del genere. Poi lo hai trascinato in bagno, infilato nella vasca, forzandogli la testa fra le ginocchia e hai aperto il rubinetto. Allo scopo di paralizzare la tua vittima, gli hai inciso la fascia prevertebrale del collo. Infine, con la lama gli hai aperto la gola, lasciando che morisse per dissanguamento. Pensi che fosse cosciente?"*.

J.S.: *"Vuoi la fottuta verità?"*. C.B.D.: *"Naturale!"*

J.S.: *"Sì"*.

C.B.D.: *"Sì, cosa?"*.

J.S.: *"Stai cercando di cavare sangue da una rapa?"*.

C.B.D.: *"Il signor Lowe era consapevole di quello che stava accadendo?"*.

J.S.: *"Sì! A giudicare dal fetore che emanava se l'era fatta addosso. Che si fotta! Mi ha perfino fatto vomitare. Del resto, pur consapevole, poteva forse fare qualcosa?"*.

C.B.D.: *"Suppongo di no. Cosa hai fatto dopo averlo ucciso?"*.

J.S.: *"Ne ho fatto a pezzi il cadavere, così da potermene liberare"*.

C.B.D.: *"È vero che hai usato una piccola sega acquistata in loco e un coltellino svizzero?"*.

J.S.: *"Balle! Avevo uno di quei coltelli da campeggio. Chiunque avrebbe potuto dirti che non si può usare una sega di quel tipo per squartare una carcassa"*.

C.B.D.: *"Allora, di cosa ti sei avvalso?"*.

J.S.: *"Di un apposito coltello per disossare, dotato di una lama da 15 centimetri. Come già sai ero addestrato all'uso di tali attrezzi!"*

C.B.D.: *"Già, continua!"*

J.S.: *"Lavato via il sangue, recisi la testa. Proprio come si fa con i maiali. In effetti, è praticamente la stessa cosa. Parti dalla gola e fai pressione con la lama attraverso le fasce cervicali. Non è difficile se conosci la procedura. Poi ho tagliato le braccia all'altezza del gomito e di nuovo all'altezza delle spalle. Basta incidere l'enartrosi. Non c'è nulla da segare"*.

C.B.D.: *"Poi...?"*.

J.S.: *"Beh, le gambe naturalmente. Nei maiali occorre usare una sega per fare... credo lo chiamino un "taglio a squadra". Ma onestamente.. io mi limitai a introdurre il coltello e a esercitare pressione finché le gambe si staccarono con un colpo secco! Roba pesante eh?"*.

Impacchettato il corpo nella grande borsa da viaggio che Lowe aveva portato con sé per i suoi acquisti, Scripps aveva depositato il tutto nell'unico armadio della stanza, tentando invano di soffocare il diffuso fetore con del deodorante. Infine, lavatosi le mani, si era apprestato a pulire il bagno. Non fu affatto accurato, giacché tralasciò alcune macchie sulla tenda della doccia, sulla porta e sul water, tracce che divennero prove cruciali a suo carico nel successivo processo per omicidio.

Fu proprio la meticolosità con cui l'omicidio e, soprattutto, l'eliminazione delle prove erano stati compiuti a fare sì che, in fase processuale, venisse prontamente esclusa l'ipotesi di un delitto passionale. Il comportamento di Scripps richiese senza dubbio una grande razionalità, oltre che una certa pianificazione e la capacità di prendersi cura di ogni dettaglio con fredda efficienza. Inoltre, a seguito del delitto, mostrò un'inaudita noncuranza per quanto compiuto. Il passo successivo fu infatti quello di far visita a un negozio di computer, dove, a nome di Gerald Lowe, acquistò alcuni elaboratori portatili. Alle 21:00, rientrato in albergo, si fece servire una bistecca e una bottiglia di vino bianco. In seguito, raccontò che quella fu una serata inebriante: fasci di luci multicolori attorno al patio si riflettevano nelle acque del fiume Singapore e lui sembrava permeato da una pace assoluta. Il giorno successivo, Scripps informò la reception che il suo compagno di stanza se n'era andato e che lui stesso avrebbe saldato il conto nel momento in cui fosse partito. Trascorse poi la giornata a fare shopping, sempre usufruendo della carta di credito della sua vittima, comprando delle casse audio *Aiwa*, un paio di scarpe *Nike* e un videoregistratore che spedì in Inghilterra alla sorella. Il 10 marzo, si dilettò a proseguire nei suoi acquisti, prelevando contanti dalla banca di Lowe e trasferendone altri telegraficamente a uno dei suoi conti di San Francisco, che risultava intestato a un certo John Martin. Infine assistette, sempre a spese di Lowe, a uno spettacolo dell'Orchestra sinfonica di Singapore, con musiche di Brahms e Tchaikovsky. Nel tentativo di incrementare i suoi guadagni, comprò perfino cinque biglietti della lotteria. Più tardi, quella notte, afferrata la borsa con i macabri resti della vittima, in taxi si diresse al porto e, approfittando dell'oscurità, ne rovesciò il contenuto nelle acque turbinose attorno al *Clifford Pier*[9].

Il giorno successivo, con le tasche piene di contanti, volò a Bangkok.

Sheila Damude, una quarantanovenne impiegata nell'amministrazione scolastica, proveniente dalla Columbia britannica, si era recata a Bangkok per un soggiorno di due settimane da trascorrere con il figlio ventiduenne, che, desiderando concedersi un anno sabbatico, aveva intrapreso un tour intorno al mondo. Durante tale viaggio Darin, fratturatosi una gamba, aveva invocato l'aiuto materno. I due avevano così stabilito di trascorrere quindici giorni insieme in una tranquilla meta turistica tailandese. Il 15 marzo, madre e figlio, giunti all'aeroporto di Phuket, stavano tentando di superare

9 Ndt. Clifford Pier è un pontile dislocato a Marina Bay, nel quartiere commerciale di Singapore Costruito nel 1933, è un luogo di sbarco per immigrati e passeggeri. Grazie all'installazione di una lampada rossa a olio, è divenuto un punto di riferimento per i marinai.

l'iniziale spaesamento, quando furono avvicinati da Scripps che, con fare assai disinvolto, chiese loro se potesse essere d'aiuto.

In pochi minuti, saputo che i due intendevano recarsi a *Patong Beach*, ma non avevano idea del costo del taxi, Scripps, attivato l'ormai consueto istinto del predatore, consigliò loro di alloggiare al *Nilly's Marina Inn*, dove le stanze costavano circa 18 dollari a notte, e propose nel contempo, avendo lui stesso quella destinazione, di dividere la spesa del trasferimento.

Positivamente impressionati da quello zelante giovanotto, madre e figlio acconsentirono senza indugio. In albergo, Scripps fu registrato a nome di Simon Davies, commerciante londinese. Nessuno ebbe l'accortezza di notare come egli, inavvertitamente, avesse firmato come 'J.' Davies. Oltretutto, non essendo la prima volta che soggiornava in quell'albergo, il personale femminile soleva rivolgersi a lui con l'appellativo di 'Mr John', una discrepanza che non fu però oggetto di alcuna indagine. Ai Damude fu riservata una spaziosa suite che si affacciava sulla baia, disseminata di acqua-scooter e veloci imbarcazioni che terminavano la loro corsa sulle incontaminate spiagge. Scripps prese una stanza dall'altra parte del corridoio, la cui finestra volgeva sulla boscaglia che si estendeva sul retro dell'albergo. Seppur economica, la suite dei Damude appariva incredibilmente lussuosa e dotata di ogni confort. Nell'ammirare lo splendido panorama, su cui torreggiavano maestose palme sotto le quali due bellissime ragazze erano intente ad aprire noci di cocco, i due pensarono di essere sbarcati in paradiso. Dopo una breve immersione nella vita notturna di Patong, trascorsero la sera visitando negozi che esponevano tessuti di seta. Scripps, invece, presa in affitto una moto *Honda* da 450 cavalli, si diresse al *Banana Bar*, lungo la costa. Palpitante di musica, il locale era stipato di ragazze disposte a prostituirsi per una cifra irrisoria. Dopo aver ballato e praticato sesso con una di queste, rientrò in albergo. La polizia turistica, nell'ammirarne la motocicletta parcheggiata sulla doppia linea gialla innanzi all'albergo, ritenne controproducente multare un ricco turista per divieto di sosta. La mattina successiva, i Damude scesero per colazione, e Sheila si soffermò qualche minuto a scegliere una cartolina da spedire al marito. Fu l'ultima volta in cui furono visti vivi.

Si suppone che, poi, siano rientrati in camera per pianificare la giornata. Alle 11:00, alcune persone che passarono innanzi alla porta sul retro del piccolo hotel notarono un notevole flusso di acqua rossastra defluire, dal *Nilly's Marina Inn*, in un tombino aperto che conduceva alla rete fognaria. Non essendo mai stato condannato per gli omicidi Damude, Scripps si rifiutò di discutere il caso con me. Eppure, sulla base di alcuni indizi riscontrati, è possibile ricostruire la dinamica dei fatti.

Quella mattina, Scripps bussò alla loro porta, addentrandosi nella camera con un qualche pretesto. Dopo averli tramortiti con una pistola elettrica, della quale venne tra l'altro trovato in possesso al momento dell'arresto, estrasse un martello e li colpì a morte, smembrandone poi i corpi con le consuete procedure apprese al carcere di Albany. I campioni di sangue rinvenuti sull'arma del delitto dopo il suo arresto risultarono perfettamente compatibili con quelli rilevati sul tappeto della stanza occupata dalle due vittime. Dopo averli derubati dei documenti di viaggio, passaporti e carte di credito, si imbarcò in un nuovo tour di spese folli.

Tra il 19 e il 27 marzo, i teschi, i torsi e altre membra dei Damude, furono rinvenuti disseminati nella campagna periferica. Altri raccapriccianti resti furono ritrovati da una donna tailandese nel pozzo di una miniera in disuso. L'identità delle vittime fu accertata grazie alle impronte dentali.

L'Occidente sembra ormai avvezzo a tali sanguinosi omicidi seriali. I cruenti dettagli dei crimini commessi da killer quali Kenneth McDuff, Harvey Carignan e Peter Sutcliffe sono reputati a dir poco familiari. Ogni qualvolta le pagine dei giornali riportano i particolari di nuovi, sensazionali massacri, si avverte, amara e opprimente, la sensazione del déjà vu. Corpi smembrati, vittime irriconoscibili, crimini apparentemente privi di movente e paradossali atti di violenza sono considerati fatti ordinari. Ma a Singapore i crimini violenti sono eventi fortemente insoliti. Nell'ordinata Città-Stato, dove il più piccolo marciapiede appare incredibilmente lindo e i vetri dei grattacieli risplendono al sole senza macchie, perfino i crimini sembrano rispettare regole meno cruente.

Punizioni esemplari attendono coloro che osano gettare a terra rifiuti o anche solo lasciar cadere, incautamente, un chewing-gum. I taxi sono dotati di un sistema di allarme che scatta ogni qual volta il conducente supera i 50 km orari. Ciò non significa che tale località sia immune dagli omicidi: al contrario, il numero delle uccisioni tra le mura domestiche ammonta a circa 50 all'anno su una popolazione di due milioni e mezzo di abitanti. Ma gli omicidi commessi durante un litigio o un'accesa discussione appaiono comunque maggiormente comprensibili e perfino, in qualche modo, accettabili, rispetto alla fredda determinazione di un killer come Scripps. Fu il sovrintendente di polizia Gerald Lim a condurre le indagini sul caso Damude. Durante le ricerche attinenti al precedente caso Lowe, era egli l'ufficiale più anziano all'interno della Divisione Criminale Investigativa (*CID*). Il suo lavoro era iniziato il 13 marzo del 1995, con il casuale rinvenimento di un paio di piedi, legati tra loro con un paio di mutande da uomo blu, che sporgevano da un sacchetto dell'immondizia. Un barcaiolo avvistò in seguito due cosce villose semi decomposte, legate con dei nastri di tessuto arancione, galleggiare tra le imbarcazioni da diporto. Infine, il 16 marzo quello che appariva come il torso di un uomo fu ripescato dalle acque. Ben presto parve chiaro che quei macabri resti appartenevano allo stesso uomo di razza bianca, ma né la testa, né le braccia furono mai ritrovate.

Il detective Lim aveva avuto a che fare con scontri all'ultimo sangue tra operai immigrati e si era più volte trovato a dover risolvere casi di omicidi nell'ambito domestico, ma nessuno di essi poteva competere con l'orribile crimine che si trovava innanzi. Nell'esaminare quei resti marcescenti, non poté fare a meno di domandarsi chi potesse essere responsabile di un così inumano e premeditato scempio. Nel tentativo di identificare il corpo, considerando il fatto che la maggior parte dei turisti alloggiavano nei numerosi alberghi della città, Lim consultò l'archivio centralizzato delle registrazioni alberghiere. In poche ore, inviò un fax a tutti gli Hotel di Singapore, in cui si domandava informazioni circa ospiti scomparsi prima di aver saldato il conto. Il *River view Hotel* rispose prontamente segnalando due nominativi: Gerard Lowe e Simon Davies, che avevano lasciato la stanza 1511 senza corrispondere il dovuto. Inoltre, il personale dell'albergo ricordò di aver notato l'inglese trasportare un pesante borsone lungo l'atrio, la notte prima della loro scomparsa. Al ritorno, egli non recava con sé alcuna valigia.

Il 14 marzo, la polizia di Johannesburg aveva ricevuto da Vanessa Lowe una denuncia in cui si segnalava la scomparsa del marito. Il fatto ch'egli non l'avesse chiamata da Singapore per rassicurarla sul suo stato di salute appariva, secondo l'allarmata signora, alquanto insolito. Il rapporto giunse ben presto tra le mani di Lim, che la invitò a raggiungerlo a Singapore, allo scopo di mostrarle quel che rimaneva di un corpo e degli effetti personali. Prima ancora che la donna arrivasse, Lim, saputo che la carta di credito di Lowe era stata utilizzata da un uomo che rispondeva alla descrizione di Simon Davis, non nutriva dubbi né sull'identità della vittima, né su quella del carnefice, per il quale emise un mandato di cattura. Movente dell'omicidio venne reputato plausibile quello economico.

Non appena l'affranta donna arrivò all'aeroporto, Lim le chiese, nel modo più delicato possibile, di identificare il corpo. Con grande coraggio, la signora Lowe rilevò diversi segni di riconoscimento in quel che restava del suo defunto marito; la cicatrice di un'appendicectomia sull'addome, le efelidi che ne ricoprivano il dorso, la protuberanza ossea al di sopra del ginocchio destro. Infine, riconobbe le mutande, usate da Scripps per legarne i piedi e le strisce di colore arancione strappate probabilmente da una sua t-shirt.

Per qualche inesplicabile motivo, Scripps rientrò a Singapore il 19 marzo e, fermato dagli agenti dell'immigrazione, venne prontamente arrestato. Nell'esaminarne il bagaglio, gli agenti rimasero sconcertati dal contenuto: oltre a oggetti banali, di facile reperimento nelle valigie dei turisti, vi era quello che, ai loro occhi, pareva un vero e proprio 'kit per omicidi'.

Scripps era infatti munito di una pistola elettrica da 10.000 volt, un martello, una bomboletta di gas lacrimogeno, due paia di manette, qualche dispositivo per bloccare i pollici, due coltelli a sega e due coltellini svizzeri. In un'ulteriore valigia, vennero rinvenuti alcuni abiti appartenenti a una donna di mezza età, quali gonne, camicie, un paio di orecchini con perla e i passaporti di due cittadini canadesi, Sheila e Darin Damude, su cui egli aveva, in modo alquanto sommario, incollato le proprie foto. Oltre a ciò, il killer recava con sé 40.000 dollari in contanti e carte di credito rispondenti ai nominativi Lowe e Damude.

Durante l'inchiesta preliminare sul caso Lowe, vennero raccolte dichiarazioni scritte di 77 testimoni, utilizzate dal Procuratore come prove a carico. Oltre all'accusa di omicidio, Scripps fu imputato di vandalismo, contraffazione, truffa, possesso di armi e di piccoli quantitativi di droga. Benché Douglas Herda, rappresentante della polizia canadese a cavallo, intendesse processare Scripps anche per gli omicidi Damude, avvenuti a Phuket, le autorità di Singapore non avallarono tale richiesta.

Il processo ebbe inizio il 2 ottobre 1995 nel nuovo tribunale di Singapore. La sicurezza fu molto elevata per tutta la durata della sessione: Scripps, rinchiuso in una gabbia di vetro e metallo, era circondato da agenti armati. Le gambe incatenate a una barra in acciaio, non aveva presentato alcuna dichiarazione, ma semplicemente reclamato il suo diritto a un processo, cosa che, secondo la legge del luogo, sottintendeva la contestazione di quanto imputatogli.

James Quigley, chiamato a testimoniare, confermò di aver insegnato a Scripps durante la sua detenzione nella prigione di Albany, l'arte della macellazione. Chao Tzee Cheng, patologo, dichiarò che solo un medico, un veterinario o un macellaio avrebbe potuto sezionare con tanta meticolosità il corpo di Lowe. *"Dissi alla polizia che avevano senz'altro a che fare con un killer seriale"*.

Secondo l'accusa, Scripps, sotto falsa identità, aveva avvicinato Lowe e, convintolo a condividere la stanza d'albergo, lo aveva poi ucciso.

In quella che pareva una confessione, il killer ammise di aver incontrato la vittima all'aeroporto *Changi* l'8 marzo e di essersi con lui accordato in merito all'affitto di una camera.

Affermò di averlo ucciso allorché, svegliatosi improvvisamente, si era trovato innanzi a Lowe seminudo, che, sorridendo, gli accarezzava le natiche: *"Io non sono omosessuale"*, protestò, *"e in quel momento Lowe mi apparve come tale. Perso il controllo, iniziai a prenderlo a calci, imprecando furiosamente. Avendo già avuto esperienze di questo genere in passato, ero spaventato"*.

In seguito, Scripps ammise di aver colpito Lowe in testa con un martello, finché quegli non era crollato: *"Mi avvidi di avere la mano destra ricoperta di sangue... tutto era accaduto così in fretta!"*

Riscontratone il decesso, egli aveva chiesto aiuto a un amico inglese, la cui identità non intendeva rivelare. Era stato costui a disporre del corpo, senza metterlo al corrente di come fosse riuscito a disfarsene. In altre parole, Scripps negò di aver smembrato il cadavere.

L'avvocato difensore, Joseph Theseira, tentò di convincere la corte che il suo cliente aveva ucciso senza alcuna intenzionalità e che si trattava pertanto di omicidio colposo, crimine per cui era prevista, come pena massima, l'ergastolo.

Il Pubblico Ministero, Jennifer Marie, al contrario, sosteneva l'accusa di omicidio premeditato a scopo di rapina. Durante il quarto giorno di processo, ella affermò che la contraffazione della firma di Lowe, operata da Scripps, non poteva che suggerire l'intenzionalità del delitto. Nel sostenere ciò, ella mostrò alla corte alcuni oggetti rinvenuti nel bagaglio dell'imputato, tra cui un taccuino e una carta carbone in cui appariva evidente ch'egli si fosse esercitato a riprodurre la firma della sua vittima. Nel tentativo di appellarsi a un cavillo giuridico, l'avvocato difensore chiamò a testimoniare i due agenti che avevano perquisito la camera del *River view Hotel*, tentando di dimostrare la scarsa meticolosità con cui essi avevano svolto l'incarico. Senza dubbio, protestò, non avevano adeguatamente controllato il pavimento attorno a letto, ove il suo cliente sosteneva Lowe fosse deceduto.

I due si mostrarono però irremovibili: le uniche tracce di sangue erano state rinvenute nel bagno, affermazione che, secondo l'accusa, comprovava ulteriormente la premeditazione. Realizzando di aver intrapreso la difesa di una causa persa, Pereira seguitò a insinuare che il mancato ritrovamento di resti sul pavimento fosse dovuto alla negligenza di coloro che avevano condotto il sopralluogo e, soprattutto, al fatto che essi avessero probabilmente omesso di cercare nel punto esatto in cui Lowe era caduto.

Il 24 ottobre, nel corso del procedimento, Scripps ammise di aver tentato il suicidio, dopo l'arresto, con un piccolo e affilato frammento di vetro: *"Temevo che l'impiccagione fosse cosa ormai certa"*, confessò quando fu chiamato a testimoniare. *"Non riuscivo a fare a meno di pensare a Lowe e a quella donna filippina condannata a tale misera sorte"*.

Scripps faceva riferimento a Flor Contemplation, domestica filippina impiccata il 17 marzo 1995, dopo aver confessato due omicidi. Scavandosi la tomba con le proprie mani, Scripps avallò la tesi del giudice T. S. Sinnathuray, secondo cui lo squartamento di un animale avrebbe richiesto, a un macellaio esperto, al massimo cinque minuti.

A quel punto, il giudice lo incalzò: *"L'abilità che tu hai appreso in carcere potrebbe essere utilizzata per smembrare un essere umano?"*.

"Le ossa sono simili", replicò Scripps.

Tralasciando ulteriori preamboli, il Procuratore Jennifer Marie, domandò nuovamente: *"Ha smembrato il signor Lowe?"*.

Scripp abbassò lo sguardo, prima di rispondere in modo poco convincente: *"No, non ne sarei capace!"*

Allorché gli fu chiesto perché non si fosse rivolto alla polizia per denunciare la morte di Lowe, dichiarò: *"Perché sono responsabile della sua morte e so che questo, a Singapore, implica la pena capitale"*.

"Ma allora chi è l'uomo misterioso che ha fatto a pezzi la vittima?"

"Un amico inglese che alloggiava in un albergo a Sentosa.

Mentre lui si occupava del corpo, io mi diedi alla fuga".

Asserì che conosceva quell'uomo da anni e che sapeva ch'egli aveva lavorato presso un mattatoio: *"Se provocato, può essere molto pericoloso. Tremo al pensiero di ciò che potrebbe fare alla mia famiglia se solo dovessi denunciarlo"*.

Il giudice lo avvertì che, omettendo tale informazioni, avrebbe pregiudicato la propria difesa: *"Lei è implicato in un omicidio"*, lo ammonì, *"crimine che, in questo paese, è punito con la pena di morte. Ora io devo domandarmi: l'imputato si è realmente recato in un albergo a Sentosa?"*.

Quando Scripps si rifiutò di descrivere l'albergo in questione, rendendo così giustificabile l'accusa del Procuratore, secondo cui il suo pseudo-amico macellaio non era altro che una montatura allo scopo di ottenere una condanna minore, il giudice sospirò.

Oltretutto, apparivano evidenti alcune discrepanze tra quanto da lui dichiarato al momento dell'arresto e la sua attuale testimonianza: *"Negli interrogatori successivi alla tua cattura, non hai mai parlato di aver subìto aggressioni omosessuali durante le tue precedenti detenzioni, né del fatto che Lowe avesse tentato un tale approccio. Quello che sto cercando di suggerire è che quest'ultimo fatto non sia mai accaduto"*, affermò il procuratore Marie.

Poi, interrogato sui suoi spostamenti tra l'8 e l'11 marzo, Scripps si limitò ad affermare che la sua memoria non era mai stata molto efficiente: *"Sono dislessico. Ho difficoltà a riportare gli eventi in modo consequenziale"*, replicò nervoso.

Il 6 novembre il Pubblico Ministero rivolse alla corte la sua arringa finale.

"L'atteggiamento tenuto dall'imputato conseguentemente all'omicidio, suggerisce ch'egli agì in modo freddo e calcolatore, non mostrando alcun sentimento di paura, sconcerto o smemoratezza come da lui indicato. Appare dunque come una persona in pieno possesso delle proprie facoltà mentali. Nel suo indiscriminato uso della carta di credito di Lowe, con la quale ha acquistato scarpe, un videoregistratore e perfino il biglietto di un concerto sinfonico, appare ovvio che ci troviamo innanzi a un uomo che non ha alcuna difficoltà a mentire spudoratamente, perfino sotto giuramento! La sua affermazione di aver ucciso Lowe per difendersi da un approccio omosessuale non è che l'ennesima tragica menzogna atta a mascherare l'intenzionalità del suo crimine, compiuto alla scopo di prosciugare indisturbato il conto corrente della sua vittima. Avete sentito l'attendibile testimonianza della s.ra Lowe, che sotto giuramento ha affermato come il marito fosse arrivato a Singapore unicamente per fare acquisti e che non vi era alcuna possibilità ch'egli fosse omosessuale. L'imputato non solo ha ucciso quell'uomo e ne ha freddamente smembrato il cadavere, ma ora sta cercando perfino di diffamarlo!"

Nella consecutiva perorazione della difesa, Edmond Pereira affermò: *"Noi incoraggiamo la corte a procedere a una sentenza che tenga conto del fatto che l'omicidio non sia avvenuto in modo intenzionale. John Scripps ha agito in un impulso di rabbia, scatenato dal comportamento della vittima. È importante che comprendiate che non siamo di fronte a un uomo incline alla violenza"*.

Pereira proseguì chiedendo al giudice di ignorare le denunce provenienti dalla Thailandia: *"Non ci sono prove attendibili che il mio cliente sia implicato negli omicidi dei due canadesi. Quelle accuse sono circostanziali e pregiudizievoli"*. Il 7 novembre 1995, Scripps comparve davanti alla corte per assistere al verdetto. Dalla sua gabbia, ingannava l'attesa ridendo e scherzando con le guardie: *"Il mio destino è nelle mani di Dio!"*

Col trascorrere dei minuti, però, fu colto da un evidente nervosismo.

Questo, il verdetto del giudice: *"Non nutro alcun dubbio che Scripps abbia intenzionalmente ucciso Lowe e che successivamente, ne abbia smembrato il corpo, trasportandolo poi in una valigia e gettandolo nel fiume poco lontano"*.

La conseguenza fu, come era ovvio immaginare, la condanna a morte per impiccagione. Allorché Scripps fu condotto fuori dall'aula, appariva decisamente meno loquace. In seguito alla sentenza, l'avvocato difensore comunicò ai giornalisti: *"Il mio cliente ha diritto a un appello e ben presto ne sarà informato"*.

Privatamente, durante un'intervista a me rilasciata, il giudice ammise di essersi convinto ch'egli fosse altresì colpevole degli omicidi Damude, ma che ne aveva deciso la colpevolezza indipendentemente dalle accuse provenienti dalla polizia tailandese: *"In base alla prove raccolte, non avevo alcuna difficoltà a ritenerlo responsabile della morte e dello smembramento di Sheila e Darin Damude. Il modo in cui i cadaveri erano stati mutilati lasciava intendere che si trattasse della stessa persona implicata nel caso Lowe. Ciò che più era rilevante, nell'esame di tali prove, era che esse rigettavano l'ipotesi della difesa, secondo cui Scripps aveva agito senza intenzionalità"*.

Non appena informata, la madre di Scripps affermò: *"Sono io che l'ho messo al mondo. E sono l'unica persona che ha il diritto di togliergli la vita. Non posso credere che il mio ragazzo sia divenuto il mostro descritto dalla corte!"*

Il 4 gennaio 1996, John Martin Scripps firmò, seppur figurativamente, la propria condanna a morte, rinunciando al diritto di appello e, nel contempo, implorando la clemenza della corte.

La pena di morte, diffusasi a Singapore durante il periodo coloniale, fu mantenuta anche quando la città stato, nell'agosto del 1965, si auto-proclamò Repubblica indipendente. Oggi essa è prevista, all'interno del codice penale, per svariati misfatti relativi alla sicurezza del paese, all'abuso di stupefacenti, ad atti di violenza con uso di armi, ai delitti quali l'omicidio, il tradimento, ferimento o rapimento del Presidente, possesso e uso illegale di armi ed esplosivi e spergiuro durante un processo, il cui imputato sia accusato di delitti passibili di pena capitale. Coloro incriminati sono processati dalla Corte Suprema e, in caso di condanna, possono far ricorso alla Corte d'Appello.

In caso di rigetto dell'appello, i prigionieri possono farne richiesta direttamente al Comitato giuridico del *King's or Queen's Counsel* in Inghilterra, il cui giudizio a Singapore è tutt'ora insindacabile. Se quest'ultimo conferma la sentenza, al prigioniero non resta che sottomettere una richiesta di clemenza al Presidente di Singapore. Il 14 febbraio, un portavoce della Commissione Suprema Britannica fece visita a Scripps in carcere.

In seguito, egli riferì ai giornalisti: *"Non ha intenzione di ricorrere all'appello. Desidera solo che sia finita al più presto. Sostiene di attendere ansiosamente quel giorno"*.

Questo commento sorprese Edmond Pereira, che dichiarò: *"Scripps mi ha dato alcune istruzioni, che al momento non posso rendere pubbliche, perché la questione non* è *ancora ben definita. Di certo, se rifiuta di appellarsi alla clemenza del Presidente, non gliene sarà riservata alcuna"*.

Detenuto in isolamento a Changi, Scripps trascorse la maggior parte del tempo guardando la televisione e leggendo. Un prete gli fece visita regolarmente e, ogni due settimane, un rappresentante del consolato britannico si recava a controllare il suo stato di salute e a comunicargli alcuni messaggi della sua famiglia.

Il 10 marzo, il *Sunday Times* di Singapore riportò che egli aveva definitivamente rifiutato di chiedere la grazia al Presidente Ong Teng Cheong. *"La sua volontà e di lasciare che le cose seguano il loro corso"*, concludeva l'articolo.

L'esecuzione, come fu annunciato, avrebbe avuto luogo il 19 aprile. Scripps rifiutò una richiesta di incontro, pervenutagli dai detective di Scotland Yard, per discutere l'omicidio di un produttore di zaini britannico, Timothy McDowell, assassinato in Messico nel 1994.

Trascorse i suoi ultimi giorni scrivendo confuse poesie d'amore alla sua ex moglie messicana, Maria, dipinta come l'unica donna della sua vita.

Confinato in un cubicolo di sei metri quadrati, illuminato 24 ore al giorno e sotto la continua sorveglianza di una telecamera, disponeva unicamente di un lavandino e un materasso su cui dormire.

Dodici ore prima dell'esecuzione, la sorella Jane e la madre, che si rifiutarono di assistervi, si accomiatarono da lui nella sua cella.

In un'intervista successivamente concessami, Jane disse: *"Come si fa a dire addio a un fratello in quel modo? Non fui in grado di rivolgergli una sola parola"*.

Come ultimo pasto, Scripps chiese una pizza e una tazza di cioccolata calda. Infine, richiesta carta e penna, scrisse: "*Un giorno povero. Un giorno ricco. Il denaro può riempire la pancia dell'affamato, ma cosa può colmare il vuoto che abbiamo dentro? Mi affido a Dio, a quello stesso Dio che mi ha tradito. Si prenda pure la mia vita, per quello che vale, ma almeno conceda a coloro che amo pace e felicità. Forse potrei essere una persona nuova. Solo il tempo potrebbe dirlo. Mi ripetono costantemente che non sono un essere umano. Questo è ciò che, più di ogni altra cosa, mi sconvolge*".

Secondo la procedura, a Singapore le impiccagioni hanno luogo, all'interno della prigione, su un grande patibolo che può ospitare sette prigionieri alla volta. Ai condannati viene messo un cappuccio a ricoprirne il volto e la caduta avviene da un dislivello piuttosto elevato, così che si produca una pressione pari a 573 chili sul collo del detenuto. Affinché la morte avvenga istantaneamente, occorre che tali calcoli siano ben eseguiti. Solitamente si impiccano più prigionieri alla volta, per quanto i dettagli di tali esecuzioni non siano comunicati alla stampa. La versione ufficiale fu questa: *"John Scripps fu svegliato dalle guardie alle 3:30 del mattino e scortato in una sorta di sala d'aspetto dove lui, e altri due prigionieri, due trafficanti di droga di Singapore, vennero preparati. Prima di essere condotto al patibolo, Scripps parlò con un prete e un cappellano della prigione"*.

Identica, la versione ricevuta dai parenti degli altri due detenuti che ne condivisero la sorte.

In realtà, questa serena rappresentazione fu sconvolta pochi giorni dopo, allorché il sacerdote, che aveva assistito all'esecuzione, presentò le proprie dimissioni.

Ritenendolo parte del proprio dovere clericale, nei suoi dieci anni di servizio, egli era stato testimone di numerose esecuzioni avvenute nel carcere di Changi. Eppure, rimase talmente sconvolto da quella di Scripps, che, non appena conclusa, aveva firmato il foglio di dimissioni. A quanto pare, al contrario di quanto ufficialmente pubblicato, il serial killer, per sfuggire al suo tragico destino, aveva lottato fino all'ultimo. Non appena gli fu chiesto di togliersi i pantaloni della prigione e indossare i suoi abiti civili, così da evitare di sporcare i primi con urina ed escrementi, John rifiutò e dovettero letteralmente strappargli a forza l'uniforme. Inoltre, innanzi alla richiesta di salire sulla bilancia per stabilirne il peso, nuovamente egli oppose strenua resistenza.

Tutto ciò apparve perfettamente coerente con quanto da lui affermato durante la nostra intervista. Visto l'odio da lui provato nei confronti delle guardie, che ogni giorno gli ricordavano come egli non potesse annoverarsi tra gli esseri umani, aveva deciso di render loro la vita piuttosto difficile, facendo sì, nel contempo, che la sua esecuzione rimanesse impressa in modo indelebile nelle menti di tutti coloro presenti.

Non essendo stato possibile pesarlo, l'efficacia e l'umanità dell'impiccagione risultavano messe a rischio: se la pressione fosse stata troppo forte, egli sarebbe stato decapitato; in caso contrario la morte non sarebbe stata immediata, ma provocata da un lento strangolamento.

Occorsero 12 guardie e ben 20 minuti per trascinarlo dalla cella fino al patibolo. Nella lotta, Scripps riportò fratture al naso, allo zigomo e alla mascella, due occhi pesti e contusioni multiple. Nell'approssimarsi del momento cruciale, lo sentirono singhiozzare disperatamente. Mentre gli altri due detenuti, saliti sul patibolo, si erano lasciati incappucciare con pacata rassegnazione, non appena le guardie tentarono di legarlo, il recalcitrante Scripps prese a scalciare, nel vano tentativo di liberarsi.

Infine, neutralizzato, spogliato e immobilizzato con strette cinghie, perse il controllo delle funzioni vitali. Un tappo di caucciù fu infilato tra i suoi denti e un pesante cappuccio calato sul volto.

Infine, tirata la leva, John Scripps piombò nell'eternità. Per quasi mezz'ora il suo corpo oscillò muto nella trappola mortale, prima di essere adagiato a terra.

A giudicare dalla sua testa, quasi strappata via dal resto del corpo, la pressione esercitata era stata eccessiva.

Avvolto in un lenzuolo bianco e piazzato in una bara di cartone, fu trasportato, insieme ai due che ne avevano condiviso la sorte, su un carro ricoperto con un telo impermeabile. Lungo il tragitto, i corpi degli altri detenuti furono condotti direttamente al forno crematorio, mentre quello di Scripps raggiunse un'impresa di pompe funebri. Ad attenderlo, la sorella e la madre, che, nel vedere lo scempio perpetrato sul corpo del figlio, ebbe un mancamento. Concessa l'autorizzazione per la cremazione, le due donne riuscirono a sfuggire all'ingerenza della stampa che si appressava sulla soglia. Cremato a spese dello Stato, le sue ceneri, per ironia della sorte, furono trasportate al *River view Hotel*, dove uno dei membri della famiglia Scripps, estratto a sorte per l'ingrata incombenza, trascorse la notte prima di ricondurle in patria.

Non appena raggiunta l'Inghilterra, pochi famigliari e amici si riunirono per sparpagliarne i resti in una località, su cui è stato tenuto il massimo riserbo.

John Martin Scripps aveva seguito il classico percorso turistico, dirigendosi, dopo la morte di Lowe, sull'isola tailandese di Phang-Na, meglio conosciuta come 'l'isola di James Bond'. In questa località, infatti, si era girato il film *Agente 007, l'uomo dalla pistola d'oro*. Qui, come classico souvenir, si era perfino fatto fare un piatto con la stampa della propria foto: *"Non posso credere che li abbia uccisi!"*, raccontò Nipa Eamson-Ang, addetta alla ricezione presso il *Nilly's Marina Hill*. *"Non sembrava pazzo. Al contrario, era simpatico e piaceva a tutti. Sorrideva sempre!"* Parve sconcertata innanzi alla mia domanda se gli affari fossero calati in seguito alla diffusione della notizia e, successivamente, alcune persone del luogo mi raccontarono che, dall'arresto di Scripps, Nipa sembrava ossessionata dai fantasmi.

Tutti coloro che ebbero contatti con Scripps, durante il suo soggiorno, confessarono ch'egli sembrava 'un ragazzo ben educato e simpatico'. Perfino nel corso del processo, quel freddo e calcolatore serial killer appariva come un individuo avveduto, quasi rispettabile, che si rivolgeva con grande educazione alle sue stesse guardie. Non appena emessa la sentenza, nel volgere lo sguardo attorno, mormorò quietamente: *"Dio vi benedica!"*

Il prete cattolico, a cui John si rivolgeva con il nome di Padre Frank, disse: "*Ho tentato di immaginarne l'espressione del volto, mentre uccideva e faceva a pezzi quelle persone, ma non mi è stato possibile. Riesco a visualizzarlo solo come lui si mostrava innanzi a me: giovane, di bell'aspetto, dalla voce calma e gentile e dai modi estremamente cortesi*".

Una percezione alquanto diffusa in coloro che hanno a che fare con i più pericolosi serial killer. Troppo spesso questi ultimi appaiono tranquilli ed equilibrati, perfino simpatici. Eppure, proprio in queste personalità, oppresse da un profondo autocontrollo, possono improvvisamente scatenarsi violenti scoppi di rabbia e violenza.

Ma nel caso di Scripps, quale potrebbe essere il motivo scatenante? Era solo la lusinga del denaro a indurlo a uccidere? Molti osservatori, nell'analizzarne il comportamento, ritengono ciò piuttosto inverosimile. Senza dubbio, derubava le sue vittime, ma il suo delitto andava ben oltre, come Brian Williams, ufficiale di collegamento a Bangkok della Polizia Reale Canadese a cavallo ebbe modo di affermare: *"Si può rubare senza uccidere e, soprattutto, si può uccidere senza fare a pezzi il corpo! Quest'uomo* è arrivato *a tanto e sono certo che, nel perpetrare tale scempio, abbia oltremodo goduto"*.

Per quanto possa sembrare sensata una tale dichiarazione, sono più propenso a ritenere che il reale movente di Scripps giacesse nel mero obiettivo economico.

Nel pianificare alla perfezione il proprio *modus operandi*, Scripps appare chiaramente come un killer spietato e calcolatore, che faceva ricorso, senza alcun ritegno, a quanto appreso nel campo della macellazione. Se si dilettasse o meno, nel perpetrare tali scempi, è tutt'ora oggetto di dibattito. Dal punto di vista medico, Scripps non manifestava alcuna forma di patologia mentale. Nell'uccidere Lowe, egli era perfettamente convinto che, qualora arrestato, nessun giudice di Singapore avrebbe condannato a morte un cittadino britannico. Eppure, essendo un viaggiatore abituale, era senz'altro al corrente del fatto che, in molti paesi dell'Asia sud orientale, la pena di morte, nei casi di omicidio e spaccio di stupefacenti, era ancora applicata. Per quel che riguardava Singapore, le autorità hanno da sempre adottato una linea dura contro i criminali. Così si espresse il Sovrintendente di polizia, Chin Fook Leon, durante un'intervista rilasciatami: *"Comminiamo il più alto numero possibile di pene capitali, senza alcuna discriminazione di razza, colore o credenza religiosa. Chiunque infranga il codice penale di Singapore, dovrà subirne le conseguenze"*.

La pena di morte costituisce, secondo le autorità del luogo, un ottimo deterrente per coloro intenzionati a commettere un reato. Tale avviso, stampato rosso su bianco, è, tra l'altro, affisso ovunque nella città e dintorni, così che i cittadini possano comprendere che, infrangendo la legge, possono incorrere in quel rischio.

Tra il novembre del 1991 e il gennaio del 1993, cinque tailandesi, entrati clandestinamente a Singapore come operai e accolti dalla Repubblica come 'ospiti', abusarono della disponibilità del paese rubando materiale edile e uccidendo, nel corso delle loro scorrerie, un cittadino di Myanmar e due uomini di nazionalità indiana.

Panya Marmontree, Prawit Yaoabutr (entrambi ventiduenni), Manit Wangjaisuk (31 anni), Panya Amphawa

(29) e Prasong Bunsom (32) furono condannati a morte il 16 gennaio 1995. I loro appelli contro la sentenza capitale furono respinti il 10 luglio e, il 16 marzo del 1996, i cinque vennero impiccati nel carcere di Changi.

L'ambasciatore tailandese, Adisak Panupong mi disse: *"I miei concittadini erano perfettamente a conoscenza delle leggi vigenti in quel paese e sapevano quali rischi correvano. Quindi, la loro è stata una scelta consapevole"*.

Essendo Scripps già stato in Estremo Oriente prima di uccidere Lowe, era bene informato sul codice penale e sul sistema giudiziario vigente in quei paesi. Anche se fosse riuscito a farla franca a Singapore, sapeva che, compiendo i medesimi crimini in Thailandia, qualora catturato, sarebbe incorso nella fucilazione. Per quanto in quel paese siano restii ad applicare la pena di morte ai detenuti europei, che spesso riescono a ottenere la grazia, il numero delle esecuzioni ai danni di cittadini stranieri era, in quel periodo, vertiginosamente aumentato. Oltretutto, la noncuranza con cui egli portava avanti il suo comportamento criminale venne comprovata da un ulteriore scoperta: la squadra antidroga di Singapore reperì infatti, in un deposito da lui noleggiato, una consistente quantità di eroina, elemento che, anche in assenza di omicidi, gli sarebbe quantomeno valso l'ergastolo.

Questo capitolo è *basato su un'intervista esclusiva tra l'autore e John Martin Scripps, detenuto nella prigione di Changi, Singapore. Tale incontro ebbe luogo una settimana prima della sua esecuzione.*

Capitolo 4

MICHAEL BRUCE ROSS, USA

"Non c'era niente che potessero dire o fare. Nel momento stesso in cui il mio sguardo si posò su di loro, ne profetizzai la morte quale imminente. Li ho usati, ho abusato di loro, poi li ho uccisi, trattandoli come oggetti privi di valore.

Cos'altro vuoi sentirmi dire?".

Michael Ross, intervista con l'autore.

Improvvisamente mi comparve innanzi.

Unico serial killer detenuto nella prigione del Connecticut, Michael Ross camminava trascinando faticosamente i piedi incatenati tra loro, circondato da tre guardie immacolatamente abbigliate. Le camicie inamidate, i calzoni dalla piega impeccabile e gli stivali tirati a lucido dei secondini parevano esercitare un ridondante contrasto con la sciatta ed esageratamente ampia uniforme che ricopriva il corpo decadente del prigioniero ammanettato, quasi a voler con ciò ribadire il distacco tra il bene e il male. Un metro e ottanta per settanta chili di peso, gli occhiali sospesi sul naso gli conferivano un'aria intellettuale, confermata dai modi cortesi con cui prese a esprimersi. Indubbiamente, si trattava di una persona dotata di una certa cultura, il cui quoziente intellettivo, come avevo avuto modo di informarmi, si aggirava attorno ai 150. Studente modello della *Ivy League*[10] alla *Cornell University*, presentava una carnagione brillan-

10 Ndt. La Ivy League costituisce l'unione delle otto università private più prestigiose degli

te, guance paffute, un sorriso impertinente e uno sguardo alquanto malizioso, che lo rendeva un perfetto esemplare dello stereotipo tipicamente americano del 'bravo ragazzo'. In effetti, a giudicare dalle apparenze, deprivato del contesto lo si sarebbe potuto definire il classico ragazzo della porta accanto, a cui un padre avrebbe affidato, senza timore, la castità della propria figlia.

Eppure, le apparenze ingannano e io ben sapevo com'egli fosse, in realtà, un sadico stupratore e un serial killer che aveva lasciato dietro di sé almeno sei giovani vittime. Nel corso delle interviste, scoprii, in seguito a una ulteriore confessione, che il numero delle ragazze violentate e uccise ammontava, in realtà, a dieci.

Michael Ross nacque a Brooklyn il 26 luglio 1961. Primogenito di Daniel e Patricia Ross, dopo di lui la coppia ebbe altri 3 figli: Donna, Kenneth e Tina.

Il matrimonio apparve da subito tutt'altro che idilliaco: la madre, schizofrenica, oltre ad allontanarsi da casa per ben due volte, non celò mai il fatto che l'inaspettata gravidanza di Michael, forzandola alle nozze, le avesse rovinato la vita. Amici e parenti la descrivono come una donna a tratti incantevole che poteva però, da un momento all'altro, mutare in un essere freddo e calcolatore. Le persone che la conobbero, durante il periodo trascorso all'ospedale psichiatrico di Norwich, la descrivono come una persona estremamente volubile, colma di risentimento nei confronti della sua famiglia e, in modo particolare, del primogenito.

Michael ne ricorda i continui sbalzi di umore, la cui costante prospettiva faceva sì che lui e i suoi fratelli vivessero in un clima di perenne terrore. Non potendo capire quale motivo inducesse la madre a somministrare loro cibo avariato, per poi ridere innanzi ai dolori lancinanti che li attanagliavano, rimanevano altrettanto perplessi innanzi ai suoi ripetuti atti di vandalismo nei confronti degli abiti delle due bambine, che la donna si divertiva a immergere in soluzioni dalle tinte improponibili. In un'occasione, arrivò a indurre con l'inganno il piccolo Michael a sparare al suo cagnolino prediletto, per alleviargli, così gli disse, indicibili sofferenze causate

Stati Uniti nordorientali. Il governo federale elargisce loro molti milioni di dollari per spese di ricerca e sussidi.

da un male incurabile. Durante la sua adolescenza, sorpresolo a letto nell'atto di masturbarsi, giunse a bruciare, nel giardino di casa, il suo materasso.

Eppure, in virtù del suo insostituibile ruolo materno, nonostante il suo atteggiamento rasentasse il demoniaco, i ragazzi non potevano fare a meno di amarla. Crebbero con la consapevolezza di doverne accettarne il carattere incostante, imparando, nei momenti peggiori, a 'starle alla larga'. Come le bestiole indesiderate ripagano ogni esigua esternazione di affetto con devozione e fedeltà, così essi, per sopravvivere, non potevano che mostrarle un profondo attaccamento.

Michael Ross espresse tutto ciò in una intervista registrata e l'autenticità delle sue parole venne confermata da una delle sorelle: "*Sviluppammo una sorta di 'sonda materna'. Al mattino, a turno, uno di noi scendeva, mentre gli altri rimanevano silenziosi a letto, in attesa di scoprire quale fosse la reazione di nostra madre innanzi alla comparsa della vittime predestinate. In tal modo, potevamo adeguare il nostro comportamento sulla base dell'accoglienza da questa ricevuta. Per esempio, un giorno mia sorella Tina, scesa per colazione, si apprestò ad apparecchiare. Aperta la lavastoviglie, ne estrasse sei bicchieri che impilò l'uno sull'altro per poi collocarli sul tavolo. Così facendo, essi, com'era inevitabile, tintinnarono lievemente, scatenando l'immediata ira di nostra madre, che prese a strillare. Da tale reazione, comprendemmo immediatamente che quella sarebbe stata una pessima giornata. Nonostante ciò, mentirei se dicessi che non l'amavamo*".

I piccoli Ross avevano poco tempo da dedicare al gioco, né potevano partecipare alle attività del doposcuola. Scoraggiati perfino dallo stringere amicizie, svilupparono tra loro un rapporto di mutuo soccorso e auto-preservazione, da cui Michael era talvolta escluso, poiché erroneamente considerato dai fratelli il 'favorito' della mamma. Da parte sua, Michael era molto orgoglioso del padre e dell'azienda agricola di famiglia a Brooklyn. La *Eggs Inc* sarà molto importante per lui negli anni formativi. Fin da ragazzino, gli furono affidati alcuni incarichi, tra cui quello di torcere il collo alle galline malate o deformi. Nell'impegnarsi al massimo nel lavoro, Michael non solo ricercava l'approvazione materna, entrando in competizione con i fratelli per carpirle il minimo gesto d'affetto, ma tentava disperatamente di essere all'altezza delle aspettative del padre.

Quando gli domandai se da ragazzo avesse subito abusi fisici, rispose: *"È difficile per me, non avendo mai conosciuto altro legame familiare, descrivere ciò che non funzionava nella mia famiglia. Sono stato formato in quel modo, giusto o sbagliato che fosse. Talvolta mi picchiavano, ma la cosa peggiore da sopportare erano gli abusi psicologici. Voglio dire, quando mio padre voleva picchiarci, ci ordinava di andare fuori dal garage, dove era radunata una pila di legna da ardere, e di prendere un bastone adatto all'uso. Ovviamente non potevamo sceglierne uno fragile, giacché, se si fosse rotto, nostro padre si sarebbe infuriato ulteriormente. Al tempo stesso non volevamo certo ch'egli usasse una clava! Riesci a intuire lo stato d'animo in cui versavamo nella scelta? Così alla fine, io trovai un randello adatto e, per evitare che venisse bruciato, invece di collocarlo nuovamente sulla pila, al termine della battitura lo nascosi in un luogo sicuro, così da riutilizzarlo nella successiva punizione. Beh, non so se condividi la mia opinione, ma non credo sia molto normale che un ragazzino arrivi a selezionare* e custodire una verga con cui essere colpito. Senza contare il fatto che, mentre ci picchiava, non potevamo urlare, né singhiozzare, poiché questo lo avrebbe fatto letteralmente imbestialire".

Nonostante tali violenza fisiche e psicologiche, Michael provava un profondo affetto per i genitori. Ma gli effetti di un tale trattamento sullo sviluppo mentale di un bambino, a meno che non siano apportate adeguate contromisure, sono per lo più irreparabili. Del resto, molti psichiatri e psicologi concordano nell'affermare che, se il contatto e l'interazione con gli altri, durante la fase precoce dell'infanzia, è carente o del tutto assente, la capacità di questi ragazzi di sviluppare successivamente delle relazioni personali è necessariamente ritardata.

Il nucleo limbico del cervello infatti, laddove l'infante e il bambino siano stati privati del necessario amore e di emozioni positive, non potrà svilupparsi adeguatamente, comportando, nel soggetto adulto, molteplici anomalie mentali e la parziale o totale incapacità di nutrire affetto per qualcuno. Michael Ross non costituisce certo un'eccezione a tale teoria, confermata, tra l'altro, da uno studio dell'*FBI* sui serial killer, secondo cui il 53% dei soggetti presi in considerazione hanno una storia familiare costellata di problemi psichiatrici, il 42% ha subìto abusi fisici e ben il 74% ha alle spalle un'infinita serie di violenze psicologiche.

Nel settembre 1977, terminato il periodo scolastico presso l'istituto superiore che, ironia della sorte, rispondeva al nome *Killingly*, il destino pareva riservare a Michael un futuro brillante. Per lo meno queste erano le sue aspettative allorché guidò la propria auto all'interno del campus della *Cornell University* di New York.

Giacché solo il 10% degli studenti della *Killingly* potevano ambire a continuare gli studi e ancor meno a essere ammessi alle università della *Ivy League*, egli aveva mille ragioni per ritenersi orgoglioso dei risultati conseguiti. Si iscrisse al corso di Scienze Zootecniche, che ben soddisfaceva la sua ambizione di guadagnarsi un giorno la direzione della ditta di famiglia. Tale era il suo desiderio e i fratelli solevano schernirlo assegnandogli l'appellativo di "Re delle uova". Michael si unì inoltre alla *AgPAC*, il Consiglio dell'Unione Studentesca dell'Agricoltura e frequentò l'Organizzazione Futuri Agricoltori d'America.

Ben presto divenne studente al tirocinio d'insegnamento, oltre che consigliere, ricercatore e assistente dell'insegnante e fu, all'interno del gruppo di studio, un leader. La *Alpha Zeta*, una dei due club del campus che si dedicavano all'agricoltura, lo reclutò ed egli visse all'interno della loro sede per tutto il periodo degli studi, insieme ad altri giovani con esperienza di agricoltura provinciale. Molti dei suoi amici alla Cornell dichiararono, in seguito alla sua incarcerazione, che sebbene egli sembrasse apprezzare la vita sociale del club e la possibilità di condividere interessi comuni, appariva loro solitario, riservato e talvolta arrogante.

Il corpo studentesco della *Cornell* superava di ben tre volte il numero degli abitanti del suo quartiere di Brooklyn e il campus divenne ben presto, per Michael Ross, un incredibile luogo di svaghi. Finalmente libero dall'imprevedibile comportamento materno, per la prima volta poteva fare qualsiasi cosa desiderasse, senza dover temere una qualche rappresaglia. Ossessionato dal desiderio di non perdersi alcunché di quegli inaspettati divertimenti, si tuffò a capofitto nell'atmosfera festosa che dominava le serate studentesche, arrivando a dover assumere tre volte al giorno un farmaco denominato *Ritalin* (cosa che avrebbe continuato a fare nei successivi sei anni) per tenere a freno la sua iperattività. In questo periodo, prese a bere pesantemente e fece le sue prime esperienze sessuali, arrivando a cambiare quattro partner alla settimana, finché si innamorò di una graziosa ragazza, che rispondeva al nome di Connie Young. Si incontrarono a una festa e, al chiaro di luna, lui la accompagnò a casa. Osservando un gruppo di tuffatori nuotare nelle argentee acque luccicanti del lago Beebe, si baciarono, passeggiando poi tra le statue dei padri fondatori del college. Michael le spiegò come, secondo la leggenda, tali sculture solessero avvicinarsi l'una all'altra e stringersi le mani, allorché una vergine passava tra loro. In ogni caso, quella sera esse non accennarono a muoversi, cosa che, secondo lui, era dovuta all'indole particolarmente focosa della sua compagna.

Connie rammenta Michael Ross come una persona intraprendente, che voleva sempre essere al centro dell'attenzione. Inizialmente, essendo un ragazzo dotato, cui si prospettava un brillante futuro, pensò di poter accettare tali aspetti del suo carattere, tollerando altresì la sua arroganza e il continuo vanagloriarsi della ditta di famiglia. Ai suoi occhi, per quanto un po' fanatico, appariva meraviglioso e incredibilmente eloquente. Oltretutto, Michael la portava a ballare e la invitava spesso fuori a cena: non aveva mai problemi di denaro e sembrava sempre pronto a mettere in mostra le proprie disponibilità economiche. Chiunque li aveva conosciuti in quel periodo asseriva fossero una coppia ben assortita e, innanzi alla prospettiva del loro matrimonio, i più apparivano entusiati. Per una breve periodo condivisero il letto di Michael al club, ma ben presto, avendo infranto la regola secondo cui i membri non potevano dividere la stanza con una ragazza, egli ne fu buttato fuori.

Trovatisi un piccolo appartamento, ebbero però inizio le prime discussioni. In quel nuovo alloggio, Michael, oppresso dall'incremento degli obblighi universitari e dalle nuove incombenze imposte dalla convivenza, divenne sempre più introverso. A ciò si sommarono le notizie, pervenute da casa, circa un rapido intensificarsi dei problemi coniugali tra i genitori, una situazione che non poteva che offuscare qualsiasi prospettiva di un matrimonio felice. Le preoccupazioni di Connie per il mutamento avvenuto nel partner aumentarono allorché lui prese a disertare le lezioni.

Inquanto diligente studentessa, Connie era perfino intenzionata a terminare gli studi in tre anni, anticipando quanto previsto dal corso di laurea quadriennale. Al contrario, Michael parve improvvisamente perdere ogni interesse per l'università. Trascorreva le giornate chiuso in casa, a guardare la televisione e a sfogliare riviste pornografiche. Al corso inizialmente scelto, ne preferì uno in Economia Rurale, ma il suo profitto scese vertiginosamente. Divenuto sempre più indolente, lasciava che Connie si occupasse delle pulizie e della cucina, stressandola con continue richieste sessuali. Inizialmente la ragazza, timorosa della sua reazione, accondiscese a tali esigenze. Amandolo profondamente, si sottomise perfino al suo desiderio di rapporti sessuali violenti, pur uscendone, talvolta, con lesioni visibili.

A poco a poco, la routine quotidiana divenne però sempre più insopportabile e Connie cominciò a dubitare di quella relazione fortemente improntata sul sesso e della prospettiva di un matrimonio con lui.

Con l'avvicinarsi della laurea, prevista per la primavera del 1981, Michael si rese conto che avrebbe dovuto ben presto lasciare Connie alla *Cornell*, consapevolezza che lo rese oltremodo irrequieto, portandolo a sprofondare per periodi sempre più lunghi in un mondo fantastico di sua creazione. Perfino da teenager, egli si immergeva in perverse fantasie sull'universo femminile, in cui sognava di condurre giovani donne in seminterrati nascosti, facendo in modo che esse si innamorassero si lui. Negli archivi del carcere minorile, si parla di alcuni suoi tentativi di molestia nei confronti di ragazzine del vicinato. Divenuto adulto, quelle fantasie imperversavano nella sua mente con maggiore frequenza, divenendo oltretutto maggiormente violente.

Nel raffigurare se stesso come aggressore, sempre più spesso conferiva, alle sue anonime vittime, il volto di Connie. Tali fanciulle immaginarie erano ora terrorizzate da lui e costrette a inginocchiarsi al suo cospetto, e Michael traeva particolare eccitazione dall'immaginarsi nell'atto di stuprarle. Nel gustare quel senso di dominio conferitogli dalla loro paura, per quanto seguitasse a tenere ben celate le sue ossessioni, prese a valutare sempre più la prospettiva di mutare i suoi sogni in realtà. Quali che fossero le terrificanti fantasie sviluppatesi nella sua testa in quel periodo, il rischio maggiore era l'approssimarsi del punto di intersezione tra queste e la realtà quotidiana. Tale pericolo cominciava a evidenziarsi non solo per il fatto che il volto di Connie si sovrapponeva sempre più frequentemente a quello delle vittime immaginarie, ma altresì per lo spropositato incremento di perversione nelle sue continue richieste di sesso. Per quanto egli non potesse esserne consapevole, soffriva di una patologia denominata satiriasi, che si manifesta con un forte aumento dell'istinto sessuale nei soggetti maschi e che corrisponde, nelle femmine, alla ninfomania.

Sempre più frequentemente, Michael si ritrovò a girovagare, senza uno scopo preciso all'interno del campus e prese l'abitudine di seguire le studentesse, mantenendo una certa distanza per evitare di essere scoperto.

In seguito mi spiegò: *"Mi piaceva così tanto, che ero perennemente eccitato"*.

Per sedare i suoi impulsi, non aveva che due modi: ricorrere alla masturbazione più volte al giorno o trasformare le sue fantasie in realtà.

Attraversò tale soglia nell'aprile del 1981, allorché, seguita una ragazza, la afferrò, trascinandola in una piccola macchia, dove la costrinse a spogliarsi e a praticargli sesso orale. Infine, sconvolto dall'accaduto, corse via giurando a se stesso che mai più avrebbe fatto una cosa del genere. Eppure, trascorsi soli tre giorni, i suoi incontrollabili demoni lo visitarono nuovamente e, sopraffatto dal desiderio, assalì un'altra studentessa.

Durante l'aggressione, stretta una corda attorno al collo della vittima, assaporò il senso di potere che tale atto gli conferiva: quasi fosse un animale al guinzaglio, poteva controllare la giovane, terrorizzata, con un solo strappo della fune. Fortunatamente, in quell'occasione qualcuno si avvicinò al luogo del misfatto prima ch'egli potesse procedere allo stupro, costringendolo a fuggire nell'oscurità senza aver dato sfogo alle sue frustrazioni. Michael affermò di essersi convinto, in quel periodo, che tali attentati sarebbero cessati quando si fosse allontanato da Connie e, mancando solo un mese alla laurea, era altrettanto certo di poter resistere ai suoi impulsi. Allo stesso tempo, però, profondamente deluso dal fallimento della sua ultima aggressione, prese a soppesare i pro e contro del suo disagio mentale, arrivando a convenire che, prima di laurearsi, doveva necessariamente soddisfare un'ultima volta le proprie pulsioni. In seguito, giurò a se stesso, avrebbe abbandonato completamente quelle perversioni.

Il 12 maggio 1981 Ross, adocchiata all'uscita dell'aula Dzung Ngog Tu, una studentessa venticinquenne, la seguì in una zona isolata del campus dove la violentò. Durante l'aggressione, la giovane lo riconobbe e, stoltamente avvertitolo della cosa, firmò a tutti gli effetti la propria condanna a morte. Per evitare il sicuro arresto, infatti, Michael la strangolò, per poi gettarne il corpo nel lago Beebe. Agghiacciante fu la scoperta, a seguito dell'autopsia, che la giovane era deceduta per annegamento: era ancora viva quando il suo aggressore l'aveva gettata nell'acqua. Per quanto Ross fosse, in seguito, sospettato di tale omicidio, la polizia non riuscì mai a ottenerne una confessione. Solo durante l'intervista che mi concesse, ammise la propria colpevolezza, permettendo così di chiudere un caso ancora irrisolto.

Ritenendo che i suoi genitori fossero intervenuti alla cerimonia di laurea solo per salvare le apparenze, risolse di non impegnarsi, per il momento, nell'attività di famiglia. Per una caso fortuito, a dispetto degli scarsi risultati universitari, nel giugno del medesimo anno ottenne un lavoro invidiabile presso la *Cargill Inc* di Minnetonka, a Minneapolis.

La *Cargill*, impresa agricola internazionale conosciuta soprattutto per la vendita del grano, destinò Ross a una delle più modeste unità di produzione a Louisburg, un villaggio dislocato a circa cinquanta chilometri a nord est di Raleigh, nel nord Carolina. Allievo nell'amministrazione produttiva della divisione pollami, gli insegnarono a sovrintendere la custodia e la gestione di un quarto di milione di galline da covata. Era un lavoro adatto alle sue capacità e, in poco tempo, i più ritenevano ch'egli avrebbe fatto carriera.

Durante il periodo di transizione tra la laurea e l'impiego a tempo pieno, Michael tentò di convincere Connie a trasferirsi all'università del Nord Carolina, dove avrebbe comunque potuto terminare gli studi. Nei mesi precedenti, la loro relazione si era infatti deteriorata e Michael temeva che lei potesse definitivamente lasciarlo. Inconsapevole del fatto che Connie avesse del tutto rinunciato al progetto, principiando a uscire con un'altra persona, Michael continuava a sperare che, nonostante tutti i problemi, un giorno si sarebbero uniti in matrimonio.

A far crollare definitivamente la serenità di Michael fu sufficiente una telefonata, in cui gli comunicarono che i genitori si erano separati per la terza volta e che suo padre, allontanatosi da casa, aveva abbandonato a se stessa perfino la ditta di famiglia. Quando Patricia Ross volò a Louisburg, il figlio, felicemente sorpreso dell'improvvisata materna, che riteneva indice di un qualche miglioramento dei loro rapporti, la attese con trepidazione. Era certo che la madre intendesse tenere la società finché egli non avesse deciso di tornare a casa a farsene carico. Al contrario, l'astuta signora intendeva convincerlo a rinunciare alle sue quote, così da vendere l'azienda, arricchendosi ai danni del marito e del resto della famiglia.

Ingannato, Michael firmò i documenti senza sospettare le reali intenzioni materne e solo in seguito, allorché si rese conto del proprio errore, comprese di aver tradito non solo il padre, ma anche se stesso. Poco dopo, Connie gli fece visita portandogli notizie ancora peggiori: la ragazza spiegò che, oltre a non gradire i genitori di Michael, non apprezzava il fatto ch'egli intendesse limitare la propria carriera alla conduzione di una ditta nel settore ovifero. Il 25 agosto 1981 segnò la fine della loro relazione: all'aeroporto di Raleigh, i due si abbracciarono in lacrime, congedandosi definitivamente.

Tornando indietro, Michael, che fino a quel momento non aveva pienamente realizzato come il loro rapporto fosse ormai giunto al termine, era visibilmente sconvolto.

Alle 18.30, nell'attraversare il paesino di Rolesville, notò una giovane donna spingere un passeggino lungo Main Street. Immediatamente, i suoi impulsi sessuali si risvegliarono e, parcheggiata l'auto, approfittando del fatto che la ragazza aveva con sé i sacchetti della spesa, si offrì di aiutarla. A Rolesville, cittadina tranquilla, difficilmente si sentiva parlare di crimini violenti, per cui l'inconsapevole preda accettò con gratitudine l'offerta di quel giovane beneducato. Giunti alla sua casa, a qualche caseggiato di distanza, entrarono nel cortile. Subito dopo, Ross, abbandonate le borse della spesa, si tolse la cintura, stringendola attorno al collo della donna. Dopo averla trascinata in un campo vicino, la minacciò di ucciderle il bambino se quello non avesse smesso di urlare. Trasformata la nuova vittima in un capro espiatorio su cui sfogare tanti mesi di frustrazioni sessuali represse, la colpì in pieno volto, soffocandola con la cintura. La costrinse poi a mettersi in ginocchio e a chiedergli misericordia. Infine, le mani serrate attorno al suo collo, eiaculò. Quando riprese fiato, sedette a terra, mentre la vittima si contorceva disperata innanzi a lui.

Deluso per essere venuto prima che lei morisse soffocata, si infuriò e, strappatele i vestiti, prima di strangolarla con le sue stesse mani, prese a picchiarla selvaggiamente. Poco lontano, il bambino continuava a piangere sconsolato. Infine, così come era apparso, Michael Ross si dileguò.

Trascorse all'incirca un'ora prima che la ragazza, miracolosamente sopravvissuta, riuscisse a riprendere i sensi, raggiungendo la strada in cerca di aiuto. Gli agenti, allertati da un vicino di casa, giunsero rapidamente dando immediati ordini di costituire posti di blocco in tutta la contea, ma Michael si era ormai allontanato.

Sarà incolpato di quell'aggressione solo tre anni più tardi, in seguito al suo arresto nel Connecticut. Interpellato in proposito, egli disse: *"Non ricordo molto di lei, così come non rammento alcuna delle mie vittime. Quasi mi scorresse innanzi un film in bianco e nero, vedo un collage di volti anonimi. Del resto, se tu oggi mi mostrassi la foto di una donna, domani l'avrei già dimenticata. Di certo, nel momento in cui io focalizzavo l'attenzione su di loro, nulla avrebbero potuto dire o fare per indurmi a cambiare idea. Ovunque mi trovassi in quel momento. Che si trattasse di esseri umani non significava niente per me. La loro vita in fondo era solo un atto di Dio"*.

Quando gli domandai se la sua preda di Rolesville avesse tentato la fuga, rispose: *"Niente affatto. Forse avrebbe anche potuto tentare, ma non accadde. Non ricordo nessun tentativo di sedizione. Rammento che avevo minacciato di sbattere la testa del bambino contro un albero o il muro. Probabile ch'io abbia fatto altrettanto in altri casi. Era il modo migliore per costringerle ad assecondare le mie richieste".*

Dopo l'aggressione, Michael Ross riprese la routine quotidiana come se nulla fosse accaduto.

Il 17 settembre 1981, i suoi genitori firmarono i fogli del divorzio innanzi alla Corte di Windham. Una settimana più tardi, Michael fu inviato in un viaggio di lavoro nell'Ilinois, dove avrebbe dovuto far visita alla Borsa Merci di Chicago. Fu allora che venne arrestato per la prima volta.

Il 28 settembre, recatosi a esaminare le operazioni della *Cargill* a La Salle (17 chilometri a sud ovest di Chicago), noleggiò un'auto presso l'aeroporto internazionale O'Hare, per poi percorrere la monotona campagna della regione. Poco prima delle 23:00, una graziosa sedicenne del luogo stava camminando lungo la strada che conduceva a un gruppetto di case poco lontane, quando notò una macchina che procedeva a passo d'uomo dietro di lei. Poco dopo, la giovane si sentì afferrare alle spalle e un fazzoletto le venne premuto sulla bocca per impedirle di strillare. Trascinatala nella vicina boscaglia, l'aggressore le strinse attorno al collo una cintura, domandandole del denaro. Consegnati i pochi spiccioli a sua disposizione, non appena avvertì la cintura allentare la presa sulla gola, la ragazzina lanciò un salvifico grido di aiuto. Una donna che viveva poco lontano, spenta la televisione, udì un rumore che le fece gelare il sangue. Aperta la finestra percepì un suono soffocato, seguito da un fruscio, provenire dai cespugli e, preoccupata, risolse di avvisare la polizia. Per una fortunata combinazione, una pattuglia, che si trovava a breve distanza, sopraggiunse rapidamente. Nel vedere le torce illuminare gli alberi, Ross abbandonò la sua preda, fuggendo.

Il sergente Lewis spiegò successivamente come avvenne l'arresto: "*Nell'accompagnare la ragazza, del cui aggressore nella boscaglia non avevamo trovato traccia, notammo un'auto parcheggiata proprio sulla strada che conduceva alla sua casa. Prontamente ella la riconobbe come la vettura guidata dall'uomo che l'aveva aggredita. Mentre esaminavamo il mezzo, quegli emerse allora dagli alberi domandando con noncuran-*

za: 'Qual è il problema?'".

Dopo l'arresto, il sergente Lewis affermò di essere rimasto piuttosto stupito per la contraddizione insita tra il contegno paventato da Ross e la scriteriata azione di cui poc'anzi si era reso artefice: *"Appariva realmente umile. Ricordo che teneva sempre gli occhi bassi quando gli rivolgevi la parola. Era un giovane molto ben educato ed esibiva una certa cultura. Di sicuro non sembrava il tipo di persona da cui ti potresti aspettare un atto violento. Se non interpellato, manteneva il più assoluto riserbo e si presentava sottomesso, perfino addolorato, oserei dire"*.

Il caso La Salle si chiuse con un'ammenda di 500 dollari, ma, a seguito dell'accaduto, l'8 ottobre, Michael Ross fu licenziato. Tornato a Brooklyn, tentò una riconciliazione con Connie: fu molto felice quand'ella lo invitò a trascorrere il Natale a casa dei suoi genitori nel Vermont e parve ancor più entusiasta allorché sua madre li sollecitò a raggiungerla per l'ultimo dell'anno a Brooklyn. In realtà quest'ultimo soggiorno si rivelò disastroso: Patricia Ross non poteva sopportare la presenza di una così graziosa giovane a casa sua e per Michael fu un duro colpo scoprire che il padre, ridotto sul lastrico, era costretto a vivere in un capannone diroccato sito nelle vicinanze. La sua speranza di riallacciare i rapporti con Connie era destinata al fallimento e, non appena la ragazza tornò a Ithaca, New York, con la scusa di far visita a un'amica, Michael precipitò nuovamente nella spirale della violenza.

La diciassettenne Tammy Lee Williams viveva con la famiglia nella Prince Hill Road di Brooklyn, a circa un miglio dalla ditta di famiglia dei Ross. La giovane, cessato di frequentare il liceo, era uno spirito libero che andava e veniva da casa a suo piacimento e soleva recarsi a piedi, lungo la Statale 6, fino a Danielson, dove abitava il suo ragazzo. Il 4 gennaio del 1982, alle 10:15, Tammy, promesso di chiamare non appena arrivata a casa, lasciò il domicilio del fidanzato. Purtroppo l'incontro con Michael Ross le impedì di mantenere il proprio impegno.

Sorpreso nel vedere una giovane donna percorrere quella strada in una così rigida mattinata invernale, egli decise infatti di approfittare della situazione. Affiancatala con l'auto, le offrì un passaggio: affatto scoraggiato dal rifiuto della ragazza, la afferrò e, incurante delle sue grida, la trascinò nella macchia vicina. Là, costrettola a spogliarsi, la violentò, per poi strangolarla, abbandonandone il corpo sotto una pila di sassi e sterpaglia.

In seguito, ammise di aver impiegato otto minuti per assasinarla a causa di ripetuti crampi che lo assalivano alle mani, costringendolo ad allentare la presa.

Il padre di Tammy ne denunciò la scomparsa il giorno successivo e il 6 gennaio un motociclista trovò il portafogli, che la giovane aveva ricevuto in dono il giorno di Natale, all'incrocio tra la Statale 6 e la Brickyard road.

Michael Ross avrebbe successivamente spiegato di aver gettato alcuni effetti personali della vittima prima di tornare a casa. A ogni modo, il corpo non fu trovato fino a quando, il 30 giugno 1984, lui stesso vi guidò la polizia. Confessò che, riconosciutolo, la ragazza, nel vano tentativo di aver salva la vita, aveva perfino finto di gradire il rapporto sessuale forzato. Ross ammise inoltre di essere tornato più volte, nei giorni seguenti, sul luogo in cui aveva occultato il cadavere per masturbarsi.

Tra il gennaio e il febbraio 1982, i pensieri di Ross continuarono a rivolgersi a Connie, finché, in un gesto impulsivo, si presentò alla sua porta senza alcun preavviso. Nel sorprenderla a letto con un altro, fuggì via infuriato, dirigendosi a sud in cerca di una nuova vittima.

Il primo maggio di quello stesso anno, Paula Perrera, avvertendo un malessere, uscì dal liceo *Valley* anticipatamente. Non avendo denaro per il biglietto dell'autobus, si fermò a fare l'autostop lungo la Statale 211.

Qualche ora più tardi, la madre Christine Canavan, denunciò la scomparsa della figlia sedicenne.

Per quanto Ross nel caso Perrera fosse ritenuto il principale sospettato, non furono trovate prove sufficienti a incriminarlo per quel delitto, di cui egli rifiutò di parlare con gli agenti.

Le cose cambiarono non appena si dichiarò disponibile all'intervista per questo libro. Messo di fronte al rapporto della polizia e agli articoli sui giornali, egli rese una piena confessione, rivelando dettagli che solo l'assassino poteva conoscere. Ammise di aver notato la ragazza mentre camminava lungo la statale e di averle offerto un passaggio. Nei pressi di un luogo di sosta, ove si stendeva una macchia paludosa, Ross, arrestata improvvisamente la vettura, si era gettato sulla ragazzina, stuprandola per poi strangolarla senza pietà. Nascosto il corpo dietro un basso muricciolo di pietra, proseguì quindi per la sua strada. Solo la sua piena confessione permise di chiudere il caso.

Quando gli chiesi quali vestiti indossasse Paula, risposto che non poteva certo ricordare tali dettagli, scaraventò a terra i documenti che gli avevo mostrato, gridando: *"In fondo, si tratta solo di un altro omicidio, no?"*.

Il 5 marzo 1982, Ross iniziò a lavorare presso la fabbrica di uova *Croton* dislocata nell'omonima cittadina, a nord est di Columbus, dove, oltre a dover sorvegliare trenta dipendenti, era responsabile di 14 pollai e oltre un milione di pennuti. Un collega, Donald Harvey, lo ricorda così: *"Sul lavoro era un disastro, tanto che avevamo in animo di licenziarlo! Oltre a mostrarsi sempre prepotente, difficilmente interagiva con qualcuno se non per dare ordini. Quasi non sapesse fare altro. Inoltre ribadiva in continuazione che la sua educazione era largamente superiore a quella di tutti gli altri, molti dei quali neppure avevano terminato il liceo"*.

Il 25 aprile, Ross, notata una ragazza in una lavanderia a Johnstown, la seguì fino a casa. Susan Aldrich, così si chiamava, per quanto non più in servizio, era un agente di polizia, informazione che Ross, ovviamente, ignorava. Nel bussare alla porta, disse di avere la macchina in panne e di necessitare di un telefono. Non appena l'inconsapevole donna gli volse le spalle, la afferrò, serrandole una mano attorno alla bocca per prevenirne le urla, costringendola a terra. Susan tentò di ribellarsi e riuscì a gridare che suo marito, poliziotto, sarebbe rientrato a breve. Dopo averla brutalmente picchiata e stuprata, Ross tornò alla macchina, parcheggiata nei pressi della lavanderia, e, strappata la multa che un solerte agente aveva posizionato sul cruscotto, fuggì. Grazie a tale contravvenzione e alla presenza di un testimone, che lo scorse sopraggiungere trafelato dalla direzione della casa di Susan e salire sul veicolo, fu possibile risalire al conducente: il caso volle che fosse proprio il marito della vittima a trarlo in arresto.

Licenziato dalla Croton il 3 maggio, fu confinato nella casa materna fino alla sentenza. Durante quel periodo, nella speranza di guadagnarsi la simpatia del giudice, e con essa una testimonianza favorevole al processo, si recò da uno psichiatra presso la *Learning Clinic* di Brooklyn. Il mese seguente una serie di eventi fecero ulteriormente precipitare la situazione, spingendo Michael a commettere ulteriori omicidi. Avendo restituito a Connie la maggior parte delle fotografie che ancora conservava, chiese a sua volta di riavere l'anello di fidanzamento che le aveva donato. Quando però si presentò a ritirarlo seppe che la ragazza se n'era appena andata dalla città per unirsi in matrimonio con il suo nuovo ragazzo. Oltre a tale novità, alquanto difficile da digerire, assistere alla partenza della madre con il suo nuovo amante, su una *Cadillac* nuova fiammante acquistata con i soldi ottenuti grazie al divorzio dal padre, scatenò in lui una ferocia inaudita.

Debra Smith Taylor, ventitré anni, fu vista per l'ultima volta ancora in vita il 15 giugno intorno a mezzanotte. Stava tornando a casa con il marito quando, raggiunta l'autostrada 6, la loro auto era rimasta senza benzina a circa dodici chilometri dal loro domicilio. Un agente, fermatosi accanto all'auto parcheggiata, accompagnò la coppia fino alla stazione di servizio di Danielson. Il poliziotto, che li udì discutere animatamente, notò come la giovane, che sembrava alquanto scocciata per la situazione, mostrasse l'intenzione di proseguire a piedi. Così, lasciato il marito a se stesso, s'incamminò verso il *Town Green* di Danielson.

Non appena un giovane di bell'aspetto le si avvicinò per offrirle un passaggio, la donna accettò senza indugio. Due cacciatori ne ritrovarono i resti il 30 ottobre, nella regione boschiva a est della Statale 169, a Canterbury, a meno di sedici chilometri dalla fattoria di Ross. Solo l'impronta dentale e alcuni gioielli permisero di identificare quel che rimaneva del suo corpo.

Durante la prima settimana di agosto, Ross tornò nell'Ohio per affrontare il processo in merito all'aggressione compiuta quattro mesi prima. Lo psichiatra che l'aveva esaminato affermò trattarsi di una persona iperattiva, che aveva troppo tempo libero da gestire e suggerì, nel suo rapporto, di costringerlo a trovarsi un hobby che lo tenesse impegnato. Il giudice lo condannò comunque a sei mesi di carcere, da scontare presso il penitenziario della contea di Licking e a una multa di 1.000 dollari.

Il 22 dicembre, terminato il periodo detentivo, suo padre andò a prenderlo, offrendogli ospitalità. Nel maggio del 1983, Michael trovò un nuovo impiego presso la compagnia di assicurazioni *Prudential*, dove si presentò omettendo, come già aveva fatto precedentemente, di divulgare la sua fedina penale.

Dall'ufficio centrale di Norwich, in Connecticut, lui e altri 39 dipendenti, vendevano polizze auto, contratti assicurativi sulla vita, sugli infortuni, sulle proprietà. Potendo nuovamente contare su uno stipendio fisso, affittò un appartamento sulla Cinquantottesima a Jewett City. La padrona di casa lo rammenta come un giovane simpatico e ben educato. Allo stesso modo egli era apprezzato dalle colleghe, le quali lo ritenevano un uomo sensibile e un poco impacciato nell'approcciarsi all'altro sesso. Quando, durante una vendita porta a porta, incontrò Debbie Wallace, Michael pensò realmente di poter cominciare una nuova vita. Eppure, egli stesso ammise che, nel corso di quella relazione, trascorreva molto tempo masturbandosi, indugiando nelle sue perverse fantasie e seguendo giovani donne. Nella maggior parte dei casi, tali pedinamenti avvenivano in modo casuale, talvolta, invece, studiava premeditatamente gli spostamenti delle vittime prescelte, intrufolandosi nei loro appartamenti anche solo per spiarle nell'atto di spogliarsi.

Durante una di queste occasioni, stuprò una ragazza, permettendole poi di fuggire. Per quanto non rientrasse mai prima dell'alba, Debbie, del tutto inconsapevole delle perversioni in cui egli abitualmente ricadeva, si era convinta che Michael potesse essere, per i suoi tre figli, un ottimo padre. In ogni caso, Debbie, così come Connie, era una giovane testarda, indipendente e tenace. Collerica a piena di energia, appariva entusiasta dei suoi rapporti sessuali con Michael. La loro relazione era piuttosto incostante e spesso le liti sfociavano nella violenza.

Durante il giorno del ringraziamento, la coppia litigò furiosamente. Patricia Ross, che non apprezzava Debbie così come mai aveva tollerato Connie, decise infatti di invitare a pranzo il figlio senza estendere la proposta alla sua attuale compagna. Michael, lacerato dal desiderio di accontentare entrambe, non sapeva come comportarsi. Il risultato del conseguente diverbio fu ch'egli trascorse in solitudine le vacanze.

In quel periodo, la diciannovenne Robin Dawn Stavinsky si apprestava a trasferirsi dalla Columbia a Norwich, dove sperava di trovare un impiego che le consentisse di pagare la retta del college. Nell'agosto del 1983, fu assunta come centralinista presso l'azienda *DPM*.

Il 16 novembre, alle 21:30, dopo una discussione con il suo datore di lavoro, rifiutato un passaggio da una collega, s'incamminò a piedi verso la casa del fidanzato.

Quella stessa sera, per una sfortunata combinazione, Ross stava percorrendo la Statale 52 tra New London e Norwich, quando notò la ragazza che procedeva rapida lungo il ciglio. Offertole un passaggio, al suo rifiuto, la afferrò, trascinandola lungo un sentiero che conduceva in un boschetto, a poche centinaia di metri dall'ufficio della Squadra Criminale della polizia di Stato del Connecticut. Avendo afferrato con forza la ragazza per il collo, nel momento in cui egli si apprestò a stuprarla, Robin era già in stato di semicoscienza.

In seguito Ross rammentò la grande eccitazione provata in quel momento, non solo per l'imminente stupro, ma per il fatto di averla resa totalmente in suo potere: egli ammise perfino di aver goduto più per l'omicidio e per il successivo masturbarsi sul luogo del delitto, che per l'atto sessuale in sé. Otto giorni dopo, il corpo senza vita di Robin, parzialmente denudato e occultato da un mucchio di foglie, fu ritrovato da un uomo intento a fare jogging. Il brutale omicidio di Robin Stavinsky costituisce un terrificante spartiacque nella carriera criminale di Michael Ross: se, fino a quel momento, aveva ucciso esclusivamente per il timore di poter essere riconosciuto, a partire dal caso Stavinsky egli decide di mettere in pratica la più estrema delle perversioni che popolavano le sue fantasie: recidere una vita nel momento stesso in cui raggiungeva l'appagamento sessuale.

Eppure, Michael si disse deluso da quell'omicidio, giacché la ragazza, eccessivamente debole e indifesa, si era lasciata trascinare quasi senza opporre resistenza:

"Fu una bella esperienza", confermò durante l'intervista, *"ma non certo la migliore!"*

Due ragazzine di quattordici anni scomparvero il giorno di Pasqua del 1984 nel settore est del Connecticut. Leslie Shelley e April Brunais, amiche inseparabili e vicine di casa a Griswold, avevano deciso di fare una passeggiata fino a Jewett City. Consapevoli che non avrebbero ottenuto il permesso di rientrare da sole a piedi nelle ore notturne, entrambe dissero che i genitori dell'altra le avrebbero riaccompagnate. Di certo, non potevano immaginare che quell'infantile sotterfugio sarebbe costato loro la vita. Al calare delle tenebre, le due fanciulle chiamarono casa, confessando il misfatto e ricevettero l'immediato ordine di rientrare.

Alle 22.30, non essendovi traccia delle due, i preoccupati genitori chiamarono la polizia per segnalarne la scomparsa. Impossibile determinare con esattezza il momento in cui Michael Ross incrociò le ragazzine, convincendole ad accettare un passaggio. Solo quando realizzarono ch'egli aveva proseguito laddove loro gli avevano indicato di girare cominciarono ad allarmarsi. April, la più risoluta, nel tentativo di minacciarlo estrasse un coltellino, ma Ross la disarmò senza alcuna difficoltà. Guidando in direzione di Voluntown, arrestò il veicolo in un luogo rimasto imprecisato nei pressi della diga sul fiume Pachaus, che segnava il confine tra il Connecticut e lo stato di Rhode island.

Strappati i jeans di April, li tagliò a strisce, con le quali legò mani e piedi a entrambe. Chiusa Leslie nel bagagliaio, trascinò April a qualche metro di distanza, dove la costrinse a mettersi in ginocchio. Senza dubbio la piccola Leslie, terrorizzata, udì impotente le disperate grida dell'amica. Quest'ultima si difese con caparbietà, ingaggiando una violenta, ma vana lotta con il suo aggressore, che, dopo averla violentata, la strangolò. Poi, rivolta l'attenzione a Leslie, per quanto quest'ultima lo colpisse profondamente, Michael Ross le riservò la medesima sorte.

"Era così delicata, con lunghi capelli biondi che le ricadevano a ciuffi sulle spalle", raccontò, *"sembrava tranquilla, quando, ancora chiusa*

in macchina, le parlai. Dissi di non volerla uccidere, ma, nel vedere il cadavere dell'amica, prese a urlare e a tremare come una foglia. Parve rassegnarsi al proprio destino allorché la gettai a terra. Ammetto che questo omicidio, per la prima volta, mi sconvolse. Non ricordo come la uccisi, ma la sua morte fu talmente reale e difficile da rinnegare. Con le altre, riuscivo a estraniarmi completamente, quasi fosse un altro a compiere quei delitti e io, che osservavo la scena da dietro una cortina di nebbia, fossi rilegato al semplice ruolo di testimone. Ma con Leslie fu diverso: tutto era reale e al tempo stesso rientrava nelle mie fantasie. Non stava accadendo a qualcun altro: ero proprio io, incapace di fermarmi, a perpetrare tali nefandezze. Eppure, osservavo me stesso nell'atto di compierle senza poter reagire, quasi una barriera invisibile si frapponesse tra noi. Non volevo ucciderla".

Fu la prima e unica occasione in cui Ross parve mostrare una qualche segnale di pentimento. Smise di parlare, respirò profondamente e, nel riprendere, le lacrime gli velarono lo sguardo: *"Potevo solo guardare. Vuoi sapere una cosa vergognosa? Alla fine, piansi. Conosci qualche altro efferato omicida che abbia versato lacrime per una delle proprie vittime? Io no! Beh, naturalmente non si può mai sapere. Dopo aver ucciso April, desideravo fare sesso con Leslie, ma non riuscii ad avere un'erezione. Parlammo per quasi un'ora, poi, lei riprese a piangere dicendo che i suoi genitori l'avrebbero punita per aver fatto così tardi. Così la uccisi. Dovevo farlo. Infine, per sciogliere la tensione la penetrai analmente. Quest'ultimo dettaglio non l'avevo mai raccontato ad alcuno prima".*

Tacque qualche istante, sorridendo, prima di aggiungere: *"Mi definiscono un serial killer, sai? Eppure ho ucciso solo 8 donne. Ci sono un sacco di persone che ne hanno ammazzate a dozzine. Se confrontato a questi, io sono decisamente un bravo ragazzo! Già, realmente un bravo ragazzo!"*

Detto questo, scoppiò in un'incontenibile risata, prima di spiegarmi come avesse trasportato i due cadaveri in un altro luogo, occultandoli adeguatamente così da poter tornare a masturbarsi sui loro resti.

"Mi sedevo accanto ai loro corpi semi decomposti e li osservavo. Come accadeva per le mie fantasie, sapevo che erano lì per me e questo bastava a procurarmi piacere".

Dopo il suo arresto, avvenuto il 28 giugno di quello stesso anno, Ross guidò la polizia al nascondiglio in cui giacevano i resti delle due ragazzine. Il luogo esatto in cui avvenne il delitto non fu mai identificato. In seguito, tale inadempienza, da parte della polizia del Connecticut, si rivelò un escamotage per impedire una disputa giuridistizionale con lo stato di Rhode Island.

La scia omicida di Ross, ormai fuori controllo, era pressoché giunta al termine. Incapace di ottenere risultati sul lavoro, da cui giungevano minacce di un'imminente licenziamento, Ross neppure poteva contare su un solido rapporto di coppia, giacché la vita con Debbie era perennemente costellata di accese discussioni.

La situazione precipitò quando il padre della ragazza morì. In quei giorni, i due si trovavano in vacanza e, al rientro dal funerale, litigarono furiosamente. L'ennesimo confronto contribuì a dilatare l'incrinatura insinuatasi tra i due e Michael, ancora una volta, rimase solo e abbandonato, percependo la fine del loro rapporto come un nuovo rifiuto.

Per la diciassettenne Wendy Baribeault, quel 15 giugno doveva rappresentare semplicemente l'ultimo giorno di esami alla Accademia di Norwich, dove frequentava il terzo anno. Partì da casa della madre per prendere un autobus che l'avrebbe condotta a Jewett City, dove intendeva recarsi in un grande magazzino. Nel tardo pomeriggio, decise di rientrare a piedi. All'incirca alle 16:30 un motociclista la vide camminare sulla Statale 12. In seguito, altri testimoni raccontarono di aver notato un uomo procedere a breve distanza dietro di lei. Lo descrissero come un individuo di media corporatura, un metro e ottanta di altezza, capelli neri, razza bianca, accuratamente rasato. Ulteriori passanti affermarono di averlo visto scendere da un'utilitaria blu, dotata di tergicristallo sul retro, e dirigersi frettolosamente in direzione di una giovane la cui descrizione corrispondeva a quella di Wendy.

Non vedendola rientrare, la madre ne segnalò l'irreperibilità. Il giorno successivo, centinaia di poliziotti e residenti furono impegnati nelle ricerche, ma trascorsero quarantotto ore prima che un pompiere ne ritrovasse il cadavere, immerso in una fitta boscaglia e semi celato da un muricciolo in pietra. In seguito Ross spiegò come quel giorno avesse intenzione di andare in ufficio, ma poiché si era tagliato mentre si rasava, macchiando l'unica tshirt ancora pulita, finto un malessere, aveva trascorso la mattinata in casa, leggendo materiale pornografico e masturbandosi.

Alle 14:00, durante un giro in macchina, notata Wendy camminare lungo il bordo della strada, aveva fatto inversione e, parcheggiato il veicolo all'imbocco di un sentiero, balzato fuori aveva raggiunto la ragazza, invitandola a un barbecue notturno. Non appena quella rifiutò, Ross, afferratala, la trascinò tra gli alberi, dove, vinta la sua resistenza, la violentò provvedendo nello stesso tempo a strangolarla. Raccontò poi che, a causa di ripetuti crampi alle mani, aveva impiegato parecchio tempo a finirla. Noto per la sua capacità di carpire la fiducia delle persone sospette, forse per via del sorriso accattivante e dei modi condiscendenti, il detective Mike Malchik ha sfruttato tale dote, insieme al suo intuito investigativo, per venire a capo dei peggiori casi di omicidio, quaranta dei quali reputati irrisolvibili dai colleghi. Questo imparziale poliziotto, le cui gesta nel Connecticut sono ritenute leggendarie, preferisce lavorare da solo e, molto spesso, tanta è la sua dedizione al lavoro, che seguita a indagare anche quando non è retribuito.

Quando prese a lavorare sugli omicidi di giovani donne nel Connecticut, Mike, che già aveva individuato un legame tra i delitti di Debra Taylor e Tammy Williams, trovandosi al cospetto del cadavere di Wendy Baribeault non poté non notare le similitudini con il caso Stavinsky. Ritenne pertanto ovvia l'azione di un serial killer sessualmente psicopatico, che mai si sarebbe fermato se non fosse stato consegnato alla giustizia.

La sua esperienza era tale che ritenendo inutile un consulto con l'*FBI*, preferì trovare conferma alla sua teoria nelle parole di un collega del Centro Nazionale per l'Analisi dei Crimini Violenti a Quantico, in Virginia. Malchik già aveva individuato la tipologia del killer con cui aveva a che fare: un maschio bianco, dai capelli neri, di un'età compresa tra i ventisette e i trentaquattro anni. Probabile fosse un uomo impiegato a Norwich ma domiciliato più a sud, che frequentemente viaggiava sulla Statale 12. Sospettava potesse abitare a Griswold e, grazie ad alcuni testimoni, ora sapeva di dover cercare una berlina blu, di fabbricazione straniera.

Usando il buon senso, immaginò che chiunque avesse ucciso Wendy avrebbe tentato di allontanarsi dal luogo del crimine quanto più in fretta possibile. Trattandosi quasi sicuramente di una persona del posto, Malchik si rivolse al Dipartimento di Compravendita delle Auto, per domandare una lista di veicoli che rispondessero alla descrizione pervenutagli. Al numero 27 di quell'elenco, compariva il nome Michael Ross.

Quando, il 28 giugno, il detective si presentò alla sua porta per interrogarlo, Ross ne rimase affascinato. Invitatolo a entrare per un caffè, parve particolarmente compiaciuto delle attenzioni che questi gli rivolgeva. Inizialmente, Malchik dubitò che quel giovane affabile potesse essere l'efferato serial killer da lui cercato. Stava per allontanarsi, quando Michael gli chiese ingenuamente se un tale omicida potesse essere ritenuto sano di mente e se vi fosse per lui modo di evitare la sedia elettrica. Una domanda che indusse il detective a tornare sui suoi passi. Ma, non corrispondendo l'auto di Ross, parcheggiata innanzi alla casa, alla descrizione fatta dai testimoni, dopo pochi minuti, Mike si apprestò nuovamente ad andarsene. Fu l'istinto a indurlo a rivolgere al sospetto un'ultima domanda: se ricordava gli spostamenti da lui effettuati durante il 15 giugno, giorno della scomparsa di Wendy.

Per nulla contrariato, Michael descrisse, con un'eccessiva dovizia di particolari, quanto fatto quel giorno, ma, interrogato su quello precedente e sul successivo, fu totalmente incapace di rammentare alcunché, quasi avesse ritenuto necessario trovarsi un alibi solo per quella particolare data. Principiando a sospettare di lui, Malchik lo pregò di accompagnarlo nella stanza del municipio di Lisbon, in cui era stato ricostruito il luogo dell'omicidio. Ross, nel ritenere divertente una corsa sull'auto della polizia, indossata una t-shirt bianca a maniche corte e pantaloni neri (casualmente gli stessi abiti che portava il giorno del delitto), acconsentì.

Non appena sedette nella stanza degli interrogatori, Michael Ross si lasciò andare, incalzato dall'amabile poliziotto, in divagazioni sulla sua vita. Malchik, seppure convinto della sua colpevolezza, sapeva che non sarebbe stato facile ottenerne la confessione.

Oltretutto, quando riteneva che Ross fosse sul punto di fare alcune ammissioni, una scrupolosa quanto inopportuna donna delle pulizie irruppe nella stanza, ritenendo suo preciso dovere pulire il pavimento. Tale inaspettata intrusione costrinse il detective a utilizzare nuovamente la sua tecnica manipolatoria per convincere il sospetto a collaborare. Infine, fu Ross stesso a chiedere: "*Mike, pensi che io abbia assassinato Wendy?*".

Non appena Malchik ammise di esserne convinto, Ross confessò 11 stupri e 6 omicidi. Nel ricordare tale incontro, durante la nostra intervista, Ross disse: "*Rammento il giorno in cui quel detective si avvicinò alla mia porta. Disse di cercare un'autovettura blu a cinque porte, dotata di tergicristalli, ma io possedevo una berlina. Così, stava per andarsene quando io gli feci una domanda. Non ricordo quale fosse di preciso, ma fu qualcosa che lo colpì, perché riprese a interrogarmi. La stessa cosa si ripeté successivamente: era in procinto di allontanarsi quando io aggiunsi qualcos'altro... non so perché lo fatto, ma forse non volevo che se ne andasse!*" In merito al successivo interrogatorio, Michael affermò: "*Sai, non* è *stato facile confessare. Non si ci può limitare a dire: 'Ehy signor poliziotto, ho ammazzato un sacco di persone!'. Fu dura. Se ascolti la registrazione puoi percepire anche tu il mio disagio nell'ammettere quanto avevo compiuto. Poi, all'improvviso, confessai un omicidio... quindi il successivo. Era strano parlare di delitti di cui neppure ero indagato. In particolare, in un paio di casi, non avendo trovato i cadaveri,* avevano attribuito la scomparsa a una fuga spontanea".

Quando domandai a Ross perché avesse confessato i delitti delle due ragazzine, senza che gli fossero state poste domande in merito, rispose: "*Beh, dissero che c'era qualcosa di insano in me e che loro conoscevano un posto speciale dove curavano le persone affette dalla mia patologia. Questo era quanto di meglio potevo chiedere: finalmente potevo ottenere l'aiuto di cui tanto necessitavo. Era esattamente quello che volevo sentirmi dire. Malchik proseguì affermando: 'Noi vogliamo solo fare in modo che questi omicidi cessino'. Già disse le cose giuste e io non potei fare a meno di confessare!*"

Bisogna riconoscere che il detective riuscì in quanto desiderava, giacché stupri e assassini ebbero termine e lo Stato si prese effettivamente cura di Michael Ross.

Il Procuratore della contea di Wyndham, Harry Gaucher, si limitò a incriminare Ross per gli omicidi di Tammy Williams e Debra Smith Taylor: in parte per la mancanza fisica di prove, dato lo stato di decomposizione dei cadaveri, a testimoniare la violenza carnale, in parte per il timore di perdere la causa, Gaucher permise a Ross di dichiararsi colpevole unicamente di omicidio.

Il 13 dicembre 1986 la corte condannò Ross a due ergastoli, il che equivale a una sentenza minima di 120 anni di prigione. I casi di Wendy Baribeault, Robin Stavinsky, April Brunais e Lesley Shelly finirono invece sotto la giurisdizione di un procuratore maggiormente audace. Questi, che rispondeva al nome di C. Robert *Bulldog* Satti e operava nella contea di New London, fedele al motto 'Frustateli e impiccateli', si propose di divenire il primo procuratore a spedire un assassino sulla sedia elettrica del Connecticut. Per quanto Satti sapesse bene di dover lottare contro un sistema penale favorevole all'ergastolo, riteneva che, se qualcuno meritava la pena capitale, questi era Michael Ross e contro lui giurò di non risparmiare alcuna delle sue cartucce. Oltre alla questione morale che ostacolava tali sentenze in uno stato liberale come il Connecticut, vi erano altri impedimenti: non si ricorreva alla sedia elettrica dal 17 maggio 1960, data in cui era stato giustiziato Joseph *Cane matto* Taborsky e l'apparecchiatura era ormai andata perduta.

Condannare a morte Ross significava addebitare allo Stato un costo di 30.000 dollari per ripristinarla, oltre a ristrutturare la camera della morte e la stanza di coloro che intendevano assistere. Dall'altra parte, gli avvocati della difesa intendevano convincere la giuria che Ross non era legalmente responsabile di quanto commesso. Ciò che ostacolava il loro lavoro era il fatto che l'imputato non rientrava nella classificazione dei soggetti mentalmente insani. Inoltre, il caso aveva ricevuto una tale pubblicità ancora prima dell'inizio del dibattimento, che venne trasferito a Bridgeport, dove il procuratore intendeva spiegare alla corte che Michael Ross era un incallito stupratore, un mostro spietato e calcolatore, che aveva pianificato le aggressioni e portato a compimento gli omicidi per non lasciare testimoni.

Nel giugno del 1987, dopo quattro settimane di processo, gli otto uomini e quattro donne della giuria non impiegarono più di 87 minuti per condannare Ross alla pena capitale. Dopo sole tre settimane, la medesima giuria impiegò solo quattro ore per decidere che la condanna a morte nel Connecticut potesse essere ripristinata.

Il 6 luglio, venti giorni prima del suo ventottesimo compleanno, Michael Ross fu così condannato a morte. Secondo la legge di quello stato, tale sentenza gli sarebbe stata risparmiata se la corte avesse trovato in lui un qualche segnale di rimorso. Sentimento che Michael Ross sembrava incapace di provare ed esprimere.

Ross mi ha spiegato che non ha alcun timore della sedia elettrica. La sua vita non è stata di alcuna utilità. Ciò che realmente lo preoccupa è la possibilità di poter dire la cosa sbagliata o di mostrare la propria debolezza quando arriverà il momento della morte: *"Mi sono sempre vantato di possedere un grande autocontrollo e, persino oggi, sento il bisogno di tener fede a quanto ostentato. Ciò che più mi spaventa non è l'idea della prigione, né la sentenza capitale, ma l'idea di perdere la mia razionalità e scivolare nella follia. Talvolta mi sembra di eclissarmi dalla mia mente, di non averne più il controllo. Se riesci a mantenerti lucido, puoi sopportare qualsiasi cosa, in caso contrario non sei più nessuno".*

Alla domanda se provasse rimorso per quanto perpetrato, ripose schiettamente: *"Nessuno! Non provo niente per le mie vittime. Vorrei tanto percepire un qualche sentimento per loro, ma non ci riesco. Mi dispiace solo per le famiglie. Voglio dire, posso immaginare la signora Shelley, sul banco dei testimoni, in lacrime per la sorte della sua bambina, come pure posso raffigurarmi l'altra... non ricordo il nome, alla camera mortuaria, nell'improponibile atto di contenere il dolore per la perdita dell'amata figlia. Sì, per loro posso arrivare a provare un qualche dispiacere, ma per le ragazze no, non avverto alcun rimorso".*

Ross spiegò perché non si fosse rivolto alla polizia, allorché, ai tempi dell'università, si era accorto di avere seri problemi e di necessitare aiuto: *"Può sembrare strano, ma ero convinto di riuscire a frenarmi. A ripensarci adesso, non so come tutto abbia avuto inizio... per puro caso, credo, non volevo arrivare a tanto. Eppure, adesso che sono seduto qui, so bene che, se mi rilasciassero, ucciderei ancora. Non vi* è alcun *motivo per poter pensare diversamente. Ma non riesco a raffigurare me stesso nell'atto di fare quelle cose, o di desiderare di commetterle: è come se la mia personalità fosse scissa in due parti, collocate in differenti livelli".*

Quando gli domandai se ricordasse ogni particolare degli omicidi, soffocò una risata, prima di rispondere: *"Sì e no! Solevo fantasticare ogni giorno e ogni notte sui miei crimini. Mi masturbavo al punto da scorticarmi la pelle. Arrivavo perfino a sanguinare. So che può sembrare inconsueto. Eppure ne traevo un enorme piacere. Effimero, senz'altro, giacché durava pochissimo. Immagino fosse un po' come ubriacarsi. Non ho mai usato droghe, ma quando assumi alcolici, inizialmente ti senti benissimo, poi la sensazione si riduce fino a svanire. Più o meno accadeva così. Non è facile convivere con tutto questo!"*

Gli chiesi di descrivermi cosa passasse nella sua mente durante l'atto di stuprare e uccidere: *"Niente"*, rispose freddamente, poi, dopo un attimo di riflessione, proseguì: *"È tutto così assurdo. Tutti, o per lo meno i sostenitori dell'accusa, sembrano pensare a me come a uno stupratore e a un serial killer. Ma non è possibile emettere un giudizio così netto. Sicuro come l'inferno, io non avevo alcuna intenzione di commettere quei crimini. Non volevo comportarmi in quel modo. E la mia mente non era attraversata da alcun pensiero o da alcuna emozione, fino al momento in cui realizzavo che le mie vittime erano decedute. Solo allora, quasi avessi attraversato una qualche soglia, percepivo nuovamente il battito del mio cuore. Intendo un vero e proprio martellare. Poi avvertivo un dolore alle mani, dovuto alla forza impiegata nello strangolamento. Infine, nel tornare alla realtà e trovare un cadavere innanzi a me, ricordo un sentimento di paura. Non fraintendermi, non intendo dire che non ero consapevole di quanto accadeva, ma ripeto, era come se agissi a un livello differente. Quasi mi guardassi dall'esterno nell'atto di compiere quei crimini. Infine, quando tutto era finito, rientravo nella giusta dimensione ed era allora che la paura mi assaliva e facevo sì che i cadaveri fossero ben occultati".*

Ross vive in una cella sotterranea all'interno del braccio della morte, che ospitava, al momento delle mie interviste, sette condannati. Ross pareva piuttosto orgoglioso del locale a lui assegnato, colmo di libri e materiale per scrivere, e ancora più del fatto che gli fosse stata concessa una seconda stanza, dove stipare ulteriore materiale. Oltre a ciò, mi disse di avere una dozzina di ammiratrici che gli scrivevano lettere d'amore. Tra queste una splendida fanciulla, che non aveva esitato ad ammettere che se lui lo avesse desiderato lo avrebbe immediatamente sposato. Non considerando il fatto che, con grande probabilità, non sarebbe arrivata viva al matrimonio.

Ciò che distingue Michael Ross dalla maggior parte dei serial killer è il suo strenuo tentativo di capire perché egli sia arrivato a tanto e di comprendere quali forze lo abbiano spinto ad adottare un comportamento così violento e asociale. A questo scopo, egli ha accettato di sottoporsi ad alcuni trattamenti, che includono persino la castrazione chimica o fisica (quest'ultima non concessa dallo Stato). Molti stimati professori sembrano in effetti ritenere che tali trattamenti potrebbero permettere di scindere il Michael Ross assassino e stupratore incallito, da quello 'normale'. Per questo lo hanno sottoposto, per un determinato periodo, alla Depo-Provera, con cui si riduce il suo istinto sessuale. Nel contempo, gli veniva somministrato il *Prozac*, potente antidepressivo, un cocktail che, senza dubbio, limitava la sua libido. L'uso eccessivo del primo medicinale ha però comportato un eccessivo aumento di peso, con conseguenti problemi al fegato e mutamenti nei livelli ormonali che gli hanno provocato una forte depressione. Prima che tali somministrazioni avessero inizio, Ross lamentava il fatto che non riusciva a smettere di masturbarsi.

Talvolta, in presenza di un ufficiale donna del carcere, sperimentava un insopprimibile desiderio di ucciderla: "*Sai che noi tutti abbiamo una sorta di melodia che risuona costantemente nelle nostre menti. Continuare a sentire tale musica, giorno e notte, indefinitamente, può condurre alla follia. Ora immagina di avere perenni pensieri di stupri e omicidi, di cui in alcun modo riesci a liberarti. Impossibile non cedere alla pazzia. Giacché non importa cosa tu faccia o dica, non puoi sfuggire a quei pensieri, che ti assalgono in ogni momento. Questo* è *quanto mi accade. Non voglio più sentire quei pensieri!*"

Quando gli domandai se questa sorta di melodia costante fosse generata dal mostro che era dentro di lui, rispose: "*No, credo lui sia separato da tutto ciò. Quasi andasse a dormire per un po' e tu non potessi sapere dove sia locato, né quando pervenga al risveglio. Voglio dire, qualche volta* è *qui, nella mia mente e, da quando prendo il Depo-Provera, lo percepisco in questa zona"*, disse, indicando il retro della testa, "*non so come posso far capire agli altri una cosa del genere, ma lui è sempre stato nella parte frontale della mia mente, da dove tentava sempre di intromettersi nella mia vita. Era come un compagno di classe fastidioso, che quotidianamente incombeva sui miei affari e di cui non potevo liberarmi"*. In una lettera, Ross mi spiegò cosa gli accadeva sotto l'effetto delle droghe: "*Farei qualsiasi cosa pur di liberare la mia mente. Benché inizialmente i medicinali mi garantissero un certo sollievo, il mio corpo sembra ormai essersi assuefatto e le antiche ossessioni, unite ai consueti impulsi hanno ripreso ad assalirmi. Il mio molesto compagno ha trovato ora dimora nella parte posteriore del mio cervello, ma, avendo consapevolezza di come la vita sia senza di lui, il suo ritorno mi appare ancora più opprimente. Oggi non posso che raffigurare me stesso come un uomo cieco dalla nascita, cui è stato improvvisamente conferito il dono della vista, per poi renderlo nuovamente non vedente dopo poco più di un mese. È così difficile comprendere cosa sia la normalità per gli altri, se non l'hai mai* sperimentata di persona".

Raramente gli esperti psichiatri di difesa e accusa concordano nella diagnosi di un imputato, ma il caso di Ross era talmente insolito che entrambe le parti giunsero alla medesima conclusione: egli soffriva di sadismo sessuale, una malattia mentale che determinava un insopprimibile impulso a "*perpetrare atti di stupro in modo ripetitivo*". All'insaputa dei membri della giuria, gli psichiatri forensi di entrambi gli schieramenti convennero che i crimini commessi da Michael Ross erano direttamente correlati agli incontrollabili impulsi sessuali di cui egli stesso era vittima. Eppure il Procuratore, consapevole dell'effetto controproducente che la convocazione dei propri psichiatri poteva comportare, si rifiutò di farli testimoniare. In tal modo, la giuria fu lasciata all'oscuro di informazioni cruciali, che avrebbero probabilmente allontanato da Michael Ross la scure della sentenza capitale.

Contrariamente a tutto ciò, l'accusa argomentò che l'imputato, del tutto sano di mente, era dunque pienamente responsabile delle sue azioni. La giuria fu così indotta a credere che gli psichiatri consultati dal Pubblico Ministero non avessero trovato in lui alcuna patologia e, cosa ancora più sorprendente, la difesa eluse la naturale richiesta di ascoltare direttamente la testimonianza di questi 'esperti'. Se così avessero fatto, gli psichiatri avrebbero rinnegato tali menzogne, recando un grave danno all'accusa, colpevole di aver indotto la giuria a credere nella disparità di opinioni tra i loro medici e quelli della difesa. Tutto questo attraverso decisioni che impropriamente omettevano alcune prove, una falsa arringa finale e istruzioni che permisero alla giuria di trarre deduzioni altrimenti impossibili da supportare.

Ma cosa era accaduto allo psichiatra ufficiale dell'accusa? Sempre all'insaputa della giuria, il dott. Robert B. Miller aveva concordato con l'opinione degli esperti della difesa e, in un rapporto al Procuratore Legale, un anno prima del processo, aveva scritto: *"Se dovessimo fare una diagnosi specifica delle condizioni del sig. Ross ai tempi dei delitti, questa sarebbe, secondo il DSM-111, 302.84, Sadismo Sessuale"*. Egli aggiunse che, malgrado tale diagnosi, riteneva Michael Ross, se adeguatamente curato, capace di reinserirsi a pieno titolo nella società.

In seguito, Miller ammise di aver sofferto a lungo di insonnia e di essere stato influenzato sia dalle opinioni della stampa sul caso, sia dall'efferatezza dei crimini. Tali fattori avevano alterato un giudizio altrimenti professionale. Provava ora un profondo rimorso per tutto ciò, giacché la sua diagnosi aveva in qualche modo condotto l'imputato alla sedia elettrica. Quasi fosse stato usato dallo Stato per premere l'interruttore, non poteva più vivere con quel peso sulla coscienza. Per rettificare il suo errore di giudizio e far scemare i suoi sensi di colpa, pochi giorni prima del processo, aveva scritto una lettera al giudice, spiegando le ragioni che lo avevano indotto a ritirarsi dal caso. A tempo debito, tale spiacevole missiva fu presentata alla Corte suprema del Connecticut e l'accusa fu chiamata per un rimprovero ufficiale. I giudici, nel ritenere la malattia di Ross un sufficiente indice di attenuazione di responsabilità, optarono in suo favore: *"L'accusa"*, sostennero, *"è stata abile nel raggirare la giuria, facendo sì che quelle stesse connotazioni, connesse alla diagnosi del sadismo sessuale, invece di divenire un indice di mitigazione della pena, si rivelassero un aggravante. Pertanto il giudizio della Corte è rovesciato"*.

Così Ross vinse la sua battaglia e, non essendoci esperti a contrastare quanto sostenuto dalla difesa, la legge si pronunciò in favore di una attenuazione della sentenza. Naturalmente Ross aggiunse di non essere capace di controllare non solo i propri istinti sessuali, ma altresì di reprimere il desiderio di infliggere sofferenze alle proprie vittime. Si trattava, in altre parole, di una bomba a orologeria, instabile per il 99% del tempo, a cui bastava la minima scossa per esplodere. Ma è realmente fondata l'ipotesi, da lui sostenuta, di un alter ego nel cervello? Ha un qualche senso pensare che persone come Michael Ross siano semplicemente 'mal assemblati'?

La regione ipotalamica del sistema limbico è la più primitiva e importante parte del cervello. Essa serve a mantenere l'equilibrio metabolico del corpo e a fornire un meccanismo di immediato scarico delle tensioni. Sembra agire come un sensore di accensione e spegnimento cercando, da un lato, di mantenere l'esperienza del piacere e, dall'altro, di allontanare quella che provoca disagio o sofferenza. I sentimenti provocati da questa parte del cervello hanno solitamente vita breve, al punto di durare pochi istanti, anche se, talvolta, possono persistere più a lungo. Tutto ciò pare collimare con quanto descritto da Ross. Il sistema limbico funge da mediatore tra una vasta gamma di semplici emozioni. Nel controllare la capacità di provare piacere e sofferenza, è capace di generare e usare tali emozioni per andare incontro a una serie di bisogni, sia di tipo sessuale, nutrizionale o emotivo. In tal modo può ricompensare o punire l'intero cervello e, di conseguenza, l'individuo.

Se per esempio l'ipotalamo sperimenta il piacere, che esso dipenda da soddisfazioni sessuali, o dall'ingerire cioccolata o droga – o dal compiere atti di stupro e omicidio -, esso stimola un sentimento di rimunerazione che induce la persona a ripetere l'azione da cui ha tratto godimento. Nel caso in cui tale interruttore per così dire, si inceppi, i bisogni sollecitati dal sistema limbico diventano meno sistematici e il soggetto può sperimentare depressione, rabbia e perfino istinti omicidi.

La persona che, pur provando desiderio sessuale, si astiene, può provare una certa tensione. Paradossalmente, l'unico modo per ridurre tale turbamento è incrementare il desiderio fino a raggiungere l'orgasmo, grazie al quale l'individuo può rilassarsi. In circostanze normali, tutto ciò non ha conseguenze rilevanti. Se però il soggetto soffre di una forma di satiriasi o ipersessualità correlata a sadismo, emerge un grave problema. Soprapponendo a tutto ciò un disturbo asociale della personalità, si viene a creare una condizione di instabilità che può, da un momento all'altro, sfuggire al controllo.

Perfino nelle persone normali, le emozioni sollecitate dall'ipotalamo sono spesso prodotte in modo istintivo, senza che insorga alcuna preoccupazione per le conseguenze. L'ipotalamo richiede la soddisfazione di un determinato desiderio e, che esso sia la sete o l'impulso sessuale, il messaggio che da esso deriva è alquanto preciso *"Lo voglio adesso!"*

Non essendovi in quella regione nessun senso morale e nessuna distinzione tra ciò che è giusto e ciò che è sbagliato, non vi è alcuna considerazione delle conseguenze, a lungo termine, degli atti che essa stimola.

Se il sistema limbico è danneggiato, sentimenti di amore, odio, affetto, sensibilità e desiderio possono essere eliminati o danneggiati. Perché ciò accada non accorre un'alterazione fisica, giacché la stimolazione elettrica del centro limbico può anche provocare sentimenti di violenza, che a loro volta possono condurre all'omicidio. Inoltre, se alcune regioni del sistema limbico (come l'amigdala) sono danneggiate, si può avere un innalzamento del desiderio sessuale con conseguente aumento del bisogno di masturbarsi. Una necessità che, ancora oggi, in Ross è evidente. Interessante è notare come l'*FBI* abbia rilevato che l'81% dei serial killer indulge in tale compulsiva attività. Il principio del piacere è attivo fin dalla nascita. Nei primi giorni di vita la ricerca di piacere nel neonato è intensa e illimitata. Se cresciuto in un ambiente sano e il legame con i genitori è solido non vi saranno problemi nel suo sviluppo. In caso contrario, il bambino può essere sottoposto a danni psicologici irreparabili.

Michael Ross poiché la Corte suprema del Connecticut ha dichiarato illegittima la sua condanna a morte vive ancora oggi nel limbo. Ma, non è ancora del tutto fuori dai guai. Date le nuove prove emerse nella preparazione di questo libro, tra cui lo stupro anale compiuto sul cadavere della piccola Leslie Shelley, lo Stato sta richiedendo di aprire contro di lui un nuovo procedimento giudiziario. Da parte sua, Ross si è espresso in favore della sua esecuzione, poiché, ha dichiarato, non è giusto costringere le famiglie delle vittime a sopportare una ulteriore causa. Tanta sensibilità spinge però a chiedersi perché, se tale è il suo pensiero, avrebbe permesso ai suoi avvocati nella prima istanza di richiedere una mitigazione della pena?

Resta ancora da vedere se il Connecticut porterà fino in fondo l'esecuzione dell'unico serial killer dichiaratosi colpevole. L'opinione generale è negativa. Naturalmente, la pena capitale è stata mantenuta nello statuto del paese, ma la sua applicazione resta ancora incerta. Come spiega un giudice in pensione: *"Ross probabilmente sopravviverà a tutti coloro coinvolti in questa vicenda. Se davvero vuole essere giustiziato, si uccida da solo"*.

Michael Ross è il ragazzo della porta accanto che si è improvvisamente mutato in un mostro e le sue stesse parole lasciano un segno indelebile: "*I medici che hanno trovato dei segni di strangolamento intorno al collo di Wendy Baribeault, hanno parlato di strangolamento multiplo perché vi erano segni tutt'intorno alla gola. La cosa sembrava confonderli. Io so che, nello strangolarla, ebbi forti crampi alle mani* per cui dovetti interrompermi di frequente e ricominciare. Non appena saputo del loro sconcerto, non ho potuto fare a meno di deriderli. Era talmente divertente!"

Tale agghiacciante noncuranza per quanto commesso è ben mascherata se si considera l'impressione che Michael Ross suscita nelle persone estranee.

Una giornalista di New York, Karen Bclarke, che intervistò Ross nella prigione di Somers, disse: *"Michael Ross è il classico ragazzo della porta accanto, di cui chiunque si fiderebbe senza problemi. Se dovessi trovarmi a camminare in una strada deserta nelle ore notturne e percepissi dei passi dietro di me, mi sentirei profondamente sollevata nel riconoscere la fisionomia di Ross. Questo per far capire quanto egli possa apparire ordinario!"*

Questo capitolo è basato su registrazioni audio e video raccolte durante le interviste tra Christopher Berry-Dee e Michael Bruce Ross. Tali interviste si sono svolte nel braccio della morte del carcere Somers nel

Connecticut, il 26 settembre 1994. Oltre ad esse l'autore si è basato su una fitta corrispondenza durata anni.

Michael Ross è felice di ricevere posta.

Il suo indirizzo è Inmate #127404, Death Row, Osbourne, CI, PO Box 100, Somers, CT 06071.

Capitolo 5

RONALD JOSEPH BUTCH DEFEO JR (USA)

"Sono due fottute ore che ti sto aspettando.
Con chi diavolo credi di avere a che fare?
Ho cose più interessanti in cui impiegare il mio tempo".
Il benvenuto di Ronald DeFeo a Christopher Berry-Dee 23 settembre 1994, Istituto Correzionale Greenhaven, Stormville, N.Y.

Se non fosse per il sensazionale best seller e per il successivo film di successo, *The Amityville Horror*, cui furono fatti numerosi sequel, il villaggio di Amityville, a Long Island, così come la mattanza perpetrata nella casa di Daniel DeFeo, non avrebbero probabilmente attirato l'attenzione mediatica mondiale. Amityville è ormai nota per quel macabro accadimento che, alla fine, altro non è che una storia ben orchestrata e altrettanto promossa su una casa infestata da fantasmi, arricchita con l'elemento drammatico dell'omicidio di massa.

Sarà vero che il vetusto spirito di un capo indiano aleggia in quella tristemente famosa abitazione? La proprietà fu realmente costruita sul sito di un antico cimitero indio? Le pareti rigurgitano davvero una sorta di fanghiglia verde e dai rubinetti sgorga sangue al posto dell'acqua? Ronald DeFeo Jr è, come tanti hanno azzardato, il figlio di Satana?

A causa dei terribili eventi che si verificarono ad Amityville nella notte del 13 novembre 1974, è certo che quella cittadina non potrà più essere la stessa. Per scoprire le ragioni che portarono a quei malefici accadimenti, ho iniziato un lungo e terrificante viaggio, che mi ha condotto in quel paesino dall'apparenza tranquilla, dove ho preso contatto con diversi amici di Ronald DeFeo, tutti indefessi tossicodipendenti, un manipolo di poliziotti corrotti e brutali e un giudice estremamente severo e prevenuto. Esaminate prove fondamentali, inizialmente 'perse' dalla polizia e poi misteriosamente ritrovate, ho infine intervistato colui che tutti chiamano "l'Orrore di Amityville", rinchiuso in un carcere di New York. Quanto segue, e di questo posso darvi la mia parola, è la storia sconcertante, e tuttora parzialmente oscura, della tragedia di Amityville.

Ronald Joseph DeFeo Junior nacque il 26 settembre 1951 nell'ospedale *Adelphi* di Brooklyn, New York. Primo di cinque figli, il padre, operaio tessile, aveva all'epoca soltanto ventanni e la madre era poco più di una teenager. Piccolo e grassottello, Ronald Junior veniva chiamato ironicamente dai compagni 'Butch' ovvero 'maschiaccio', nomignolo che tuttora lo caratterizza. Astioso e indolente, infastidiva non solo gli insegnanti, ma i suoi stessi compagni, con cui era solito attaccare briga, al punto da non rientrare mai a casa senza una qualche contusione. Durante una della consuete risse, aggredito da un ragazzo armato di coltello, riportò nello scontro, una superficiale ferita da arma da taglio sulla schiena.

Ottenuto un impiego ben remunerato dal suocero, il padre decise che la casa di Brooklyn dove risiedevano, essendo Louise in attesa del quinto figlio, era ormai divenuta troppo piccola per loro. Si trasferirono così nella periferia di Long Island e, dopo una lunga ricerca, optarono per il tranquillo villaggio di Amityville, nome che, fino a quel momento, aveva sempre suggerito pace e serenità. Tale giurisdizione ospita tutt'ora all'incirca 11.000 residenti, la maggior parte dei quali si riversa quotidianamente a New York per lavoro. La cittadina, situata su entrambi i lati della grande baia meridionale di Long Island, è un popolare centro nautico che attrae, nella stagione estiva, un significativo flusso di turisti. La sua fondazione risale al lontano 1650, allorché coloni provenienti dal Connecticut e dall'area orientale di Long Island giunsero in quella che è attualmente chiamata Huntington. Prima di allora Re Enrico VII° d'Inghilterra, in nome del cosiddetto diritto di conquista, reclamava dal territorio scoperto nel 1496 da John Cabot, tributi.

"Fino al massacro DeFeo", sostiene un abitante del posto, *"gli*

unici crimini commessi in loco erano quelli compiuti dai vandali che si dilettavano a staccare piccole imbarcazioni dagli ormeggi".

Così il 29 luglio 1965, Ronald DeFeo Senior credette di soddisfare, almeno in parte, il classico sogno americano, acquistando una casa di due piani in stile coloniale, dotata di piscina e porticciolo privato, al numero 112 di Ocean Avenue. Per quanto i DeFeo, seppure con qualche iniziale difficoltà, riuscirono ad ambientarsi in quell'ameno contesto, gli abitanti di Amityville non parvero affatto apprezzare l'improvvisa comparsa di quella rumorosa e appariscente famiglia e, ben presto, si diffuse nella comunità la notizia di una loro collusione con la criminalità organizzata.

Nonostante la fredda accoglienza, un cartello con la scritta "Grandi Speranze" venne posto all'ingresso della proprietà, quasi a simboleggiare l'inizio di una nuova vita, e il capofamiglia, deciso a distinguersi ulteriormente, commissionò a un artista alcuni ritratti, che appese sul muro antistante la scalinata. Il primo raffigurava il padre nell'atto di porgere al primogenito una coppa di vino, nel secondo, le sorelle di Ronald sedevano in una posa affettuosa, mentre un terzo ritraeva i figli minori. In quelle serene rappresentazioni, non vi era spazio per la figura materna, a cui, in quella famiglia tipicamente patriarcale, non era concessa alcuna considerazione. All'interno dell'abitazione, l'arredamento ridondante, che culminava nei costosi lampadari di cristallo e nel focolare in alabastro, denotava l'appartenenza dei DeFeo al ceto medio. Ma, a dispetto di tali apparenze, i rapporti tra i componenti il nucleo famigliare erano tutt'altro che idilliaci. Coloro che conobbero Ronald DeFeo Senior ebbero a descriverlo come un uomo imponente, che comandava moglie e figli con il pugno di ferro, esigendo da loro il massimo rispetto. Alla minima infrazione, poteva mutare da persona civile a incontenibile belva.

Louise DeFeo, dolce e remissiva, era totalmente devota al marito. Ciononostante questi, nel ritenerla protagonista di una serie di adulteri, si era perfino convinto ch'ella avesse una relazione con il pittore cui aveva commissionato i ritratti di famiglia e, nonostante non riuscisse mai a coglierla in flagrante, sulla base di meri sospetti le concedeva regolarmente una generosa dose di bastonate. Dietro a una maschera di successo e armonia, Ronald DeFeo Senior celava dunque un temperamento violento e impulsivo, incline a frequenti scoppi di rabbia. Oltre a litigare continuamente con Louise, egli incombeva sui figli atteggiandosi a massima autorità. Essendo il maggiore, Ronald Junior fu costretto a subire più degli altri gli abusi paterni. Angariato a scuola, il padre lo incoraggiava a ribellarsi e difendersi con la forza, consigli destinati però unicamente al contesto scolastico, giacché a casa non era tollerata la minima insubordinazione.

Divenuto adolescente, Ronald, cessato di sottostare passivamente alle violenze domestiche, grazie anche all'aumento della statura fisica, cominciò a reagire: violente discussioni tra lui e il padre divennero all'ordine del giorno e, sempre più spesso, esse sfociavano in vere e proprie colluttazioni.

Seppure il signor DeFeo non fosse versato nelle relazioni interpersonali, era abbastanza arguto per comprendere come gli scoppi di rabbia e la violenza in cui ricadeva il figlio, ben diversi da quelli che caratterizzavano la sua stessa persona non fossero del tutto normali. Dopo un brutto episodio in cui Ronald picchiò selvaggiamente la sorella Dawn, lui e la moglie decisero di sottoporlo a un esame psichiatrico. Tale visita non sortì però gli effetti sperati, poiché Ronald, adottato un atteggiamento passivo-aggressivo, si rifiutò di accettare l'aiuto dell'analista. Incapaci di trovare altre soluzioni, i genitori optarono per una strategia lassista, per cui al giovanissimo Ronald venne concesso tutto ciò di cui abbisognava nel momento stesso in cui ne esprimeva il desiderio.

A quattordici anni, ricevette un motoscafo da competizione del valore di 14.000 dollari, solo per scorrazzare avanti e indietro lungo la baia di Amityville. In qualsiasi momento poteva domandare e ottenere denaro e, qualora non avesse voglia di chiedere, poteva sempre arraffare quanto era disseminato per casa. Ovviamente, anche tale strategia fallì miseramente e il giovane e irrequieto Ronald venne spedito a Brooklyn per frequentare una scuola privata secondaria, dove venne praticamente abbandonato fino a quando, rientrato ad Amityville, fu iscritto a un istituto superiore.

All'età di diciassette anni, abbandonata definitivamente la carriera scolastica, ottenne in regalo dal padre un'auto. A quel tempo aveva già iniziato a fare uso di droghe, principalmente eroina e LSD, dilettandosi nella preparazione e messa in opera di furti di lieve entità. Divenuto sempre più psicopatico, i suoi improvvisi accessi d'ira non erano più correlati unicamente al contesto famigliare. Un pomeriggio, durante una battuta di caccia con alcuni amici, puntò il fucile alla testa di uno di loro, godendo dell'espressione terrorizzata del coetaneo e della sua improvvisa fuga. Nel ritrovarlo, qualche ora dopo, gli chiese con scherno perché si fosse dileguato con tanto anticipo.

Compiuti diciotto anni, Ronald Junior 'Butch' trovò impiego presso la ditta automobilistica del padre, agenzia esclusiva della *Buick*. Lui stesso ammise che si trattava di un lavoro semplice e poco impegnativo e che, per quanto di frequente neppure si presentasse in ufficio, al termine di ogni settimana riceveva una remunerazione che talvolta ammontava a 500 dollari: denaro sperperato solitamente in droghe e alcol.

Nel gennaio 1971, incontrò in un bar di New York, una giovane donna, Geraldine con cui intraprese una relazione. Quando, nel dicembre 1973, la ragazza scoprì di aspettare un bambino, il tradizionalista Ronald Senior fece di tutto affinché i due si sposassero: le nozze furono festeggiate il 17 ottobre 1974, poco dopo la nascita della bambina, che chiamarono Stephany.

Nel frattempo gli alterchi con il padre, tutt'altro che cessati, scatenavano reazioni sempre più violente. Una sera, durante una furiosa lite tra i genitori, *Butch* afferrò il fucile da caccia calibro 12 che teneva in camera e, caricatolo, scese in salotto. Senza alcuna esitazione, puntò la canna in faccia al padre gridando: "*Lascia quella donna, sto per ucciderti fottuto grassone*".

Quando però premette il grilletto, l'arma fortunatamente si inceppò. Agghiacciato, DeFeo Senior non poté che rimanere sconvolto innanzi al gesto del figlio e alla noncuranza con cui quegli, poco dopo, si allontanò dalla stanza come se nulla fosse accaduto. Per quanto quel giorno la situazione non fosse ulteriormente degenerata, non era difficile presagirne, con il tempo, il tragico sviluppo, che avrebbe coinvolto non solo il padre, ma l'intero nucleo famigliare.

A seguito dell'incidente, il vecchio Ronald, convertitosi al cattolicesimo, disseminò la sua proprietà di teche religiose e alcuni vicini testimoniarono di averlo spesso visto, intento a recitare il rosario, innanzi alla piccola cappella di San Giuseppe che si era fatto costruire nel prato antistante la casa.

Nelle settimane antecedenti la strage, la relazione tra padre e figlio non fece che peggiorare. Insoddisfatto del denaro 'guadagnato' lavorando nella ditta di famiglia, *Butch* escogitò un piano per frodarla ulteriormente. Tutto accadde allorché uno dei responsabili lo inviò a svolgere un'importante commissione insieme a un collega: depositare in banca 1.800 dollari in contanti e 20.000 dollari in assegni. Partiti dal porticciolo alle 12:30 del mattino, i due rientrarono dopo due ore, denunciando il furto del malloppo da parte di un rapinatore a mano armata. Ovviamente, spartitosi il denaro, i giovani si erano accordati sulla versione da raccontare. Il padre, furioso, non poté che rimproverare aspramente colui che, tanto irresponsabilmente, aveva prescelto l'inaffidabile figlio per un incarico di tale rilevanza. La polizia interrogò a lungo Butch, il quale, assemblata un'alquanto vaga descrizione del presunto ladro, si mostrò, innanzi all'incalzare delle domande degli agenti, sempre più indisponente. Nel sospettarne la colpevolezza, essi focalizzarono l'attenzione sulle due ore in cui *Butch* e il collega erano scomparsi prima di tornare a denunciare il furto: *"Perché non siete venuti subito dopo la rapina? Dove avete trascorso quelle due ore?"*.

Come risposta, Butch cominciò a ricoprire gli inquirenti di insulti, colpendo il cofano dell'auto per enfatizzare la propria rabbia. Per quanto la polizia non fosse riuscita a provarne la colpevolezza, il padre non palesava, in merito a ciò, il minimo dubbio.

Il venerdì precedente il massacro, gli agenti convocarono nuovamente *Butch* affinché visionasse alcune foto segnaletiche con l'intento di riconoscere il fantomatico rapinatore. Dopo un'iniziale consenso, il giovane DeFeo, cambiata idea, neppure si presentò. Interpellato bruscamente dal padre sui motivi di tanta mancanza di collaborazione, *Butch* rispose furioso: *"Maledetto grassone, presto ti ucciderò!"*

Poi, corso alla macchina, si allontanò. Per quanto tale incidente non fosse culminato nell'ennesimo scontro fisico, il confronto finale appariva imminente.

Il silente sudario notturno ricopriva ancora il villaggio di Amityville nelle prime ore del 14 novembre 1974. Unici segni di vita nel tranquillo sonnecchiare della comunità, l'isolato abbaiare di qualche cane e l'occasionale transitare di auto di passaggio. Eppure, nell'apparente serenità della tenuta 'Grandi Speranze' odio e rabbia ribollivano ormai incontrollate. L'intera famiglia DeFeo, a eccezione di *Butch*, si trovava a letto. Nella quiete della sua stanza, il giovane Ronald, deciso a far sì che nessuno della sua famiglia potesse più causargli alcun problema, meditava, pregustando quanto si apprestava a compiere. Godendo, a causa del suo carattere irascibile e del suo stato di primogenito, del privilegio di disporre di una camera tutta per sé, vi teneva stipate numerose armi. Quella notte, estratto dall'armadio un fucile *Marlin* calibro 35, si diresse furtivamente, ma senza alcuna esitazione, verso la camera padronale e spalancata la porta, osservò i genitori immersi nel sonno, del tutto ignari della sorte che il figlio stava per riservare loro. Dopo pochi istanti, puntata l'arma alle spalle del padre, premette il grilletto. Il primo di otto fatali colpi risuonò nella notte. Erano da poco passate le 3:00 del mattino quando Ronald DeFeo Junior ebbe completato lo sterminio del l'intera famiglia, i cui membri vennero trucidati uno dopo l'altro, senza alcuna pietà. Il cane, Shaggy, legato fuori del capanno delle barche, quasi presentendo l'ondata di violenza che aveva colpito il luogo, prese ad abbaiare furiosamente, ma i latrati non suscitarono alcuna preoccupazione in *Butch*. Conscio di aver completato la sua missione, si concesse una doccia e si rasò. Infine, nascosti gli abiti insanguinati, il fucile con il suo fodero e uno dei bossoli utilizzati nella federa di un cuscino, uscì alle prime luci del mattino. Lanciato il fucile in acqua, si liberò del resto occultandolo nella fogna.

Infine, come se nulla fosse successo, presentatosi in ufficio alle 6:00 del mattino, iniziò, come di consueto, la sua giornata lavorativa. Non vi rimase a lungo: chiamata casa diverse volte, quando il padre non si presentò al lavoro, si mostrò annoiato per il fatto di non aver ricevuto nuovi incarichi e, verso mezzogiorno, decise di allontanarsi. Interpellata la sua nuova ragazza, Mindy Weiss, per comunicargli di essersi liberato prima del solito, le disse che si sarebbe fermato da lei. Lungo il tragitto, si imbatté in un amico, Robert Kelske: *"Stavo guidando e Robert Kelske, un drogato strafatto di eroina"*, raccontò in seguito dal carcere, *"si avvicinò alla mia auto facendomi domande assurde che non riuscii a comprendere. Ovviamente, dato il soggetto, che oltretutto aveva svaligiato la nostra casa per due volte, non mi preoccupai di capire quello che diceva!"* Ronald DeFeo Junior raggiunse il domicilio della fidanzata, giovane e attraente cameriera del bar *Longsfellow*, alle 13:30 circa. Casualmente, menzionò subito il fatto di non essere riuscito a mettersi in contatto con alcun membro della sua famiglia e provò a richiamare casa, sempre invano, dall'abitazione della ragazza. Mostrandosi confuso, ma non preoccupato, acconsentì ad accompagnare Mindy a fare shopping. Recatisi in visita da Patricia e Robert Geiger, Ronald acquistò dieci dollari di eroina che si iniettò immediatamente in vena.

In seguito ammise: *"Avevo perfino dimenticato quanto accaduto a casa mia... quasi avessi avuto un completo black out"*.

Poco dopo le 18:00, Butch si presentò al bar *Henry* di Amityville, dove incontrò nuovamente Robert Kelkse. Ancora una volta si disse sconcertato per il fatto di non riuscire a contattare nessuno della sua famiglia: *"Ho intenzione di andare a casa e, se necessario, romperò una finestra per accedere all'interno"*.

"Fai quello che ritieni giusto", rispose l'amico.

Allontanatosi, Ronald tornò dopo un po' di tempo in un apparente stato di agitazione: *"Robert, devi aiutarmi"*, implorò, *"Qualcuno ha sparato ai miei genitori!"*

I due, allora, insieme a un gruppo di avventori, salirono sull'auto di *Butch*.

Erano trascorse all'incirca 15 ore dalla strage. Giunti a casa DeFeo, fu Kelske a salire le scale e a entrare per primo nella camera padronale. *Butch* appariva sconvolto dal dolore, quando Joe Yeswit, prendendo in mano la situazione, si decise a chiamare la polizia. Alle 18:40 l'agente Kenneth J. Greguski, ricevuta una chiamata in merito a una presunta sparatoria, si diresse all'indirizzo segnalatogli. Ronald gli corse incontro, in lacrime, comunicandogli l'accaduto.

"Salii le scale e trovai un uomo e una donna di razza bianca che giacevano proni, entrambi uccisi a colpi di arma da fuoco. Quando mi addentrai nella camera accanto, mi accorsi che due ragazzini ne avevano condiviso la sorte. Chiamai la centrale comunicando loro che i cadaveri rinvenuti erano quattro. Immediatamente il giovane DeFeo, ascoltata la comunicazione, mi disse allarmato che aveva anche due sorelle. Corsi di sopra ancora una volta e aprii la porta di una camera che avevo tralasciato: sul letto, il corpo senza vita di una ragazzina, le gambe e le braccia divaricate. Attraverso un'ulteriore scala, ebbi accesso al terzo piano su cui si apriva un altro vano: all'interno, il cadavere dell'ennesima vittima; una giovane donna. Avvertita la centrale, mi diressi da quello che appariva come l'unico sopravvissuto della famiglia, informandolo, col maggior tatto possibile, della morte delle sorelle. Nel frattempo giunsero il sergente Cammaroto e il tenente Edward Lowe e, poco dopo, i detective della omicidi. Quanto vidi quel giorno mi ossessiona ancora oggi".

I risultati dell'autopsia, condotta dal coroner Doward Aldeman, evidenziarono quanto segue: Ronald DeFeo Senior, 43 anni, era stato colpito con due proiettili alla schiena: uno dei due si era fermato all'interno del collo, l'altro, attraversato il petto, si era conficcato nel materasso. A giudicare dalla compostezza del corpo, la morte era giunta istantanea. Anche Louise DeFeo, 42 anni, era stata uccisa da due proiettili. Sembrava che il rumore dei colpi sparati al marito l'avesse svegliata, giacché il corpo pareva girato verso la porta. La prima pallottola, entrata dalla schiena, le era fuoriuscita dal petto conficcandosi poi nel materasso. La seconda le aveva distrutto il polmone destro, il diaframma e il fegato. Anche in questo caso, la morte sembrava essere stata pressoché immediata.

Mark, di 12 e John di 7 anni avevano ricevuto un solo colpo di arma da fuoco ciascuno, da una distanza di circa sessanta centimetri. I due proiettili avevano spappolato a entrambi il cuore, il diaframma e il fegato. Il killer aveva poi sparato un solo colpo ad Allison DeFeo, 13 anni. Anch'ella, come la madre, doveva essersi svegliata, poiché il volto era rivolto alla porta e vi erano tracce di polvere da sparo negli occhi. La pallottola, entrata dalla guancia sinistra, le aveva attraversato il cranio per fuoriuscire dall'orecchio destro. Infine,

Dawn DeFeo, 18 anni, aveva ricevuto un colpo di arma da fuoco indirizzatole al collo, da una distanza di 90 centimetri. Brandelli di cervello erano sparsi sul cuscino.

Secondo il Dr. Aldeman, appariva evidente l'origine mafiosa dei delitti, cui avevano senza alcun dubbio partecipato almeno tre o quattro persone. Ovviamente, la polizia era a conoscenza della fedina penale di *Butch*: oltre a fare uso di droghe, il ragazzo era attualmente in libertà vigilata per il furto di un fuoribordo.

Interrogato dal detective Gaspar Randazzo, così descrisse i suoi movimenti di quel fatidico giorno: "*Sono andato a lavorare e, tornato a casa, trovai la porta chiusa dall'interno. Mi parve strano, poiché le macchine dei miei genitori erano entrambe parcheggiate di fronte all'abitazione. Così tornai al bar e ne parlai con Robert Kelske. Poi, preoccupato per il fatto che nessuno rispondesse al telefono, mi decisi a forzare una finestra. Fu allora che vidi i corpi dei miei genitori. Sconvolto, tornai al bar in cerca di aiuto. Gli altri mi accompagnarono e Joe chiamò la polizia*".

Alle 19:15 i detective Gonzaloff, Napolitano, Shirvel, Grieco, Harrison, Reichert e il sergente Barylski, della omicidi, giunsero sul luogo del delitto. Ottenuto il permesso di insediarsi temporaneamente nella casa accanto, di proprietà di una famiglia irlandese, vi condussero Ronald DeFeo per un ulteriore interrogatorio, condotto questa volta dal detective Gonzaloff. Allorché gli fu domandato se avesse idea di chi poteva aver ucciso la sua famiglia, egli affermò che un uomo di nome Louis Falini, un killer mafioso, aveva del rancore nei confronti dei suoi genitori e poteva pertanto essere coinvolto in quei delitti: "*Tempo fa, ebbi un alterco con Falini, culminato in pesanti offese e, quando mio padre prese le mie parti, lui giurò che gliela avrebbe fatta pagare!*"

Roland assicurò la sua totale collaborazione nelle indagini e acconsentì, dopo aver chiamato la stazione di polizia di Amityville per completare la documentazione di loro competenza, a recarsi presso la prima circoscrizione commissariale. Al suo arrivo, interrogato ulteriormente, *Butch* informò gli inquirenti del fatto che lavorava nella ditta del padre, fornitore per la *Karl-Brigante Buick* di Brooklyn e che il proprietario, in realtà, era suo nonno, Mike Brigante.

Descritta la conformazione della casa, spiegò come, quella notte, fosse rimasto alzato fino a tardi per guardare un film intitolato *Castle Keep*. Addormentatosi intorno alle 2:00 innanzi al televisore, si era risvegliato intorno alle 4:00 in preda a forti dolori allo stomaco. Direttosi al bagno al primo piano, aveva notato la sedia a rotelle del fratello Mark, che si era procurato una frattura alla gamba giocando a football, fuori dalla sua stanza e aveva udito il suono dello sciacquone provenire dall'interno. Non riuscendo a dormire, aveva risolto di recarsi anticipatamente al lavoro. Di seguito riepilogò, poi, i successivi spostamenti.

Interrogato su Falini, il presunto omicida, raccontò che quegli aveva trascorso un certo periodo di tempo a casa loro, per aiutarli a scavare un nascondiglio nel pavimento dove il padre aveva intenzione di custodire gioielli e contante. La sua discussione con Falini era stata originata da un commento spiacevole che quegli aveva fatto sul suo lavoro. *Butch* ammise con umiltà di non essere quello che si suole definire 'uno stinco di santo': oltre a far uso di droga, aveva dato fuoco, pur di non risarcire un danno da lui stesso causato, a una delle barche del padre allo scopo di ottenerne il rimborso dall'assicurazione.

Terminato il colloquio, gli fu concesso di coricarsi su una branda posizionata in una stanzetta posta sul retro della stazione di polizia. Data la sua disponibilità e la mancanza di un movente, gli investigatori non avevano alcuna ragione per sospettare del ragazzo. Le circostanza mutarono non appena, intensificatesi le ricerche sul luogo del delitto, fu fatta una scoperta che si rivelò cruciale.

Alle 2:30 del 15 novembre, perquisite nuovamente le camere, il detective Shirvell decise di soffermarsi su quella di *Butch*, inizialmente oggetto di un esame superficiale. Ad una più attenta analisi, egli notò un paio di contenitori vuoti i cui cartellini recavano la descrizione del contenuto: due fucili *Marlin*, uno calibro 22 e l'altro calibro 35. Seppure ancora ignaro della tipologia dell'arma utilizzata negli omicidi, il cui riscontro non era ancora pervenuto dal laboratorio, Shirvell reputò potesse essere utile prendere possesso di quelle scatole, quasi presentisse che esse si sarebbero rivelate in qualche modo determinanti.

Pochi minuti dopo essere tornato alla centrale, un esperto di armi identificò il calibro del fucile utilizzato nel massacro: il detective Della Penna, nell'analizzare i bossoli e i proiettili rinvenuti, aveva determinato come i residui di polvere corrispondessero seppur parzialmente a particelle bruciate di polvere pirica nitrocellulosa. Le pallottole rivestite in piombo risultavano calibro 35, di manifattura *Remington* e parevano componenti originali dei bossoli della *Western Company*. Tali informazioni, correlate alla scoperta di Shirvell, portarono i detective a considerare l'eventualità di un coinvolgimento di *Butch*: senza dubbio vi erano delle informazioni ch'egli aveva tenuto nascoste.

Svegliatolo alle 8:45, Harrison e Napolitano gli lessero i suoi diritti. Protestando, il ragazzo manifestò il proprio sconcerto: non aveva forse fino a quel momento collaborato? Allora, pur di dimostrare la propria buona fede, arrivò a rinunciare ai propri diritti. In quel momento Gonzaloff e Napolitano, terminate le ore di servizio, furono sostituiti da Robert Dunn e Dennis Rafferty, che in seguito saranno pesantemente criticati dalla Commissione Investigativa di New York per avere utilizzato metodi poco ortodossi allo scopo di ottenere la confessione dell'indagato. Terminata la lettura dei suoi diritti, Rafferty lo interrogò su azioni e spostamenti effettuati nei due giorni precedenti, concentrandosi infine sulle ore in cui erano stati commessi gli omicidi. *Butch* aveva asserito di essersi svegliato all'incirca alle 4:00 e di aver sentito dei rumori provenire dal bagno del fratello: *"Butch, tutti i membri della tua famiglia sono stati ritrovati morti a letto e in pigiama: questo indica che gli omicidi non possono aver avuto luogo in tarda mattinata, quando tu eri fuori casa, no?"*.

Nel proseguire, il detective insinuò il dubbio che i delitti si fossero stati commessi proprio tra le 2:00 e le 4:00. Alla minima scossa, il castello freddamente costruito da *Butch* cominciò a crollare. Dunn e Rafferty lo martellarono proprio sui fatti che, più degli altri, evidenziavano delle discrepanze con quanto riscontrato sul luogo del delitto. Nell'ammettere la sua presenza in casa in quelle ore cruciali, il giovane DeFeo si era clamorosamente incastrato da solo. La sua reazione, innanzi all'evidenza dell'errore, apparve chiaramente come un disperato tentativo di scagionarsi: "*Butch, è incredibile!*", affermò

Rafferty, *"Del tutto assurdo! Sai che abbiamo trovato i contenitori di due fucili nella tua camera. Tutte le vittime sono state uccise da un calibro 35. Non puoi dirti estraneo alla faccenda. Il fucile utilizzato per quegli omicidi* è *il tuo. Cosa ne hai fatto?"*, gridò, il volto a pochi centimetri dal quello del sospettato.

Con crescente disperazione, *Butch* continuò a mentire e le nuove menzogne parvero coinvolgerlo sempre più nei crimini. Sconvolto, egli prese a delirare sul fatto che Falini, svegliatolo all'incirca alle 3:30, gli aveva puntato un revolver alla tempia. Un altro uomo era presente sul luogo del delitto, ma non fu capace di descriverlo. Secondo questa nuova versione dei fatti, i due lo avrebbero trascinato stanza dopo stanza, costringendolo ad assistere all'annientamento della sua famiglia. Innanzi a quelle che apparivano quali evidenti fantasie, i detective gli diedero corda, finché egli stesso si dichiarò colpevole di essersi liberato delle prove: *"Aspetta!"*, lo interruppe Rafferty, *"Perché hai raccolto i bossoli se non avevi niente a che fare con i delitti? Come potevi sapere che stavano usando il tuo fucile?"*.

Percependo il rapido deteriorarsi della sua posizione,

Butch non parve in grado di rispondere alla domanda.

I detective evitarono di insistere su quel punto. Consapevoli di avere ormai raccolto un numero sufficiente di prove contro di lui, a partire dall'assurda pretesa che un uomo come Falini, costrettolo ad assistere agli omicidi, gli avesse poi risparmiato la vita, lasciarono che egli proseguisse il suo delirante racconto. Dunn lo esortò: *"Devono averti in qualche modo costretto a partecipare, magari obbligandoti a sparare a uno dei tuoi familiari!"*

Butch cadde in trappola.

"Non è *successo qualcosa del genere?"*, lo incalzò Rafferty.

"Datemi un minuto", rispose DeFeo, tenendosi la testa tra le mani.

"Butch, non ci sono mai stati, vero? Falini e compare non sono mai entrati in questa casa!"

Alla fine, *Butch* confessò: *"No"*, ammise. *"Tutto* è *accaduto con una tale rapidità... e una volta iniziato, non sono più stato in grado di fermarmi"*.

Il 21 novembre 1975 Ronald *Butch* DeFeo fu ritenuto colpevole di sei omicidi di secondo grado e, due settimane dopo, condannato a venticinque anni di prigione per ciascuno di essi. Nel 1999 ottenne i requisiti per la libertà vigilata. Oggi si professa innocente, un'assurdità che potrebbe anche essere giustificata dal contesto in cui avvenne la sua confessione.

All'epoca della strage di Amityville, la popolazione della contea di Suffolk, dispiegata nella zona orientale di Long Island e collocata nelle vicinanze della contea di Nassau, ammontava a più di 665.500 abitanti. In tale divisione amministrativa sorgeva uno dei più estesi dipartimenti di polizia dopo quello della città di New York, dello stato di New York e della contea di Nassau. Quello, classificato come il distretto meglio retribuito, deteneva il primato del più alto numero di reo confessi dell'intero pianeta.

Nell'aprile del 1989, una Commissione dello stato di New York pubblicò un rapporto in merito a una 'Indagine nella procura e nel dipartimento di polizia della contea di Suffolk'. In una serie di documenti allegati, la Commissione rivelò un alto numero di irregolarità, che includevano cattiva condotta e lacune nelle indagini su omicidi e reati di droga oltre che nei relativi processi. Veniva inoltre evidenziato l'utilizzo di intercettazioni illegali, l'incapacità della procura di indagare e punire la cattiva condotta da parte del personale adibito all'applicazione della legge, numerose mancanze nella supervisione del personale di polizia e un elevato numero di altri reati, quali corruzione, ottenimento di confessioni attraverso metodi illeciti da parte di agenti eccessivamente zelanti, comportamenti brutali da parte delle forze dell'ordine e adozione di una pratica abusiva denominata *precinct jumping*, che consisteva nell'ostacolare arbitrariamente l'incontro tra gli imputati e i loro legali. Tale rapporto provocò il suicidio da parte di uno degli ufficiali di polizia e il pensionamento anticipato di una dozzina di altri.

Dal 7 all'11 dicembre 1986, il *Newsday* pubblicò sull'argomento una lunga serie di articoli, risalendo ai primi anni del 1970. In essi si affermava che il 94% dei processi per omicidio della contea di Suffolk avevano implicato confessioni o ammissioni verbali di colpevolezza, ottenute nello stesso modo in cui Robert Dunn ufficiale al comando della Sezione Omicidi, si era procurato quella di Ronald

Defeo. Una percentuale tanto elevata, rispetto alla media nazionale del 48%, sollevò non pochi dubbi sui metodi utilizzati dalla polizia.

Prendendo il caso DeFeo, è possibile asserire con certezza l'avvalersi del *precinct jumping*, giacché due avvocati, Richard Wyslling e Richard Hartman, allorché tentarono di incontrare il proprio assistito, furono spediti da un ufficio all'altro senza riuscire a scoprire dove l'imputato si trovasse. Lo stesso Ronald DeFeo sostenne che la confessione gli fu decisamente 'estorta' con la violenza dai detective Dunn e Rafferty. Tale tesi sarebbe confermata dal giudice Signorelli innanzi a cui Ronald dovette comparire: questi ammise di essere rimasto scioccato nel vedere lo stato in cui versava l'imputato, al punto da richiedere una perizia medica. Il giorno successivo, il rapporto del medico confermava la presenza di numerose ecchimosi sul corpo e sulle gambe, un labbro rotto e diverse tumefazioni sul volto. Di tali ferite non si aveva alcun riscontro il giorno in cui DeFeo fu posto in custodia cautelare. Durante un'intervista concessami per questo libro, nel settembre 1994, un placido Dennis Rafferty ammise: *"Certo, abbiamo fatto un bel lavoretto con quel ragazzo... del resto, cosa avremmo dovuto fare?"*.

Ronald DeFeo non fu certo l'unico a subire un tale trattamento: Robert Kelske, Chuck Tweskbury e Barry Springer raccontarono di essere stati brutalmente aggrediti dagli agenti di polizia e che dagli stessi fu intimato loro di firmare una confessione per omicidio.

Il 16 novembre 1974, De Feo ricevette una visita dal Reverendo McNamara, il sacerdote che fu incaricato di officiare le esequie della sua famiglia. Dopo che se fu andato, i registri del carcere indicano la visita dello zio di Ronald, Vincent Procita. Rocco DeFeo, il nonno, e il fratello di questi, Peter, entrambi appartenenti alla criminalità organizzata, avevano inviato Procita affinché facesse firmare al nipote un documento in cui Rocco veniva nominato amministratore unico dell'azienda del padre. Il rifiuto, gli spiegarono, sarebbe equivalso a siglare la propria condanna a morte. Sottomettendosi al volere della famiglia, *Butch* firmò.

Il giorno seguente, Ronald, fu interrogato per due ore dall'*FBI* in merito ai rapporti intercorrenti tra la mafia e le famiglie DeFeo e Brigante. L'agente Sweney gli disse che avevano registrato alcune conversazioni telefoniche tra Brigante e Peter DeFeo, in cui i due parlavano di eliminarlo perché al corrente di troppe cose. Sweeney gli offrì, se solo avesse collaborato, di inserirlo nel programma di protezione testimoni, ma *Butch* rifiutò. Sempre dai registri del carcere, risulta che il 19 novembre Ronald sia stato contattato da due avvocati: Alexander Hesterberg e Jacob Sigfried. I due gli avrebbero detto che Michael Brigante intendeva fargli firmare un altro documento, in cui lui stesso veniva dichiarato amministratore delle proprietà della famiglia. Quando *Butch* gli comunicò l'incontro con gli agenti dell'*FBI*, questi risposero: *"Un motivo in più per firmare!"*

Infine, gli comunicarono che, essendo sua zia, Phyllis Procita, impiegata nell'ufficio della procura, se egli non avesse acconsentito a essere difeso da Sigfried e non si fosse appellato all'insanità mentale, di sicuro non sarebbe uscito vivo dal carcere. Spaventato, *Butch* non poté che sottoscrivere entrambe le richieste.

Alla sua seconda convocazione innanzi alla corte, Sigfried rifiutò di presentarsi. Alla domanda se fosse a conoscenza di dove si trovasse il suo legale, *Butch* rispose raccontando al giudice del colloquio avuto con lui in carcere. Per nulla sconvolto, il giudice nominò un nuovo avvocato, William E. Weber, il quale non solo non aveva mai presenziato a un caso di omicidio, ma era candidato come coordinatore nell'imminente campagna per le elezioni della magistratura.

Weber, ben retribuito dalle famiglie DeFeo e Brigante, si mosse immediatamente per predisporre la difesa. Animato inizialmente da buone intenzioni, richiese i servizi del noto investigatore Herman Race. Questi, ex detective della squadra omicidi, dove era stato impiegato per 20 anni, procedette esaminando arma da fuoco e prove balistiche a vantaggio del suo cliente. Subito scoprì, sulla camicia da notte di Dawn DeFeo, alcune tracce di un 'ritorno di fiamma', causato da polvere pirica non bruciata: l'unica conclusione che si poteva trarre da tale elemento era che la ragazza durante quella fatidica notte avesse sparato almeno una volta. Forte di tale informazione, l'esaltato Weber si diresse immediatamente dai parenti DeFeo per comunicare loro la bella notizia. L'accoglienza fu decisamente glaciale e, nel pomeriggio successivo, lo zelante legale fu fermato dalla polizia fuori dalla sua abitazione con il pretesto di alcuni parcheggi non pagati. Perquisita la sua auto gli agenti vi trovarono misteriosamente un'arma non denunciata, per cui lo trassero in arresto. Seppure poche ore dopo, sollecitati dalla famiglia Brigante, i poliziotti decisero di lasciare cadere le accuse, Weber non ebbe più alcun dubbio sul comportamento da tenere in merito alla scoperta della camicia da notte, che mai fu inserita tra le prove della difesa.

Guidato dai committenti, Weber, a dispetto delle proteste del suo stesso cliente, proseguì per la sua strada richiedendo il parere professionale di uno psichiatra, il Dott. Daniel Swartz, il quale, per la sua dichiarazione di insanità mentale, ricevette un compenso di 8.000 dollari. Poco prima dell'inizio del processo, il vice procuratore Gerald Sullivan domandò al giudice Signorelli di presentare le dimissioni dal caso. Al suo posto, alquanto arbitrariamente, Sullivan nominò Thomas M. Stark, un uomo inflessibile su cui l'accusa poteva fare affidamento. Il giudice Stark, in seguito, liquidò la faccenda con un cenno della mano: *"Con il senno di poi"*, affermò, *"potrei anche dire non fu un comportamento corretto. Ma all'epoca le cose apparivano diversamente!"*

Oltre all'opinione dello psichiatra, la difesa contattò tutti coloro che conoscevano Ronald DeFeo, con il proposito di convincerli a testimoniare in favore della tesi dell'insanità mentale. William Davidge, in una dichiarazione giurata di fronte a Esther B. Hopkins, notaio dello Stato della Florida, datata 6 ottobre 1988, disse: *"Ero testimone della difesa su richiesta dell'avvocato William Weber, legale di Ronald DeFeo nella contea di Suffolk. Weber mi disse che Ronald DeFeo era colpevole, ma che intendeva dichiararne l'insanità mentale. Mi chiese di appoggiarlo in questo. A dire il vero ero restio a collaborare, perché Weber mi voleva mettere in bocca dichiarazioni menzognere sulla mia personale amicizia con Ronald e la sua famiglia. Mi preoccupava però il fatto che Weber fosse un ufficiale della magistratura. Avrei voluto aiutare Ronald testimoniando la verità, ma fui indotto a descriverlo come un malato di mente, collaborando con la tesi* della difesa. Quanto dissi durante la mia testimonianza, era intenzionalmente manovrato da Weber nel suo interrogatorio con contraddittorio, allo scopo di portare DeFeo in un manicomio criminale. Weber mi consigliò di seguire le sue direttive, rifiutandosi di farmi testimoniare se non avessi acconsentito alle sue richieste. Non sapevo di fare qualcosa di illegale. Mio fratello mi ha poi raccontato di aver fatto un accordo segreto con Weber nel 1975".

Se William Weber si mostrava recalcitrante nell'infrangere le regole basilari del sistema giudiziario, il procuratore distrettuale neppure si poneva il problema. Richiesto il ritiro del giudice Signorelli e disposta la sostituzione che più gli aggradava, Sullivan necessitava ora di un movente.

Non appena seppe che nessun gioiello era stato rinvenuto nell'apposito nascondiglio scavato nel seminterrato della casa, pensò di averlo trovato: sorpreso nell'atto di rubare, il giovane DeFeo aveva dovuto sterminare l'intera famiglia per mettere le mani su quel tesoro. Sfortunatamente per il procuratore, si venne a sapere che tutti i beni dei DeFeo erano da tempo stati stipati in una cassetta di sicurezza presso un istituto di credito di Amityville. Nel disperato tentativo di salvare quella che appariva come una situazione disperata, Sullivan richiese i servigi del detective Rafferty, a cui ordinò di far visita ai tanti amici di Ronald DeFeo, inclusi Lin e Roger Nonnewitz. Dopo un breve colloquio con questi ultimi, Rafferty ebbe la faccia tosta di chiedere loro di testimoniare il falso: i due avrebbero dovuto dichiarare che i DeFeo tenevano in casa altri gioielli e oggetti di valore e che *Butch* li aveva rubati. Quando i Nonnewitz esposero la faccenda innanzi alla corte, firmando perfino una dichiarazione giurata in cui asserivano che la procura gli aveva richiesto di commettere spergiuro, il giudice Stark accolse quella sconvolgente notizia con calma indifferenza, senza neppure preoccuparsi di prenderne nota. Non c'è alcun dubbio che DeFeo abbia confessato la piena responsabilità dei delitti presso la stazione di polizia di Suffolk, né che egli avesse inizialmente dichiarato il falso, coinvolgendo Louis Falini, che tra l'altro si mostrò incredibilmente lesto a trovarsi un alibi inattaccabile. Ma sussisteva ancora il problema del movente.

In realtà, è emerso che, se lui non aveva un vero e proprio movente per compiere quei delitti, sua sorella Dawn avrebbe potuto vantarne uno. Dopo molte ricerche, è ormai possibile districare la matassa di bugie che circondano il caso, pervenendo a una qualche forma di verità.

La sera antecedente i delitti, Ronald DeFeo Junior aveva fatto visita alla moglie, Geraldine. Alle 20:00, la signora DeFeo, in lacrime, aveva chiamato chiedendo del figlio: a quanto pareva la sorella Dawn stava nuovamente litigando con il padre. In effetti Dawn, oltre a lasciare di frequente avanzi di cibo a imputridire nella sua camera, attirando sciami di mosche attorno alla casa, si era innamorata di William Davidge e, contro la volontà dei genitori, voleva seguirlo in Florida. Per sfuggire all'oppressione famigliare, Dawn, che come il fratello aveva ereditato il terribile temperamento del padre, cominciò a fare uso di droghe.

In una dichiarazione giurata al cospetto del notaio di New York Theodore Yurak e datata 27 luglio 1990, William Davidge affermò di essere a conoscenza del fatto che Dawn desiderasse raggiungerlo in Florida e anche del fatto che la ragazza facesse uso di LSD e mescalina. Egli aggiunse inoltre che Dawn covava un profondo risentimento nei confronti dei genitori e del fratello maggiore, a cui era legata solo per necessità di denaro.

Subito dopo aver ricevuto la telefonata della madre, Ronald e il cognato, Richard Romondoe, si diressero alla tenuta DeFeo. Non appena arrivati, *Butch* consegnò alla sorella la chiave della sua macchina, sollecitandola a farsi un giro per calmare i nervi. Poi i due scesero nel seminterrato, dove, accesa la televisione, si misero a giocare a biliardo. All'improvviso, udirono un forte boato. Accorrendo di sopra, trovarono i corpi senza vita dei componenti la famiglia DeFeo, a eccezione di quello di Dawn. La ragazza era nella sua stanza, in camicia da notte, con un fucile calibro 35 stretto tra le mani. *Butch* afferrò l'arma e, nella conseguente colluttazione, partì un colpo che colpì la ragazza alla testa. Fu a quel punto che *Butch* e Richard decisero di far sparire l'arma e le altre prove che potevano essere usate contro di loro. Geraldine, la moglie di Ronald, rammenta che, alle prime luci dell'alba, *Butch* la svegliò per raccontarle l'accaduto. Fu l'ultima volta che lo vide fino al giorno del processo.

Il fratello di lei, che confermò ogni parola, nel timore di venire in qualche modo incastrato, decise di lasciare la città per qualche tempo. Attualmente vive in Florida dove si è sposato e ha un figlio: "*So esattamente quello che vidi!*", mi disse quando lo contattai, "*quanto Ronnie afferma è la pura verità. Ma mia moglie è all'oscuro dell'intera faccenda e non mi fido della polizia!"*

Geraldine DeFeo ha ricevuto minacce e subito maltrattamenti da parte degli agenti, che la arrestarono per complicità nella strage, rilasciandola dopo breve tempo. Anche in quel caso, il detective coinvolto era Dennis Rafferty. Per contrastare le dichiarazioni di DeFeo, era vitale risolvere due problematiche: in primo luogo la questione del sangue rinvenuto sugli abiti che indossava il giorno dell'interrogatorio. Secondo il detective Rafferty, si trattava del sangue della sorella Dawn, affermazione originata da quanto, sempre secondo Rafferty, aveva dichiarato l'indagato, che avrebbe raccolto un bossolo insanguinato pulendosi ai vestiti.

Secondo Ronald DeFeo: *"Questa* è *una menzogna bella e buona! Si trattava del mio sangue, fuoriuscito dalle ferite che gli stessi agenti mi provocarono durante l'interrogatorio. Se solo facessero il test del DNA su quegli abiti potrebbero provarlo!"*

Per anni *Butch* ha asserito che fu sua sorella a sterminare l'intera famiglia e che lui le sparò accidentalmente nella lotta per impadronirsi dell'arma. Per smentire o confermare tale affermazione, sarebbe stato sufficiente verificare la presenza di polvere da sparo nella famosa camicia da notte di Dawn. Quando lo stesso Ronald, nel giugno del 1992, richiese che tale indumento fosse riesaminato, il giudice Stark acconsentì purché l'imputato potesse sostenere l'onere del test e l'oggetto si trovasse ancora tra le prove archiviate.

Il nuovo avvocato di *Butch*, Gerald L. Lotto, disse di aver ricevuto 10.000 dollari da Angela Brigante per finanziare eventuali analisi. Eppure, quando il legale, superato l'ostacolo finanziario, richiese che tale test fosse effettuato, l'assistente del procuratore Karen Petterson asserì, giurandolo innanzi alla corte, che l'indumento era andato distrutto. Tale affermazione risultava talmente pericolosa che la collega Barbara Rose si affrettò a mitigarla, sostenendo che il reperto non era più in possesso della procura, né del dipartimento di polizia della Contea di Suffolk.

Il 21 agosto 1991, un investigatore che stava seguendo un altro caso, ebbe accesso alla stanza dell'ufficio di Yaphank, dove la polizia di Suffolk deteneva gli oggetti utilizzati come prove di reato. Nel rovistare, rinvenne due contenitori su cui era vergata la scritta 'De-

Feo': all'interno, non solo la camicia da notte di Dawn, ma anche i vestiti di Ronald 'Butch' DeFeo, i bossoli e quattro federe di cui una macchiata di sangue. Qualche giorno dopo, Karen Petterson scrisse le seguenti parole al giudice Stark: "*...dopo lunghe ed estenuanti ricerche ad opera del dipartimento di polizia e dell'ufficio della procura,* è *stato possibile reperire l'indumento!*"

In seguito a tale fatto, il giudice non avrebbe avuto alcun motivo per impedire il test. Eppure lo fece.

Benché la camicia da notte sia tutt'ora presente negli archivi della contea di Suffolk, quando intervistai in merito Dennis Rafferty, ottenni la seguente risposta: "*Non vi* è *alcuna possibilità che ulteriori test vengano fatti su quella veste. Faremo di tutto purché non accada!*"

Ronald DeFeo Junior è un piccolo, insignificante uomo, con la reputazione del sanguinario. Volto da furetto e un fisico in ottimo stato, nelle due ore di intervista perorò, con grande rabbia, la sua innocenza, ammettendo però di non nutrire alcun dubbio sul fatto che mai gli avrebbero permesso di tornare in libertà. È accertato ormai che Ronald De Feo fosse, e sia tuttora, un individuo prepotente e illetterato, caratteristiche che non ne fanno però necessariamente un criminale. Allo stesso modo sappiamo trattarsi di un tossicodipendente, peculiarità piuttosto comune al giorno d'oggi, e di un inguaribile bugiardo.

In merito a quanto accadde quella sera, imbastì svariate versioni, similmente a quanto sono soliti fare i serial killer. Benché la presenza di tali prerogative non ne implichi la colpevolezza, le sue ripetute e sfacciate menzogne ne hanno minato la credibilità. Recentemente, *Butch* ha affermato, per esempio, di non aver mai gettato il fucile nella baia: "*Non l'ho mai lanciato in acqua*".

Allorché gli mostrai la mappa del bacino e gli schizzi fatti dalla polizia, entrambi da lui sottoscritti, gli chiesi come gli agenti della subacquea avrebbero potuto individuare con tanta rapidità l'esatta posizione dell'arma, se lui stesso non avesse fornito loro le necessarie indicazioni. Contraddicendosi per l'ennesima volta, rispose: "*Dissi loro che si trovava più o meno dietro la casa perché volevo che cessassero di malmenarmi!*"

Infine, pressato in merito ai grafici, cambiò nuovamente versione: *"Il fucile è stato recuperato quando già io mi trovavo nel carcere della contea di Suffolk, dunque non c'era modo di dire qualcosa alla polizia. Non gli ho mai comunicato dove potessero rinvenire l'arma e questa è la verità. E soprattutto non sottoscrissi mai quei disegni: apposi la firma solo su alcuni fogli gialli"*.

Ma cosa conosciamo del procedimento e del caos che ne circondò l'evolversi? Di certo, sappiamo che molte questioni sono rimaste irrisolte: quali quelle dei vestiti insanguinati di *Butch* e della polvere da sparo sulla camicia da notte della sorella. Grazie alle registrazioni della polizia, siamo informati della conversazione tra il nonno di *Butch* e un altro criminale, in cui si accenna alla decisione di far uccidere *Butch* in prigione. Allo stesso modo, siamo consapevoli del fatto che le indagini della polizia, come pure lo svolgimento del procedimento che ha portato al verdetto di colpevolezza, siano stati condotti in modo del tutto arbitrario. Eppure questo non comporta necessariamente l'innocenza del condannato.

A meno che non intervengano eccezionali prove che possano dissipare l'ansia dell'opinione pubblica in merito al comportamento delle autorità coinvolte, è chiaro che per lo meno alcuni poliziotti, alcuni avvocati e uno dei giudici abbiano agito in modo immorale, se non addirittura nell'illegalità. Weber ha tratto parecchi vantaggi dal caso DeFeo. Sotto l'influsso di qualche bottiglia di vino, la sera stessa della sentenza, il 4 dicembre 1974, Weber e i nuovi proprietari della tenuta DeFeo, George e Kathleen Lutz, inventarono una storia che avrebbe scioccato il mondo: la casa, costruita sul sito di un antico cimitero indiano, era infestata dagli spettri e, in modo particolare, dallo spirito di un ex capo indiano. Questa stessa storia diverrà poi il soggetto del film *The Amityville Horror*. Realizzata la quantità di denaro implicata in quell'affare, i Lutz decisero di escludere Weber, il quale intentò immediatamente una causa ai loro danni.

Secondo quando stabilito dal giudice Jack B. Weinstein: *"...i canoni e l'etica della legge impediscono al signor Weber di essere coinvolto nel caso DeFeo e nei suoi appelli, come pure in questioni relative a diritti editoriali e cinematografici"*.

Come risultato, Weber dovette accontentarsi di una piccola somma di denaro, 20.000 dollari estorti ai parenti di DeFeo per non appellarsi alla sentenza. Questo, però, non gli impedì dal percorrere altre strade per trarre profitto dal caso: contattato il professor Hans Holzer, un cacciatore di fantasmi inglese, lo convinse a scrivere con lui un libro dal titolo *Murder in Amityville*, che, successivamente, portò al film *Amityville II – La possessione*.

Non possiamo essere certi della veridicità delle versioni di *Butch*. Si trattò realmente di una esecuzione di stampo malavitoso, come sembrava ipotizzare il coroner nell'esaminare il luogo del delitto? Ma in questo caso come poteva *Butch* essere sopravvissuto? Un'ipotesi plausibile sarebbe quella della necessità, da parte degli esecutori, di designarlo quale capro espiatorio. Ma perché egli avrebbe serbato il silenzio così a lungo? Non si può escludere il fatto che egli possa aver avuto paura, giacché non solo lui, ma numerosi altri testimoni affermano di essere stati minacciati e picchiati dalla polizia. Tali agenti, tra cui Robert Dunn e Dennis Rafferty, per quanto subissati di critiche, sono tuttora in servizio e il loro comportamento è rimasto impunito. Senza contare le ritorsioni che *Butch* avrebbe potuto temere dall'ambiente mafioso: non è un caso che il cognato viva tuttora sotto falso nome.

"George e Kathy Lutz si spostarono al 112 di Ocean Avenue il 18 dicembre. Ventotto giorni dopo, fuggirono terrorizzati". Con tali parole ha inizio il primo capitolo del romanzo di Jay Anson *The Amityville Horror*. Commercializzato come storia vera, lo scopo del libro è di raccontare gli eventi quotidiani che portarono i nuovi residenti della tenuta 'Grandi Speranze' a scappare sconvolti dal terrore. Il libro divenne un vero e proprio best-seller e ben presto esordì al cinema.

"La loro fantastica storia, mai svelata nei dettagli, lo rende un film indimenticabile, al pari di pellicole quali 'L'esorcista', 'The Omen' o 'Rosemary's Baby', ma con una differenza fondamentale: in questo caso si tratta di una storia vera...", questo il trailer del film. In realtà il libro, come la successiva realizzazione cinematografica, non è altro che un romanzo ben concertato. Eppure, il breve soggiorno dei Lutz e le loro pretese che quel luogo fosse dimora di spiriti malvagi ha portato Amityville, e la tenuta DeFeo in particolare, alle luci della ribalta. Per più di trent'anni, la casa è divenuta il simbolo dell'orrore, depennando così tutti gli anni felici trascorsi, da precedenti famiglie,

nella dimora coloniale. In ogni caso, la fama accumulata dai Lutz si riversò contro di loro: tempestati dai turisti e additati come paria dai membri della comunità, furono costretti a tornare nella riserva colombiana.

Il 18 marzo 1977, Jim e Barbara Cromarty, ignari della sua reputazione, acquistarono la casa per 55.000 dollari. Non appena scoperta l'atroce storia, cambiarono il numero civico e aggiunsero una finestra finta sulla facciata della casa. Determinati a inserirsi a pieno titolo nella comunità, i Cromarty vennero bombardati da orde di turisti in cerca di fantasmi e demoni. Per un certo periodo di tempo, i coniugi lasciarono Frank Birch a guardia della tenuta: in ogni caso né questi, né i proprietari furono testimoni di accadimenti sovrannaturali. Essi rimasero nella dimora fino al 1987, quando il figlio di lei, avuto da un precedente matrimonio, improvvisamente scomparve.

Il 17 agosto 1987, Peter e Jeanne O'Neill comprarono la tenuta, dove vissero dieci anni finché un improvviso aumento delle imposte sull'immobile, li costrinse a venderlo.

Il 10 giugno 1997 fu Brian Wilson a divenirne il proprietario. Nel momento in cui questo libro venne redatto, egli vi abitava con la moglie e i due figli.

Questo capitolo è basato su una registrazione esclusiva tra Cristopher Berry Dee e Ronald Joseph 'Butch' DeFeo all'interno dell'Istituto correzionale Greenhaven a Stormville, New York, avvenuta il 23 settembre 1974 e su un'intensa corrispondenza.

Capitolo 6

AILEEN CAROL WUORNOS (USA)

"Ho il massimo rispetto per me stessa.
L'ho sempre avuto.
Immagino che questo possa suonare strano, non è così?".
Aileen Carol Wuornos, intervista all'autore.

Aileen Carol Wuornos giunse al penitenziario Broward, in Florida, il 31 gennaio 1992. A metà strada tra Miami e Fort Lauderdale, Broward è un carcere femminile, il cui braccio della morte è dislocato in un edificio grigio, con rifiniture color rosa e costellato tutt'intorno da piante tropicali. Qui, Aileen e altre cinque compagne vivono in celle simili ai boccaporti di un sottomarino, condividendo una doccia nell'ingresso e un cortile per gli esercizi all'aperto corredato di sbarre. Una stanza, denominata 'orologio della morte', ospita le prigioniere nelle loro ultime 24 ore. La morte sopraggiunge per iniezione letale.

All'epoca in cui mi accinsi a scrivere questo libro, vi erano negli Stati Uniti 47 donne condannate a morte. Talune avevano perpetrato in solitudine i loro crimini, altre avevano 'lavorato' in coppia; qualcuna aveva ucciso il proprio marito, qualcun'altra i propri figli, fidanzati o perfino estranei. Un'alta percentuale di queste condannate aveva subito abusi fisici o sessuali e molte erano tossicodipendenti. Per lo più di razza bianca, raramente vantavano, come movente, la bramosia del denaro. La maggior parte di loro vive tutt'ora in blocchi separati dai carceri più affollati e i loro movimenti sono particolarmente vincolati. Se si effettua il paragone con la controparte maschile, le donne condannate alla pena capitale non superano il 2% della media nazionale. Il numero più elevato risiede in California, Florida e Oklahoma. Vi sono perfino alcuni stati minori, come l'Idaho, in cui, essendoci solo un'esponente del genere femminile condannata a morte, sorge il problema di dove collocarla, poiché una legge nazionale impone che esse siano separate da coloro che, pur condividendone la sorte, appartengono all'altro sesso. L'ultima esecuzione di una donna, negli Stati Uniti, è stata quella, nel 1998, di Karla Faye Tucker. Era la prima volta, dai tempi della guerra civile, che il Texas condannava a morte una donna. La Tucker era accusata di aver ucciso il ventisettenne Jerry Lynn Dean e la sua compagna, la trentaduenne Deborah Thornton, con un piccone.

Aileen (Lee) Carol Wuornos nacque il 29 febbraio del 1956, nel Michigan, da due teenager: Diane Wuornos, 16 anni e Leo Dale Pittman, 19. Ovviamente il loro matrimonio, dopo un breve e burrascoso periodo, ebbe termine prima ancora della nascita della bambina e la giovane madre si trovò da sola a badare alla piccola Lee e al fratellino maggiore, Keith. Lee non ebbe mai modo di conoscere il padre, giacché questi, arrestato per sequestro di persona, stupro e molestie su minori, si tolse la vita in carcere. Nel contempo Diane, nel trovare il ruolo di madre eccessivamente gravoso, quando Lee aveva sei mesi, risolse di abbandonare lei e il fratello, affidandoli ai suoi stessi genitori.

Laurie Wuornos, operaio in una fabbrica Ford e sua moglie Eileen Britta adottarono i nipoti, crescendoli senza neppure comunicargli il grado di parentela che intercorreva tra loro. La famiglia Wuornos abitava nella periferica Troy, in uno squallido edificio a un piano, lontano dalla strada e circondato dalla boscaglia. Mai i vicini furono invitati a mettervi piede e coloro che, passando casualmente nei pressi della proprietà, tentavano di sbirciare all'interno, raccontano come le tende di casa Wuornos fossero sempre rigorosamente tirate. Il mondo esterno, quando possibile, era tenuto a distanza.

Al di là di quelle finestre, frequenti schermaglie avevano luogo tra la piccola Lee e il padre adottivo. In quelle occasioni era onnipresente una larga cintura di pelle marrone, con decorazioni in stile western, che l'uomo soleva tenere appesa a un gancio dietro alla porta della sua camera. Su suo ordine, la cintura doveva essere pulita e lucidata da Aileen. Nei frequenti momenti di punizione, la terrorizzata bambina, completamente nuda e forzata a piegarsi sopra il tavolo di cucina, veniva ripetutamente colpita con la pesante cinghia.

Talvolta, obbligata a stendersi prona sul letto, le gambe e le braccia divaricate, la piccola riceveva le sue frustate mentre colui che riteneva suo padre, per tutto il tempo, le gridava quanto inutile fosse la sua esistenza e che mai avrebbe dovuto essere nata: *"Neppure vali l'aria che respiri!"*, gridava colpendola senza tregua.

All'età di nove anni, un'esplosione chimica, incautamente innescata da Lee e da un amico, le provocò gravi ustioni sul volto e sulle braccia e diversi giorni di ricovero in ospedale. La guarigione fu particolarmente lenta, al punto che Lee arrivò a temere di rimanere sfigurata per tutta la vita. Ancora oggi lievi cicatrici testimoniano la gravità dell'incidente.

Fu all'età di undici anni che Lee scoprì di essere la nipote di quelli che, fino a quel momento, aveva ritenuto suoi genitori. Se già allora era una ragazzina incorreggibile, con un carattere terribile e socialmente inaccettabile, la sua rabbia emerse ulteriormente, intaccando ancora di più il rapporto con i due anziani tutori.

All'età di quattordici anni, rimasta incinta, fu mandata, fino alla nascita del bambino, in una casa per 'giovani madri'. Il personale del posto la rammenta come una ragazza ostile e poco collaborativa, incapace di interagire con le compagne. Il bambino fu dato in adozione nel gennaio del 1971. Nel luglio di quello stesso anno, Britta Wuornos morì. Non appena ricevuta le notizia, Diane sollecitò Aileen e Keith a raggiungerla in Texas, invito che entrambi declinarono. Poco dopo, Lee, ritiratasi da scuola, se ne andò da casa, principiando una vita di alcol, autostop e prostituzione.

Nel marzo del 1976, all'età di vent'anni, sposò il multimilionario Lewis Gratz Fell. Questi, brizzolato sessantanovenne, era perfino più anziano del nonno di Lee, che, due mesi prima del matrimonio si era tolto la vita. Coloro che conoscevano Lee guardarono con parecchio cinismo a quella bizzarra unione, trovando impossibile che la giovane potesse provare per quel rispettabile, ma vetusto signore, qualcosa di più del mero interesse economico. Da parte sua, Lewis Fell non sapeva in quale guaio si stesse cacciando, ma pareva evidente che quella relazione risultasse a entrambi, per lo meno all'inizio, reciprocamente accettabile: lui poteva godere della compagnia di una moglie giovane e graziosa, laddove lei poteva usufruire del denaro messo a sua disposizione.

Nei primi giorni di luglio, i due si diressero nel Michigan a bordo di una *Cadillac* color crema. Alcuni ritagli del *Daytona Press*, che Lewis si era affrettato a spedire agli amici, recavano la notizia del loro matrimonio, descrivendo Fell come un ricco uomo d'affari le cui entrate derivavano dalle azioni delle ferrovie.

Il 13 luglio, Lee si recò fuori città, fermandosi al *Bernie's club* di Mancelona, dove, avvicinatasi al tavolo del biliardo, prese a ondeggiare il proprio corpo in modo provocatorio e a creare disturbo. Oltre a essere ubriaca, la ragazza gridava oscenità, rivolgendo pesanti minacce agli avventori. Deciso a porre fine all'inadeguato comportamento della donna il proprietario del locale, Danny Moore, annunciò l'anticipata chiusura del club cominciando a raccogliere le palle dal tavolo del biliardo. Dopo pochi istanti, udito un grido allarmato, si volse giusto in tempo per vedere Lee prendere la mira e lanciare contro la sua testa una delle bocce rimaste. Riuscita a schivare la palla per pochi centimetri, l'uomo chiamò la polizia. Il luogotenente Jimmie Patrick, del dipartimento della contea di Antrim, trasse la donna in arresto per aggressione. Un mandato di cattura che la accusava di guida in stato di ebbrezza, uso illecito del documento di guida e mancanza di una patente valida per lo stato del Michigan venne presentato anche dal distretto di Troy. Solo il provvidenziale sopraggiungere di un amico, che recava con sé la sua borsa contenente 1.450 dollari, permise a Lee, pagata la cauzione, di tornare in libertà.

Com'era da immaginarsi, il matrimonio tra Lee e Fell fu di breve durata. Dal principio, lei appariva lacerata tra il desiderio di ubriacarsi e bighellonare tra i locali notturni e la noia di trascorrere il proprio tempo con l'anziano marito nel loro lussuoso condominio. La situazione degenerò innanzi al rifiuto dell'uomo di concederle una ulteriore somma di denaro, oltre a quella, piuttosto elevata, che mensilmente già le corrispondeva. Sconvolta dalla rabbia, Lee non esitò a malmenarlo.

Ottenuto un ordine restrittivo e l'annullamento del matrimonio, Fell la accusò di aver dilapidato il suo patrimonio e di averlo colpito con un bastone da passeggio.

La sentenza di divorzio stabiliva: "*L'imputata, dal temperamento brutale e ingestibile, ha minacciato di usare la violenza contro il marito, qui definito come il ricorrente, e, dato il comportamento adottato in passato, è altamente probabile che ella possa provocare in futuro danni fisici e patrimoniali al suddetto ricorrente, a meno che la corte non la trattenga dall'aggredire o in alcun modo interferire con la sua vita e le sue proprietà*".

Il matrimonio di Lee ebbe termine il 19 luglio, con una sentenza di divorzio emanata dalla corte della contea di Volusia, Florida. Ciò che le rimase, e che prontamente impegnò, era il suo costoso anello di fidanzamento. Nei giorni antecedenti la separazione, suo fratello, che aveva solo 21 anni, era morto per un cancro alla gola. Venne cremato il 21 luglio, ma Lee non arrivò in tempo per assistere alla procedura. Nello stupore generale, partecipò invece alla cerimonia la madre Diane. Seppure lo avesse ripudiato in vita, la donna appariva sconvolta e terribilmente addolorata, al punto da non riuscire ad assistere fino alla fine.

Il 4 agosto, Lee ammessa la propria colpevolezza in merito all'aggressione di Danny Moore, pagò una multa di 105 dollari. Nel contempo, ricevette, come assicurazione sulla vita che l'esercito, a cui il fratello era arruolato, accordava ai parenti delle vittime, una somma di 10.000 dollari. Il denaro fu immediatamente versato come anticipo per l'acquisto di una scintillante *Pontiac* nera (che naturalmente, non potendo Lee finire di pagare, tornò poco dopo al precedente possessore). Oltre a ciò, acquistò degli oggetti di antiquariato e un enorme apparecchio stereo che neppure sapeva dove collocare. In soli tre mesi, il denaro era stato così inutilmente sperperato.

Nuovamente alla deriva, Lee si imbarcò in una serie di relazioni, tutte fallimentari, dedicandosi a piccole truffe, furti e tentando perfino una ridicola rapina a mano armata che le fece trascorrere alcuni mesi in prigione. Di tanto in tanto, si rivolgeva a qualche protettore, ma perfino come prostituta non risultava particolarmente ambita.

Quando nel 1986 incontrò la ventiquattrenne Tyria *Ty* Jolene Moore in un bar lesbo di Daytona, Lee appariva sola e arrabbiata. Pronta a fare qualsiasi cosa pur di dare una svolta alla propria vita.

Arrivare alla spiaggia di Daytona non era stato difficile per Lee.

Fuggita prima di casa e poi dal matrimonio, aveva attraversato confine dopo confine, dirigendosi a sud con l'autostop lungo l'interstatale 95, fino ad arrivare in quello che aveva ritenuto un paradiso: sole, opportunità di lavoro e bella vita poco onerosa. La compatta sabbia bianca di Daytona si poteva perfino percorrere in auto. Mare, sesso, prosperità e gas di scarico. L'illusione americana servita su un litorale talmente frequentato da apparire più un parcheggio renoso che una vera e propria spiaggia.

Inizialmente il rapporto con *Ty* fu meraviglioso: innamorata di Lee, la ragazza le stava sempre accanto. Lasciò perfino il lavoro di cameriera in un motel e permise all'amica di contribuire con i proventi della sua attività di prostituta al loro sostentamento. Col passare del tempo, però, cominciando a scarseggiare il denaro la loro passione scemò. Nonostante ciò, *Ty* continuò a seguire Lee come una bambola, accompagnandola ovunque ella decidesse di andare, sia che si trattasse di dormire in qualche squallido motel, sia che la carenza di contante le inducesse a trascorrere la notte in qualche vecchio granaio. Il valore di mercato di Lee come prostituta, che mai era assurto a livelli eccelsi, scese sempre più e con ciò divenne sempre più difficile mantenere il loro, già di per sé modesto, stile di vita. Chiaramente occorreva cambiare qualcosa, ma andarsene da Daytona non era così facile.

Non avendo il denaro per trasferirsi a Miami, le due realizzarono che in loco le possibilità di lavoro erano inferiori a quelle che inizialmente avevano preventivato.

Esaurito il denaro, i loro spensierati sogni di divertimento seguirono la stessa sorte. Con il sopraggiungere della disperazione e la presenza di tante tentazioni, sono pochi coloro che non cedono alle lusinghe del crimine e Lee, in particolare, non poteva che essere attratta dai reati di massimo livello. Le motivazioni che conducono all'omicidio, a Daytona come in ogni altro luogo del mondo, sono sempre le stesse: denaro, vendetta, sesso e affari. La cittadina e le sue spiagge sorgono a circa un centinaio di chilometri da Orlando, costituendo così una meta ideale di villeggiatura per la classe lavoratrice.

I turisti provenienti dalla zone agricole del sud-est ne sono perfettamente consapevoli, come pure pareva esserlo il cinquantunenne Richard Mallory, di Clearwater, che scomparve il 30 novembre 1989. Mallory era un uomo solitario, poco comunicativo ed enigmatico perfino per coloro che avrebbero dovuto conoscerlo bene. Viveva solo in un appartamento collocato in un grande complesso residenziale chiamato "Le querce". Pochi, in considerazione del suo eccentrico stile di vita, coloro ammessi a fargli visita e perfino al suo negozio, *Mallory Electronic*, posto all'interno del centro commerciale di Palm Harbour, le sue frequenti assenze rimanevano spesso ingiustificate. Di bell'aspetto e in ottima forma fisica, divorziato da molto tempo, si era recentemente separato anche dalla fidanzata, Jackie Davis. Inguaribilmente attratto dal gentil sesso, amava i piaceri carnali ed era un assiduo frequentatore di quei locali in cui tali appagamenti venivano elargiti in abbondanza. Tutto, delle donne, lo attirava: il loro sguardo, il loro profumo, il modo in cui si muovevano. Ogni qualvolta si trovava in compagnia femminile, percepiva, immancabili, le medesime sensazioni: potere, sensualità, dominio. Per quanto fosse un avventore abituale dei bar nei quartieri di Tampa e Clearwater, ove concupiscenti cameriere si aggiravano tra i tavoli in topless, nessuna, tra le spogliarelliste o le entraîneuse, era al corrente ch'egli aveva trascorso dieci anni in carcere per stupro. Ma i giorni di Richard Mallory, sempre a caccia di sesso, erano ormai contati. All'epoca versava in una profonda crisi finanziaria: oltre ad essere debitore di 4.000 dollari di arretrati per l'affitto, il fisco aveva messo sotto controllo la contabilità del suo negozio. Possedeva due furgoni, uno bianco e uno marrone, ma la notte in cui scomparve, il 30 novembre, chiuso anticipatamente il negozio, era partito per un week-end a Daytona a bordo di una *Cadillac* del 1977 *Coupe de Ville*, di colore beige, che reputava più adatta a quello che riteneva un eccitante tour sessuale.

Quella sera, un gruppo di motociclisti diretti al nord lasciò Lee Wuornos all'altezza del quartiere di Tampa, sull'interstatale I-4 proprio nel punto in cui si trovava il cavalcavia della I-7. Diluviava e Lee, nel tentativo di evitare l'acquazzone, indugiava nel sottopasso, quando Mallory, notatala, le offrì un passaggio. I due presero a chiacchierare amabilmente, fermandosi ad acquistare una confezione di birra.

Erano circa le 5:00 quando l'uomo portò il discorso sul sesso e, data la disponibilità della donna, condusse l'auto nella vicina boscaglia. Prima ancora che lui ne avesse il tempo, lei si era già spogliata. Mentre si stavano baciando, senza alcuna apparente provocazione, Lee estrasse una pistola calibro 22 e sparò. La prima pallottola, attraversato il braccio destro dell'uomo, gli si conficcò nel fianco. Mentre lui cercava disperatamente di trascinarsi fuori dall'abitacolo, un secondo proiettile lo raggiunse al dorso, seguito da altri due. Mallory impiegò quindici minuti a morire in seguito a una fatale emorragia interna.

Il giorno seguente la sua auto fu ritrovata abbandonata nei pressi del viale John Anderson, a Ormond Beach. Il tenente Bonnivier si trovava di pattuglia quando, notato il veicolo, si fermò per un controllo. Ravvisate alcune tracce di sangue sullo schienale del guidatore, non trovò però alcun segno del conducente o di un eventuale passeggero. Le chiavi non erano inserite, ma, dopo attente ricerche, alcuni oggetti vennero rinvenuti poco lontano. Parzialmente seppellito nel terreno sabbioso, un portafoglio blu conteneva la patente di un certo Richard Mallory, altri documenti e due carte di credito scadute. Oltre a ciò, furono ritrovati due bicchieri di plastica e una bottiglia mezza vuota di vodka, a suggerire che la vittima non fosse sola. Oltretutto, il sedile del conducente era talmente prossimo al volante da risultare eccessivamente scomodo, per un uomo dalla sua statura, guidare in quella posizione. Si dovette però attendere il 13 dicembre perché il corpo di questi fosse ritrovato da due giovani uomini, intenti a cercare scarti di metallo, in un luogo accidentato a circa 8 chilometri dal posto in cui era stata abbandonata la vettura.

Gli agenti della contea di Volusia, che per primi arrivarono in loco, videro un cadavere ormai ridotto allo scheletro. Giaceva sotto un cartone da cui fuoriuscivano esclusivamente le dita. Interamente vestito, le tasche dei jeans apparivano rivoltate e la dentiera era posta accanto al corpo. L'investigatore Charles James Lau, allo scopo di identificare il cadavere, fece predisporre un'immediata autopsia. Quattro, le pallottole estratte dal torace. Le mani della vittima vennero tagliate e trasportate al laboratorio criminale per un esame approfondito, giacché, come spiegò Lau: "*La decomposizione, in questi casi, non permette il rilevamento delle impronte digitali*".

Nel maggio del 1990, l'omicidio di Richard Mallory era già stato dimenticato dal dipartimento della contea di Volusia. Non vi era alcuna ragione per ritenere che non si trattasse di un caso isolato.

Prevedibile, onesto e lavoratore, il quarantasettenne David Spears appariva decisamente un ottimo partito, oltre che un uomo su cui si poteva fare affidamento. Si guadagnava la vita come operaio edile e viveva a Winter Garden, vicino a Orlando. Un timido gigante di quasi due metri, ingrigito e invecchiato da una vita trascorsa all'aria aperta, che nutriva un profondo rispetto per la sua ex moglie, Dee, cui corrispondeva ogni mese una parte del proprio stipendio.

Venerdì 18 maggio 1990, David l'aveva chiamata per dirle che le avrebbe telefonato tra le 14:00 e le 14:30 del giorno successivo. Sabato 19 lasciò il lavoro alle 14:10, allontanandosi con il suo pick up color crema. Fu l'ultima volta che lo videro vivo.

Incontrata Lee Wuornos vicino al punto in cui la Statale 27 interseca la I-4, a circa 60 chilometri di distanza da Winter Garden, le offrì un passaggio. Lei gli spiegò che intendeva raggiungere Homosassa Springs e David, benché fosse distante dalla strada che lui doveva percorrere, acconsentì ad accompagnarla. Nel condurre il veicolo tra la fitta boscaglia, manifestò però un certo timore per il fatto che potessero rimanere impantanati.

Il mezzo di Spears fu ritrovato nei pressi di County Road nella contea di Marion il 20 maggio, un capello biondo sul volante e un pacchetto strappato di preservativi sul pianale. Tutti gli oggetti ch'egli aveva con sé, compresi vestiti, utensili e una statuetta in ceramica raffigurante una pantera, ch'egli intendeva regalare a Dee, erano scomparsi. La posizione avanzata del sedile del conducente portò i detective a ipotizzare, data la stazza del proprietario, la presenza di un'altra persona alla guida. Il primo giugno Mathew Coocking, superato il sito dove era dislocata la discarica illegale sulla Fling Lane, trovò, all'interno del bosco di pini e palme, il corpo senza vita di un uomo bianco.

In stato di decomposizione, giaceva nudo, a eccezione di un cappellino da baseball mimetico. Sul terreno accanto al cadavere, un preservativo usato e diverse bottiglie di birra *Busch* e *Budweiser*. Inizialmente, dato lo stato in cui versava il corpo, non fu possibile determinare l'età e la causa del decesso. Era adagiato supino, a gambe e braccia aperte. Il dottor Janet Pillow, che il 4 giugno eseguì l'autopsia sui resti, vi trovò sei proiettili calibro 22.

Come in seguito si scoprì, Lee Wuornos gli aveva portato via l'intero salario, il denaro destinato alla figlia per il diploma e una certa quantità di contante ch'egli teneva per le emergenze, nascosto sul veicolo.

Il quarantenne Charles Carskaddon, sterratore e occasionale fantino di rodeo, partito dalla casa della madre a Prairie, nel Missouri per dirigersi a Tampa, non arrivò mai dalla fidanzata Peggy. Il 6 giugno, il suo corpo fu trovato nudo con nove proiettili calibro 22 conficcati nel petto, tra la Statale 52 e la I-75, nella contea di Pascoe. Era ricoperto da erba, fogliame e da una coperta elettrica verde. La sua *Cadillac* marrone del 1975, un'auto da lui amorevolmente restaurata, fu rinvenuta il giorno successivo tra la I-75 e la Provinciale 484 nella contea di Marion. Grazie al numero di identificazione, per quanto la targa fosse stata strappata, gli agenti poterono risalire al proprietario.

La madre informò gli inquirenti che il figlio aveva con sé una pistola di acciaio blu con il manico in madreperla calibro 45, a cui, nel timore di poterla azionare per sbaglio, aveva tolto il caricatore, una coperta messicana, una pistola per stordire, un orologio, una valigetta marrone.

Indossava una t-shirt nera e stivali da cowboy grigi. Ovviamente, nulla di tutto questo fu ritrovato.

Peter Siems, 65 anni, viveva nei pressi di Jupiter, in Florida. Il mattino del 7 giugno i vicini, nel vederlo caricare sulla sua *Pontiac Sunbird* grigio metallizzata del 1988, una valigia e uno stock di bibbie, immaginarono che il calvo e occhialuto pensionato, che svolgeva a tempo perso l'attività di missionario ed era membro dell'associazione *La risposta* è *in Cristo*, stesse partendo per uno dei suoi viaggi di 'divulgazione evangelica'. Nel percorso, egli intendeva altresì far visita ai suoi parenti in Arkansas.

Il 4 luglio, una Pontiac grigia sbandò lungo la Statale 315, nei pressi di Orange Springs, sfondando la barriera in acciaio e una rete di recinzione, fino a fermarsi nella boscaglia. Il parabrezza in frantumi, l'auto parve prossima al capovolgimento, prima di riuscire ad assestarsi sulle ruote. Un fumo bianco fuoriusciva dal radiatore. Ronda a Jim Bailey, seduti in veranda a godersi la giornata di sole, assistito allo spettacolare incidente, videro due donne uscire faticosamente dal veicolo: una minuta e biondiccia (che risultò poi essere Lee Wuornos), l'altra alta e bruna (Tyria Moore). La prima, le cui braccia sanguinavano a causa di numerosi tagli, prese a gettare nella boscaglia lattine di birra, imprecando contro la silenziosa compagna. I testimoni le osservarono con stupore mentre scaricavano dall'auto un refrigeratore rosso e bianco della birra e, sempre litigando, risalivano barcollando verso la strada. Non appena vedevano una macchina avvicinarsi, si nascondevano tra gli alberi, per riemergerne solo alla scomparsa. Infine, tornarono all'auto. Quando Ronda si affrettò a offrire loro aiuto, la bionda la pregò di non chiamare la polizia, spiegandole che suo padre abitava poco lontano.

Spinta l'auto nuovamente in strada, le due donne provarono a ripartire, ma dopo pochi minuti uno dei pneumatici anteriori bucò e furono costrette ad abbandonare definitivamente il mezzo. Staccata la targa e gettatala nel bosco insieme alle chiavi, s'incamminarono. Un motociclista, pensando che potessero necessitare di aiuto, si fermò, offrendo loro assistenza. Ma, quando Lee gli chiese un passaggio, nel notare com'ella fosse non solo ferita, ma anche terribilmente ubriaca, decise di rifiutare. Allontanatosi, allertò immediatamente i vigili del fuoco. Due veicoli di emergenza furono inviati sul posto, ma, al loro arrivo, Lee Wuornos negò di avere qualcosa a che fare con il veicolo abbandonato sulla strada: *"Non so nulla di quell'incidente!"*, affermò, *"Vorrei che la gente smettesse di mentire e ci lasciasse in pace!"*

Alle 21:44 l'agente Rickey, risposto a una chiamata di emergenza, trovò la macchina, ma dovettero trascorrere due mesi prima che il luogo esatto dell'incidente fosse scoperto e la testimonianza dei coniugi Bailey ascoltata. Dal numero di identificazione fu accertata l'appartenenza del veicolo a Peter Siems e all'interno furono rinvenute tracce di sangue. Tra gli oggetti estratti dall'abitacolo i poliziotti trovarono lattine di birra *Busch* e *Budweiser* oltre a mozziconi di sigarette *Malboro*.

Sotto il sedile anteriore del passeggero fu inoltre rinvenuta una bottiglia di spray per la pulizia del vetro *Windex* con tanto di etichetta del prezzo. Grazie a quest'ultima fu possibile risalire al negozio in cui era stata venduta, situato ad Atlanta, in Georgia.

Nel frattempo i disegnatori della polizia avevano completato l'identikit delle donne, in base a quanto descritto dai testimoni dell'incidente. Armati di tale schizzo e della bottiglia di *Windex*, i detective si recarono ad Atlanta per interrogare il proprietario della drogheria *Eckerd*. Questi, spiegando come raramente entrassero nel negozio, dislocato in una zona a predominanza nera, clienti di razza bianca nelle ore notturne, ammise di ricordare l'arrivo delle due ragazze, nella notte di venerdì. Acquistarono, a quanto lui si ricordava, dei cosmetici e un pacchetto di preservativi *Trojan*, la stessa marca rinvenuta accanto al corpo di Spears e all'interno del suo veicolo.

Peter Siems e la moglie erano missionari. Non bevevano, né fumavano e i loro parenti asserirono che mai, per alcuna ragione, si erano recati ad Atlanta. John Wisnieski, della polizia di Jupiter, stava lavorando al caso dal giorno in cui era stata denunciata la scomparsa dell'uomo. Un messaggio contenente la descrizione delle donne venne da lui inviato in tutta la nazione per telescrivente e un rapporto dettagliato del caso venne spedito al bollettino delle attività criminali della Florida. Poi il detective, niente affatto ottimista, si mise in attesa. Sapeva che le probabilità di ritrovare Siems vivo erano pressoché nulle. Per quanto il suo corpo non fosse ancora stato rinvenuto, le sue carte di credito risultavano inutilizzate e nessun prelievo era stato fatto dal suo conto.

Eugene Troy Burress celebrò il suo cinquantesimo compleanno nel gennaio del 1990. Simpatico e loquace, era impiegato come commesso all'interno della compagnia *Gilchrist Sausage* a Ocala, luogo di villeggiatura dislocato nella Florida settentrionale, dove viveva. Oltre a ciò, era direttore di una propria compagnia: la *Troy's Pool*, a Boca Ranton. Il 30 luglio 1988, Burress partì per un viaggio d'affari, che lo avrebbe condotto da diversi clienti nella zona centrale del paese. Inconsapevole che quello fosse il 'regno omicida di

Lee Wuornos', aveva pianificato, come ultima fermata, Salt Springs, nella contea di Marion. Non vi arrivò mai.

Non avendo ricevuto il rapporto sull'ultimo cliente, la responsabile dell'ufficio, Jonnie Mae Thompson, chiamò Salt Springs scoprendo che Burress non vi era mai giunto. Alle 2:00 la moglie ne segnalò la scomparsa. La risposta fu, purtroppo, drammaticamente rapida. Due ore dopo la denuncia, gli agenti della contea di Marion trovarono l'auto della società di Burress, ben riconoscibile grazie al grande frigorifero bianco e al logo della ditta stampato sul fianco, una trentina di chilometri a est di Ocala. Il veicolo era chiuso e non vi era alcun segno del conducente. Cinque giorni dopo una famiglia, intenta a godersi un picnic in una radura, ebbe l'amara sorpresa di trovarsi innanzi il corpo senza vita di un uomo, a circa tredici chilometri dal luogo in cui era stato rinvenuto il furgone. Il caldo e l'umidità della zona ne avevano accelerato la decomposizione, impedendo l'identificazione del cadavere. Fu la moglie a riconoscerne la fede nuziale che portava al dito. Il decesso era stato provocato da due colpi di arma da fuoco calibro 22. Un blocco di appunti, su cui erano segnati dettagli della consegna e ricevute fu ritrovato accanto al corpo, ma l'incasso della compagnia era svanito.

Dick Humphreys, di Crystal River, non tornò a casa dal suo ultimo giorno di lavoro alla sede di Sumterville del Dipartimento di Salute e Riabilitazione della Florida. Investigatore specializzato nella protezione di bambini sottoposti a maltrattamenti e abusi, aveva lavorato a lungo come comandante di polizia in Alabama e doveva trasferirsi, il giorno successivo, all'ufficio di Ocala.

L'11 settembre 1990, scomparve dopo aver dato un passaggio a un'autostoppista bionda. La sera seguente il suo corpo fu ritrovato poco lontano dalla County Road, nella contea di Marion. A ucciderlo, sette colpi di pistola calibro 22. Ovviamente, erano spariti denaro e valigetta.

La sua auto fu rinvenuta il 19 settembre, un centinaio di chilometri più a nord. La targa, le chiavi e un grande adesivo giallo con la scritta *Highway Patrol Association* erano stati rimossi. Durante le ricerche di indizi all'interno del veicolo, parve evidente che tutto ciò che era appartenuto a Dick Humphreys era stato defraudato:

documenti, paletta per togliere il ghiaccio, cartine stradali, fogli di lavoro, perfino la sua pipa preferita. Sotto il sedile del passeggero, una lattina di birra *Budweiser*.

Un'esame maggiormente approfondito rivelò lo scontrino di un magazzino *EMRO* di Wildwood, rilasciato alle 16:19 dell'11 settembre 1990, giorno della scomparsa di Dick, per l'acquisto di alcolici.

Il rivenditore identificò, senza ombra di dubbio, gli identikit di Lee Wuornos e Tyra Moore, ch'egli aveva ritenuto, dato il linguaggio usato, due prostitute. Quando lasciarono il negozio, ritenendo che non le avrebbe più viste in zona, non si era preso la briga di chiamare la polizia, come invece avrebbe dovuto fare, dal momento che la prostituzione nelle aree di servizio di tutto il paese era proibita. Alcuni effetti personali, tra cui la pipa, furono ritrovati a distanza di un mese nella boscaglia che delimitava la Boggy Marsch Road, nella contea meridionale di Lake e riconsegnati alla vedova.

A partire da quel momento, diversi agenti, nell'investigare sui vari delitti, avevano cominciato a vedervi dei collegamenti. I detective delle contee di Marion e Citros si soffermarono, in particolare, sulle somiglianze dei delitti Spears e Burress. Letto il bollettino del Dipartimento di Applicazione della Legge della Florida, si rivolsero a Tom Muck, della contea di Pascoe, intuendo come anche la vittima di cui quegli si stava occupando potesse essere correlata ai loro casi. Emerse così la terrificante ipotesi di un nuovo serial killer in azione.

I delitti mostravano diversi elementi significativamente simili, incluso il fatto che le vittime, tutti uomini di una certa età, fossero stati derubati e due di loro avevano perfino le tasche rovesciate. Tutti e tre erano stati uccisi da proiettili calibro 22, rivestiti di rame. Inoltre, quando gli agenti condivisero le informazioni e gli identikit tracciati grazie alla presenza di alcuni testimoni, altre correlazioni li indussero a cercare la stessa donna. Se questa lavorava sola, giacché non si avevano testimonianze della presenza di un complice uomo, era probabile utilizzasse un'arma piccola e maneggevole. Il capitano Steve Binegar, comandante della Divisione Criminale di Polizia della contea di Marion, era altresì al corrente degli omicidi perpetrati nelle contee di Paulus e Citrus.

Trasferito nel carcere della contea di Tallahassee, aveva cominciato a formulare una teoria ben precisa. Il suo primo incarico consistette nel costituire un'unità operativa ove far confluire i rappresentanti delle contee in cui i corpi delle vittime erano stati ritrovati: "*Di questi tempi, nessuno si ferma più per dare un passaggio agli autostoppisti*", spiegò Binegar, "*quindi colei che mette in pratica tali delitti deve necessariamente apparire, alle inconsapevoli vittime, innocua! Quando ho scoperto che due donne si erano allontanate dall'auto di Peter Siems, ho cominciato a indagare sulla marca Trojan di preservativi ivi rinvenuti. Non appena il proprietario dell'area di servizio di Atlanta affermò che le due donne erano chiaramente delle prostitute, ho ordinato ai miei uomini di fare ricerche in quell'ambiente*".

Binegar decise anche di rivolgersi alla stampa: alla fine di novembre, l'agenzia *Reuter* – e di conseguenza tutti i giornali della Florida diffusero un articolo dettagliato sugli omicidi, pubblicando anche l'identikit delle donne ricercate.

Il sessantenne Walter Antonio, di Cocoa, stava guidando verso l'Alabama, ove intendeva procurarsi un impiego. Portava al dito un anello in oro e argento con diamante donatogli dalla fidanzata. Il 18 novembre, la polizia rinvenne il corpo di un uomo, nudo a eccezione di un paio di calzini, nella contea di Dixie. Quattro i colpi d'arma da fuoco, calibro 22, che lo avevano ucciso.

La sua *Pontiac* marrone fu ritrovata in una zona boschiva nella contea di Brevard. Targa e chiavi non erano sull'auto e, come nel caso Humphrey, la targa era stata rimossa. Della carta era stata incollata sul numero di identificazione del mezzo e lattine di birra *Budweiser* furono trovate all'interno del veicolo, ripulite da eventuali impronte digitali. I detective appresero che Walter Antonio aveva l'abitudine di appuntarsi tutti i rifornimenti di carburante fatti e di tenere gli scontrini delle stazioni di servizio, su cui annotava il chilometraggio. Tale comportamento permise loro di scoprire che il veicolo aveva percorso, a partire dalla sua scomparsa, oltre 1.600 chilometri. Gli oggetti ch'egli avrebbe dovuto avere nell'auto, tra cui un paio di manette, il distintivo *reserve deputy*, il manganello della polizia, un orologio da polso *Timex*, una valigetta e un cappellino da baseball, erano ovviamente scomparsi. La carta di identità e i vestiti erano disseminati nella boscaglia della contea di Taylor, 60 chilometri a nord dal luogo in cui era stato rinvenuto il corpo. Altri effetti personali non furono mai ritrovati.

In poco più di un anno, Lee Wuornos aveva lasciato dietro di sé, in numerose contee della Florida centrale, una lunga scia di cadaveri. In seguito alla pubblicazione dell'appello di Binegar sui principali giornali del paese, le telefonate non si fecero attendere e, già intorno alla metà del dicembre del 1990, i detective possedevano un certo numero di importanti indizi che coinvolgevano le due sospettate. Un uomo da Homosassa Springs, località in cui la Wuornos aveva chiesto un passaggio a David Spiers, testimoniò che due donne, corrispondenti alla descrizione, avevano noleggiato una casa mobile da lui circa un anno prima. Dopo accurate ricerche nei suoi registri emersero i nomi di Tyria Moore e Lee Wuornos.

A Tampa, un altro testimone asserì che due donne avevano lavorato al suo motel a sud di Ocala, vicino al luogo in cui era stato assassinato Troy Burress. Le due, i cui nomi erano Tyria Moore e Susan Blahovec, le avevano detto di aver noleggiato una casa mobile a Homosassa Springs. L'informatore si sovvenne inoltre di un particolare: la bionda, Blahovec, aveva una forte influenza sull'altra e a prima vista pareva una prostituta da aree di servizio. Le due, disse inoltre, erano chiaramente lesbiche.

Nel frattempo, l'identikit pubblicato sui media riportante il volto di una bionda con labbra carnose e capelli setosi e della sua compagna mora, dal volto a luna piena seminascosto da un cappellino da baseball, stava cominciando a perseguitare, giorno e notte, la giovane amante di Lee. Con la scusa di tornare a casa per trascorrervi il giorno di ringraziamento, Tyria, sconvolta dalla possibilità che colei che tanto amava potesse essere la temibile serial killer ricercata dalla polizia, decise così di partire da Daytona Beach.

La svolta per la polizia giunse da Port Orange, Daytona. Le autorità locali, seguite le tracce delle due donne, furono capaci di fornire un dettagliato rapporto dei loro movimenti dalla fine di settembre a metà dicembre. Soggiornato all'*Hotel Fairview*, in Harbour Oaks, dove la Blahovec si registrò con il nome di Cammie Marsh Greene, trascorsero poi qualche tempo in un piccolo appartamento, dietro a un ristorante nei pressi di Fairview, per poi tornare al motel. Infine la Wuornos – alias Blahovec, alias Greene vi era tornata da sola e vi era rimasta fino al 10 dicembre. Una verifica nazionale fatta negli archivi computerizzati della polizia permise di ottenere patente di guida e informazioni sulla fedina penale di Tyria Moore, Susan Blahovic e Cammie Greene: in merito alla prima non fu trovata alcuna informazione rilevante, ad eccezione di alcune accuse, lasciate però cadere nel 1983; sulla seconda vi era unicamente un arresto per violazione della proprietà privata, mentre sulla terza nulla lasciava intendere si trattasse di una criminale. Eppure, fu proprio grazie all'identità di quest'ultima che si ottennerò alcuni risultati: durante una serie di controlli presso le agenzie di pegno della zona, si scoprì che Cammie Marsh Green aveva impegnato una telecamera *Minolta* con obiettivo 35 mm e un'apparecchiatura radar (entrambe dello stesso tipo di quelle appartenute a Richard Mallory) in un negozio di Daytona Beach. Seguendo la prassi delle agenzie, la Green aveva firmato la ricevuta di consegna, ottenendo in cambio 30 dollari, mostrando la patente e lasciando la propria impronta digitale. Pochi erano coloro che possedevano una tale apparecchiatura, per cui quella coincidenza non poté che attirare l'attenzione degli agenti. Alla polizia sfuggì però un secondo collegamento: a Ormond Beach, la stessa Green aveva impegnato un set di attrezzi che corrispondeva alla descrizione di quanto sottratto dall'auto di David Spears.

L'impronta digitale si rivelò a ogni modo fondamentale allo sviluppo delle indagini: per quanto Jenny Ahearn, del *FDLE* (*Florida Department of Law Enforcement*) specializzato nell'identificazione computerizzata delle impronte digitali, ebbe inizialmente difficoltà a trovare qualcosa in merito, quando si recò nella contea di Volusia per effettuare una ricerca più approfondita, riuscì a ottenere l'informazione cercata; l'impronta digitale in suo possesso non solo collimava con quella di una certa Lori K. Grody, su cui pendeva un mandato di arresto, ma corrispondeva a quelle ritrovate nel veicolo di Peter Siems. Inviate tali informazioni al Centro Nazionale di Informazione Criminale, illuminanti risposte pervennero dal Michigan, dal Colorado e dalla Florida: tutte confermavano che Lori

K. Grody, Susan Blahovic e Cammy Marsh Greene non erano altro che alias di un'unica persona, Aileen Carol Wuornos.

Cammuffati da motociclisti, due agenti sotto copertura, Mike Joyner e Dick Martin, individuata Lee Wuornos alle 21:19 dell'8 gennaio 1991, la misero sotto stretta sorveglianza. Stava bevendo un drink al *Port Orange*, poco lontano dal suo bar preferito, il *The Last Resort*, uno dei locali più frequentati dalle bande di motociclisti.

Improvvisamente, con grande sconcerto dei due detective, un paio di poliziotti in uniforme, addentratisi nel bar, ne uscirono trascinandosi dietro proprio la persona da loro sorvegliata. Chiamato il quartier generale in cui gli investigatori di sei diverse giurisdizioni erano riuniti nell'intento di risolvere, una volta per tutte, quei casi di omicidi che imperversavano nelle loro contee, questi, accertata non vi fosse stata una fuga di notizie, risolsero di chiamare il comando locale per avvertirli dell'operazione in corso, scongiurando così un nuovo intempestivo intervento delle autorità locali. Avvertiti immediatamente, i due agenti si allontanarono, permettendo a Lee Wuornos di rientrare indisturbata nel locale. I due detective sotto copertura riuscirono a imbastire con lei un'amichevole conversazione, offrendole due birre.

Alle 22:00, la Wuornos si allontanò, rifiutando la loro offerta di un passaggio. Ancora una volta, l'operazione rischiò di saltare a causa di due ufficiali del *FDLE*, i quali rallentarono per seguire Lee a luci spente, mentr'ella scendeva lungo viale Ridgewood. Un ordine via radio li fece allontanare prima che la situazione potesse degenerare, permettendo alla sorvegliata di raggiungere il *The Last Resort*. Fu lì che Joyner e Martin la incontrarono nuovamente, bevendo e conversando fino circa a mezzanotte, prima che lei si allontanasse.

Pur avendo pianificato la sorveglianza per tutto il giorno successivo, il piano dovette subire dei mutamenti a causa di una festa di motociclisti, che si sarebbe tenuta quella sera nel locale. Nel timore di poterla perdere di vista, giacché un casco sarebbe stato sufficiente, dato il contesto, a permetterle di dileguarsi indisturbata nella folla, fu deciso di procedere al più presto al suo arresto. I due agenti, fingendosi possibili clienti, la invitarono pertanto a usare la loro stanza d'albergo per darsi una ripulita prima della festa e Lee, seppur inizialmente riluttante, acconsentì. Non appena usciti dal bar, Larry Horzepa dell'ufficio dello sceriffo della contea di Marion, le si avvicinò, annunciandole il suo arresto sulla base del mandato di cattura emesso a nome di Lori Grody: la motivazione era quella di possesso illegale di armi e mai si fece cenno agli omicidi, una precauzione necessaria, dal momento che non solo non era stata trovata l'arma dei delitti, ma Tyria Moore sembrava scomparsa. La compagna di Lee fu rintracciata il 10 gennaio, a Pittson in Pennsylvania, presso la sorella. Jerry Thompson della contea di Citrus e Bruce Munster di Marion volarono a Scranton per interrogarla. Seppur informata dei suoi diritti, non le fu formalizzata alcuna accusa. Semplicemente, accertatisi fosse consapevole del significato del termine 'spergiuro', le fecero prestare giuramento. Tyria affermò che aveva sospettato degli omicidi dal momento in cui Lee, tornata a casa con l'auto di Mallory, aveva iniziato a confidarle quanto commesso. Interrompendone il racconto, Tyria l'aveva consigliata di non dire altro: *"Le dissi che non volevo sapere e successivamente, quando iniziava un discorso sulle auto rubate, feci altrettanto"*.

Nonostante i sospetti, Tyria preferiva conoscere il meno possibile degli affari della compagna. Del resto, più avesse saputo, più sarebbe stata tentata di consegnare l'amica alla polizia, cosa che non voleva fare: *"Ero spaventata"*, confessò, *"mi ripeteva che non mi avrebbe mai fatto del male, ma non riuscivo a fidarmi totalmente di lei..."*.

Il giorno successivo, la Moore accompagnò i due investigatori in Florida, per assisterli nel proseguo delle indagini. Una confessione di Lee avrebbe significato la sua definitiva condanna e, sul volo del rientro, i due agenti spiegarono a Tyria come intendevano ottenerla. Alloggiatola in un hotel di Daytona, l'avrebbero messa in contatto con Lee dal carcere, a cui avrebbe dovuto dire di essere tornata per recuperare i suoi effetti personali. Ovviamente la loro conversazione sarebbe stata registrata. Informatala che la polizia stava tenendo la sua famiglia sotto torchio, Tyria doveva inoltre dirle di temere che gli omicidi perpetrati in Florida potessero essere erroneamente attribuiti a lei. Munster e Thompson speravano che, per lealtà verso Tyria, Lee avrebbe confessato.

Inizialmente, nel ritenere di essere in carcere per la violazione commessa a nome di Lori Grody, quando Tyria le espresse telefonicamente le sue preoccupazioni, Lee si limitò a rassicurarla: *"Sono qui solo per detenzione illecita di armi, un'accusa che risale al 1986"*, affermò.

Poi, consapevole che i telefoni del carcere potevano essere controllati, aggiunse: *"Ho letto i giornali. Non sono tra i sospettati per quei casi di omicidio. Forse, qualcuno dell'albergo dove lavoravi ha detto qualcosa a proposito di una somiglianza... ma si tratta sicuramente di un errore di identità!"*

Le telefonate proseguirono per tre giorni. Tyria Moore, su istigazione dei detective, divenne sempre più insistente sul fatto che la polizia la stesse cercando e parve chiaro che Lee cominciasse a sospettare qualcosa del suo tentativo di farla parlare. Nel timore che la loro conversazione non fosse affatto privata, arrivò perfino a chiederle apertamente se ci fosse qualcuno accanto a lei. Poi, con il trascorrere del tempo, la sua preoccupazione parve incrementarsi: qualsiasi cosa sarebbe successa, non intendeva permettere che Tyria affondasse con lei: *"Va da loro e chiedigli apertamente cosa vogliono! Io ti coprirò, perché tu sei innocente. Non permetterò che ti rinchiudano in una prigione. Se necessario, confesserò"*.

Così fece, la mattina del 16 gennaio.

Durante la sua ammissione di colpevolezza, ripeté più volte che l'amica non era in alcun modo coinvolta negli omicidi e che non aveva alcuna responsabilità in merito alla sua condotta criminale. Inoltre, affermò che in tutti quei casi di omicidio contestatigli, si era trattato di legittima difesa: le vittime avevano sempre cercato di aggredirla e violentarla. Nel procedere nel racconto, la sua storia sembrava evolversi ed acquisire vita propria. Se riteneva di aver detto qualcosa di particolarmente incriminante, tornava indietro e riprendeva il racconto, ritoccando i dettagli per adattarli a una versione a lei più favorevole. Asserendo di essere stata stuprata innumerevoli volte in passato, sosteneva che non poteva più permettere ad alcuno di farlo: così quando un uomo diveniva aggressivo nei suoi confronti, lei, terrorizzata, lo uccideva. Più volte il suo legale, Michael O'Neill, le consigliò di tacere, fino a gridarle, esasperato: *"Ma hai capito che questi ragazzi sono poliziotti?!"*

"Lo so. Vogliono impiccarmi. Beh, forse lo merito. Voglio solo farla finita!"

La notizia che la polizia aveva arrestato la donna colpevole degli omicidi, ottenendone la confessione, fu presto di pubblico dominio e una valanga di proposte di libri e film venne presentata non solo ai detective che avevano risolto il caso, ma altresì ai familiari delle vittime. Perfino Lee, inconsapevole che la Florida avesse promulgato una legge per impedire ai criminali di trarre profitto dai propri delitti, sembrò pensare di poter fare una sacco di soldi con la sua storia: i giornali le dedicavano ampi articoli, rendendola famosa. Raccontava la vicenda a tutti coloro che si degnavano di ascoltarla, compresi i secondini del carcere, e ogni volta ne mutava i dettagli in modo da mettere se stessa in una luce migliore.

Il 28 gennaio 1991, Lee Wuornos fu imputata per l'omicidio premeditato di Richard Mallory. A febbraio inoltrato fu accusata degli omicidi di David Spears, nella contea di Citrus, e di Charles Humphreys e Troy Burress in quella di Marion. Il suo avvocato tentò un patteggiamento, secondo cui la donna si sarebbe dichiarata colpevole delle sei imputazioni ottenendo, per ciascuna di esse, l'ergastolo. Ma i sostenitori dell'accusa rimasero irremovibili: nessuna clemenza, Lee Wuornos meritava la pena capitale.

Il 14 gennaio 1992, ebbe inizio il processo per l'assassinio di Richard Mallory. Le prove e le dichiarazioni dei testimoni non lasciavano molti dubbi sulla colpevolezza dell'imputata. La stessa Tyria Moore affermò che Lee non pareva affatto sconvolta, né ubriaca nel raccontarle l'accaduto e, a peggiorare ulteriormente la sua posizione, contribuì l'intervento del coroner che asserì come Mallory, prima di morire, avesse agonizzato dai dieci ai venti minuti. Inoltre, in Florida vigeva la 'Legge Williams', secondo cui in un processo potevano essere utilizzate, se in qualche modo correlate al caso in questione, le prove di altri crimini. Innanzi alla presenza di altri cinque reati simili attribuiti alla Wuornos, la sua tesi di legittima difesa a un tentato stupro da parte della vittima perse credibilità, fino a rasentare il ridicolo allorché la giuria ascoltò alcuni estratti della confessione dell'imputata. In questi, essa appariva tutt'altro che pentita da quanto perpetrato e rassicurava il suo avvocato con le seguenti parole: *"Ho ucciso... e ora voglio dare la mia vita in cambio... merito di morire!"*

Tricia Jenkins, uno dei suoi avvocati difensori, le disse che non avrebbe dovuto testimoniare, ma la Wuornos insistette per raccontare la propria versione dei fatti. Affermò quanto già sostenuto nella confessione: Mallory l'aveva stuprata, sodomizzata e torturata. Durante il controinterrogatorio, però, il Pubblico Ministero John Tanner distrusse ogni frammento di credibilità rimastole, portando alla luce bugie e contraddizioni. Innanzi all'insistenza del suo avvocato, che le suggeriva di non rispondere, Lee, sempre più inquieta e furiosa, invocò per ben venticinque volte il suo diritto al Quinto Emendamento contro l'auto-incriminazione. Come unica testimone della difesa, parve chiaro a tutti, non appena cessò di rispondere alle domande, quale sarebbe stata la sua sorte. Quando il magistrato Urile Blount Jr. congedò i giurati affinché raggiungessero il verdetto, questi rientrarono dopo soli 91 minuti. Pamela Mills, insegnante, consegnò la sentenza all'ufficiale giudiziario che a sua volta la passò al giudice. Questa la decisione della giuria: *"Noi troviamo Aileen Wuornos colpevole di omicidio premeditato di primo grado"*.

Non appena il verdetto fu pronunciato, Lee esplose in grida rabbiose: *"Sono innocente! Sono stata stuprata! Spero accada la stessa cosa anche a voi! Maledetti!"*

Tale accesso d'ira era ancora impresso nella mente dei giurati allorché, il giorno successivo, ebbe inizio la fase penale del processo. Alcuni esperti furono chiamati a testimoniare per la difesa, allo scopo di convincere la giuria che la Wuornos, a causa di un'infanzia particolarmente travagliata, era mentalmente instabile. Il modo in cui era stata cresciuta ne aveva impedito il pieno sviluppo delle facoltà mentali, causando un profondo disturbo della sua personalità. La Jenkins, con voce lacrimevole, pregò la giuria di risparmiare la vita alla sua cliente. Ma, i giudici, che non potevano tralasciare l'atteggiamento rabbioso e, nel contempo, totalmente indifferente verso la vittima che Lee Wuornos aveva adottato nell'esporre i fatti, con verdetto unanime chiesero al giudice Blount di condannarla alla sedia elettrica.

Il 31 gennaio, con le seguenti parole, questi confermò la sentenza: *"Aileen Carol Wuornos, condotta innanzi a questa corte dai suoi avvocati William Miller, Tricia Jenkins e Billy Nolas, sei stata riconosciuta colpevole, nonostante tu abbia avuto la possibilità di difenderti e presentare attenuanti in tuo favore, per il capo d'accusa numero 1: omicidio premeditato di primo grado, ai danni di Richard Mallory, ovvero di un reato capitale e per il capo d'accusa numero 2: rapina a mano armata. La corte ha pertanto stabilito che tu, Aileen Carol Wuornos sarai condotta all'Istituto Correzionale dello Stato della Florida, ove sarai tenuta in detenzione finché, con il mandato del Governatore dello Stato, sarai giustiziata sulla sedia elettrica. Possa Dio avere pietà della tua salma"*.

Non appena il giudice sussurrò queste parole, un brusio collettivo si levò nell'aula: aveva realmente detto salma? Non avrebbe dovuto pronunciare la parola 'anima' come era prassi in questi casi? Tale particolare rendeva palese la considerazione che Blount nutriva per l'imputata.

Aileen Wuornos non prese parte a ulteriori processi: il 31 marzo decise di non presentare una difesa per gli omicidi di Dick Humphreys, Troy Burress e David Spears, asserendo che si sarebbe giustificata davanti al Creatore. In un'incoerente dichiarazione alla corte, affermò: *"Richard Mallory mi aveva stuprato, ma gli altri avevano solo tentato di farlo"*.

Poi terminò il suo monologo sibilando all'assistente del procuratore: *"Spero che un giorno sua moglie e i suoi figli subiscano la stessa sorte!"*

Il 15 maggio, quando il giudice Thomas Sawaya le lesse altre tre sentenze capitali, con un gesto osceno, si limitò a sussurrare volgarità. Per un certo periodo sembrò esserci la possibilità che Lee potesse chiedere un nuovo processo per il caso Mallory. Emerso che quest'ultimo aveva trascorso dieci anni in prigione per violenza sessuale, gli avvocati ritenevano che la giuria, se messa al corrente di tale rilevante informazione, avrebbe potuto agire diversamente. Dal momento però che l'imputata era stata nel frattempo condannata ad altre cinque sentenze capitali, il nuovo procedimento non avrebbe avuto alcun senso.

Aileen Carol Wuornos trascorse diversi anni nel braccio della morte con volti che risultano familiari agli studenti di criminologia.

Judias *Judy* Buenonano, 48 anni, conosciuta come la 'vedova nera', vi è rinchiusa dal 1985. Processata per aver avvelenato il marito, affogato il figlio e fatto saltare in aria l'automobile del fidanzato, era diventata famosa come la prima donna condannata alla sedia elettrica in Florida.

Deidre Hunt fu spedita nel braccio della morte nel 1993, ma la sua sentenza è stata commutata all'ergastolo. Stessa sorte è toccata ad Andrea Hicks Jackson, condannata alla pena capitale per aver sparato a un poliziotto nel 1983. Entrambe non vivono più in quella sezione. Virginia Gail Larzelere, 49 anni, ha invece assassinato il marito a Edgewater, l'8 marzo 1991, mentre Ana Cardona, 40 anni, ha seviziato e ucciso il figlioletto di tre anni. Nel momento in cui mi accinsi a scrivere questo libro, Aileen Wuornos aveva 46 anni, ma ne dimostrava almeno dieci di più. Settanta chili distribuiti in un metro e sessanta di altezza e caratteristici capelli ramati ad incorniciarle il volto, aveva gli occhi costantemente iniettati di sangue. Il suo viso, un tempo grazioso, appariva segnato dal trascorrere degli anni e dalle avversità che la vita le aveva riservato. Una cicatrice era scalfita tra i suoi occhi e lievi segni di ustione le si evidenziavano sulla fronte. Le pareti della sua cella, due metri per tre, apparivano di un rosa opaco. A sua disposizione, una piccola televisione in bianco e nero, uno scaffale marrone, un armadietto che fungeva anche da tavolino, una sedia e, ai piedi del letto, un piccolo armadio contenente i suoi pochi averi. Il tutto doveva essere rigorosamente aperto durante l'ispezione quotidiana, che poteva avvenire tra le 9:00 e le 11:00. L'unica visione che Lee aveva del mondo esterno era quella di un'area di parcheggio e di un'alta recinzione ricoperta da filo spinato. Una porta di metallo dotata di una piccola botola la separava dal resto del blocco. Il costo dello stato per il suo mantenimento ammontava a 72 dollari al giorno.

Nel descrivere la propria routine quotidiana, Lee affermò: *"Il cibo non è male: riceviamo tre pasti al giorno, alle 5:00, dalle 10:30 alle 11:00 e dalle 16:00 alle 16:30. Lo cucinano direttamente all'interno del penitenziario e per mangiare abbiamo a disposizione piatti e cucchiai. Posso farmi la doccia tutti i giorni. Ogni ora devono contarci, per verificare che non ci siano eventuali evasioni e ovunque andiamo, a ecce-*

zione dei momenti in cui facciamo la doccia e gli esercizi fisici in cortile, dobbiamo portare le manette. Per lo più, resto chiusa nella mia cella, evitando la sala comune. Preferisco la solitudine, anche se nell'ora d'aria chiacchiero con le altre detenute".

All'interno del braccio, Lee impiegava il suo tempo in letture spirituali e scrivendo lunghe lettere alla madre. Il suo stile di vita si presentava spartano e ripetitivo: un indistinguibile susseguirsi di giorni e anni, senza che alcun evento ne sconvolgesse la monotonia. Consapevole che undici anni è la lunghezza media che un detenuto trascorreva nel Braccio della morte prima di essere giustiziato, Lee pareva altrettanto conscia del fatto che, per lei, la morte non poteva che essere un'esperienza dolorosa. Eppure, non si mostrava affatto spaventata: "*La morte non mi incute alcun timore. Dio sarà accanto a me, mi porterà con Lui quando lascerò questo mondo. Ne sono sicura. Sono stata perdonata e sto vivendo nel nome di Gesù*".

Lee Wuornos infestava le autostrade della Florida come un ragno infierisce su coloro che malauguratamente cadono nella sua tela. Allorché chiedeva un passaggio, non pareva affatto pericolosa. Come lei stessa mi spiegò: "*Tu vuoi la verità e io ti dirò come andarono realmente le cose. Ti ho detto che mi spostavo in continuazione e per lo più chiedevo dei passaggi. Ci sono migliaia di ragazzi e donne fuori di qui che potrebbero garantirti di avermi dato un passaggio senza che facessi loro alcun male. Semplicemente, non mi hanno mai importunata. Non sono una cattiva persona, ma quando bevo perdo il controllo. Se sono ubriaca è meglio non provocarmi. Questa è la verità. Ormai non ho più niente da perdere!*"

Allorché gli domandai chi iniziava a parlare di sesso durante quei passaggi, asserì: "*Ero sempre a corto di denaro, per cui talvolta mi offrivo io a loro. Mallory pretendeva di fottermi subito. Era una carogna e non faceva altro che dire volgarità! Aveva bevuto, gli sparai e lo guardai morire. Spears, al contrario, sembrava un uomo gentile. Voleva una scopata veloce. Comprò qualche birra e mi propose di fare sesso... e non puoi sapere del terzo! Perché pensi fosse svestito? Apri gli occhi! Anche lui voleva la stessa cosa. Domandati cosa sarebbe successo se non mi avesse chiesto di scopare! E i poliziotti non hanno detto nulla degli altri... non hanno neppure trovato il novizio. Già, vedi di capire che gli uomini non* *si spogliano se non vogliono fare sesso. L'ultimo... non ricordo il suo nome (*Walter Antonio*) era... Gesù Cristo... pure fidanzato. Beh io credo che le loro famiglie debbano sapere che, per quanto potessero amare questi uomini, loro erano persone cattive e volevano farmi del male. Suppongo mi riterrai una persona disgustosa, vero?".*

Molti assassini sono abili nel descrivere i loro delitti e Lee Wuornos si è mostrata più esperta di altri, dal momento che non ha fatto altro che ripetere continuamente la propria versione, arricchendola di sempre nuovi particolari. Un unico aspetto delle sue storie permaneva immutato: le sue vittime volevano fare sesso e, se anche non l'avevano stuprata, era chiaramente quella la loro intenzione. Questa la ragione per cui lei li aveva uccisi, eliminandoli con la stessa pietà che avrebbe riservato a una mosca.

"Devi capire... Io non sono cattiva come può sembrare. Sono stata con centinaia di uomini e non li ho certo uccisi tutti. Al contrario, avevo bisogno di soldi e loro non hanno abusato di me. Dunque non avevo alcun motivo di far loro del male. Poi sono arrivati questi sudici individui di mezza età! Cos'altro potevo fare? È *stata tutta colpa loro e questa* è *la verità!"*

Non avendo mai trovato il corpo di Peter Siems, gli inquirenti le domandarono dove fosse nascosto: *"Non posso certo ricordare i loro nomi, né i loro volti, dunque non mi seccate. Come diavolo posso ricordare dove sia? Ma potete essere certi ch'egli sia inequivocabilmente estinto".*

Alla domanda se il nonno avesse abusato sessualmente di lei, Lee rispose: *"In questi anni ho sempre dato risposte diverse a questo, ma quella vera* è: *sì, lo ha fatto. Ho perso la mia verginità all'età di sette anni. Mi toccava sempre, mi stuprava e poi mi dava un sacco di soldi per comprare il mio silenzio. Anche quando mi picchiava a sangue, mi spogliava sempre... non credo che questo fosse normale. Lui mi ha reso quella che sono, costringendomi a odiare gli uomini come lui, sporchi, dozzinali, bastardi! Guardami... non posso fare a meno di tremare nel ripensare a quei giorni. Per fortuna sono finiti. Ok, Christopher? Vedi, sto già perdendo il controllo e non* è *un bene che questo accada proprio ora!"*

Conoscendo l'enormità dei crimini commessi dalla Wuornos, saebbe facile seguire la linea generale di pensiero e classificarla semplicemente come l'ennesima serial killer. Lee Wuornos emerge non solo in virtù del proprio sesso (giacché poche sono le donne che si dedicano a delitti seriali), ma anche per la sua scarsa considerazione verso quelle qualità compassionevoli che ad esso dovrebbero essere correlate, al punto da rendere il genere femminile maggiormente restio all'atto omicida e, soprattutto, alla reiterazione volontaria di tale crimine. La sua totale indifferenza verso la sofferenza delle proprie vittime e l'entusiasmo con cui ha caldeggiato il potere insito nell'atto di carpire l'altrui vita, ha portato Lee Wuornos, da vittima, a divenire carnefice.

Per quanto affetta da un disordine della personalità, tale patologia induce raramente all'omicidio, soprattutto nelle donne. Ancora più insoliti sono i casi di prostitute, solitamente vittime della violenza maschile, che uccidono nell'atto di vendere il proprio corpo. Lee Wuornos può dunque essere definita 'unica nel suo genere' e, come tale, il caso va esaminato con la dovuta attenzione.

La sua vita, priva di radici e costellata di alcol e solitudine, è stata per lo più trascorsa ai margini delle autostrade della Florida, ove ciondolava al fianco dei numerosi motociclisti di passaggio e ricercava amore e gratificazione dall'unico rapporto stabile che mai riuscì a costruirsi, quello con Tyria Moore. Lee odiava gli uomini in quanto fonte dei loro problemi, al punto da spingersi a ucciderne sei. Rimane però una questione cruciale: qual'era il punto di rottura che ne scatenava l'impulso omicida?

Per rispondere a questa domanda dobbiamo probabilmente risalire alla sua travagliata infanzia. Il padre, pervertito sessuale, si impiccò in carcere senza neppure conoscere la figlia. La madre la abbandonò all'età di sei mesi, facendola adottare dai nonni. Durante tutto il suo periodo formativo, Lee venne umiliata, abusata sessualmente, picchiata e ripudiata da coloro che più di altri dovevano proteggerla. Costretta a vivere in un mondo celato da tende impenetrabili e costellato da dolore, rabbia e alcolismo, in una dimora avvolta nel mistero, Lee si difese nel solo modo che conosceva. Non appena crebbe abbastanza, rafforzandosi anche psicologicamente, contrastò il nonno con le sue stesse armi, evitando di essere ancora la facile preda su cui egli soleva depositare le proprie frustrazioni, scaturite altresì dall'antico astio verso la figlia, troppo fragile e superficiale per accollarsi la custodia dei suoi bambini. L'atteggiamento di ribellione cominciò a portare i suoi vantaggi più o meno nello stesso periodo in cui Lee scoprì che i presunti genitori erano in realtà i suoi nonni. In un impeto di rabbia e nel tentativo di ottenere vendetta per i maltrattamenti subiti, Lee si dedicò alla prostituzione minorile, rimase incinta, lasciò la scuola e, infine, fuggì di casa. Aveva ormai appreso la lezione: gli uomini di una certa età, come suo padre e suo nonno, che fossero o meno sposati, avevano denaro a disposizione, erano attratti da ragazze giovani e avrebbero pagato, non appena si fosse presentata loro l'opportunità, pur di ottenere sesso, lecito o illecito che fosse. Ma avrebbe fatto a modo suo: nessuno sarebbe mai riuscito a domarla. Lee Wuornos non è nata serial killer, lo è divenuta perché cresciuta in un contesto di maltrattamenti e brutalità, un ambiente malsano che ha generato il suo disturbo della personalità. Quando la nonna morì non sperimentò alcun turbamento e, comprensibilmente, allorché il nonno si suicidò, la notizia la lasciò a dir poco esultante. Perfino il dolore per la prematura scomparsa del fratello fu lenito dai soldi che l'assicurazione le corrispose. Del matrimonio con l'anziano Louis Gratz Fell raccontò: *"Il punto essenziale* è *che si trattava di un tirchio, viscido e sudicio riccone. Praticamente comprava il mio sesso. Pretendeva di tenermi sempre a casa con lui, di farmi cambiare... cos'altro ti devo dire?"*.

Quando Lee incontrò Tyria scoprì che almeno una persona al mondo non pretendeva da lei niente, ma al contrario la amava e la rispettava al punto da dedicarle tutta se stessa. In un'intervista, Tyria ammise: *"Lee era molto graziosa all'epoca. Vestiva in modo provocante e per me era una preda ambita. Eravamo felici insieme. Lei era un'amante e un'amica eccezionale. Si prendeva cura di me come se abbisognasse del mio amore. Soprattutto ne ammiravo la forza. Era sempre così protettiva nei miei confronti. Nessuno osava importunarmi quando era al mio fianco. L'amavo veramente, ma non credo che altri possano arrivare a capire i miei sentimenti. Perfino quando si ubriacava appariva divertente. Ridevamo sempre... non la giustizieranno... vero?"*.

Ma se tale era il loro rapporto, perché la situazione precipitò inducendo Lee a divenire una brutale serial killer? Difficilmente le donne uccidono per il desiderio di provare forti emozioni.

Lee continua a ripetere che era a corto di denaro, un problema che avrebbe però potuto risolvere con la prostituzione. Oltretutto, in quel periodo, si muoveva sempre attraverso l'autostop: ottenuto passaggi da centinaia di uomini, con molti di loro ebbe normali rapporti sessuali e risulta pertanto difficile capire perché, tra tutti questi, ne uccise esclusivamente sei. Il capitano Steve Binegar affermò che *"ciò che accomunava, tra le altre cose, gli omicidi era il fatto che tutte le vittime, fattala salire a bordo, l'avevano condotta nella boscaglia".*

Di certo si tratta di un'eccessiva semplificazione, come lui stesso ebbe modo di ammettere: *"Forse sto generalizzando! In fondo nessun uomo si spoglierebbe ai margini dell'autostrada... il rischio di essere interrotti dalla polizia per un controllo è troppo elevato!"*

Maggiormente plausibile l'ipotesi secondo cui quei fatidici incontri erano avvenuti in giorni particolarmente stressanti e deprimenti per l'umorale assassina. Ogni qualvolta lei percepiva un forte disagio, accresciuto da un profondo senso di inadeguatezza e impotenza, cercava di compensare tali penose emozioni convertendole nel desiderio di esercitare il proprio potere su un altro essere umano. Molti serial killer, inclusi alcuni di coloro citati in questo libro, sostengono che, talvolta, un litigio con un amico o parente precede l'atto omicida.

Uno studio, condotto dall'*FBI* su soggetti maschi, sostiene che il 59% ha menzionato esplicitamente, come atto scatenante, un qualche conflitto con una donna.

Anche Lee aveva frequenti discussioni con Tyria Moore nel periodo in cui avvennero gli omicidi: la compagna talvolta minacciava di lasciarla o la presenza di un qualche contendente induceva Lee a temere di perderla. In effetti un'altra donna, Sandy Russell, entrò nella vita di Tyria proprio pochi giorni prima dell'assassinio di Richard Mallory. Allo stesso modo, allorché Lee uccise David Spears, Charles Carskaddon e Peter Siems, la compagna aveva incontrato una certa Tracey. In seguito, licenziata dal ristorante *Casa Del Mar*, Tyria prese a parlare di lasciare la Florida e, dunque, di abbandonare Lee. Quella settimana, la furia omicida di quest'ultima si riaccese inducendola a recidere la vita di Richard Humphreys. Infine, allorché Tyria partì per l'Ohio, sostenendo di necessitare di una pausa nel loro rapporto, Lee uccise Walter Antonio.

Tutto questo non può certo essere ritenuto casuale, così come non occorre una fervida immaginazione per ravvisare, già a partire dalla fine di luglio, periodo cui risale il suo crimine ai danni di Troy Burress, una profonda crisi nella loro relazione. Nel considerare tali fattori, occorre mettere da parte l'iniziale teoria che correlava il comportamento criminale di Lee esclusivamente agli abusi subiti durante l'infanzia. Alla fine, ciò che rimane è l'immagine di una donna profondamente sola e spaventata, il cui unico desiderio era quello di conquistarsi l'affetto e la considerazione altrui, gli stessi che, durante l'infanzia, gli erano stati negati.

Sulle strade della Florida, la sua emarginazione emergeva più forte che mai e, sopraffatta dai propri problemi, allorché si trovava innanzi uomini di mezza età il cui unico pensiero sembrava essere quello di fare sesso, memore del comportamento del nonno, scelse la violenza come vendetta e fugace evasione dalla realtà.

Questi uomini apparentemente rispettabili e per lo più sposati non esitavano a comprare birra e sbronzarsi pur di fare sesso nell'abitacolo della loro auto: *"Non avevo cattive intenzioni, posso giurarlo innanzi a Dio"*, sostenne Lee durante l'intervista. *"Un paio di birre, pensavano fossi piuttosto economica... poi cominciavano a diventare volgari,* palesando chiaramente il loro disprezzo nei miei confronti. Pretendevano di sodomizzarmi, di abusare di me, umiliandomi, giacché questo non potevano farlo con le loro mogliettine. Beh, a dispetto di quello che puoi pensare, ho il massimo rispetto per me stessa. L'ho sempre avuto. Immagino che questo possa suonare strano, non è così?".

Lee Wuornos è stata giustiziata il 9 ottobre 2002. Tra la sedia elettrica e l'iniezione letale scelse quest'ultima.

Questo capitolo è basato sull'intervista tra Lee Wuornos e Christopher Berry-Dee all'interno del braccio della morte, del penitenziario Pembroke Pines, Florida, nel 1996 e su ulteriori ricerche dell'autore.

Capitolo 7

KENNETH ALLEN MCDUFF

"Uccidere una donna è come uccidere un pollo.
Entrambi, pur consapevoli dell'ineluttabilità del proprio destino,
si lamentano rumorosamente".
Kenneth McDuff al suo complice Roy Dale Green

"Quando McDuff uccise i nostri figli, era stato rilasciato sulla parola. Nonostante pendano su di lui tre condanne a morte, in questo preciso momento, è di nuovo in libertà vigilata. Le mani di coloro responsabili di tale decisione saranno presto macchiate di sangue". (Bill Brand, padre di Robert Brand, una delle vittime di McDuff, nel 1966).

Kenneth McDuff non si limitava a uccidere coloro designati quali vittime; li aggrediva con inaudita ferocia, stuprandoli con un sadismo tale da suscitare sgomento nei poliziotti più esperti. Resi irriconoscibili i loro volti con proiettili sparati a bruciapelo, ne dilaniava i corpi con un affilato coltello, facendo ricadere sulle loro ossa, quasi intendesse polverizzarne le membra, pesanti colpi di randello.

Alto, ombroso, sguardo raggelante, McDuff ha disseminato cadaveri lungo tutto il Texas – la cifra stimata supera la quindicina – fin dalla sua adolescenza. Ma chi è realmente questo mostro che ha terrorizzato un intero Stato?

Esistono poche informazioni certe relative al primo periodo di vita di Kenneth McDuff. La sua nascita risale al 3 marzo del 1946, a Rosebud, piccolo villaggio del Texas, compreso nella contea di Falls.

I primi abitanti arrivarono dal Messico nel 1866, durante il periodo della Guerra d'Indipendenza. L'economia era principalmente basata sul cotone, la schiavitù reputata normale e, tra il 1866 e il 1890, la *Chisholm Trail* e la ferrovia per il Kansas passavano lì vicino. All'estremità orientale di Rosebud, Linden Street, costellata da imponenti noci e piccole case di legno, si dirige a sud per terminare in un campo da baseball. Sul lato est della strada, si trova quella che un tempo fungeva da lavanderia di Rosebud, cui è collegata, sul retro, una piccola area abitativa dove la famiglia di John Allen McDuff viveva. Alcuni dei figli, compresi i due maschi Lonzo (Lonnie) e Kenneth, erano nati nei pressi di Paris Texas, e nessuno sembrava sapere perché la famiglia, che prima risiedeva a Blackland Prairie, si fosse trasferita nell'amena Rosebud. Il padre lavorava in qualità di bracciante agricolo e all'occorrenza come muratore addetto alla betoniera, ma era la moglie, una robusta, dispotica donna di nome Addie, a dettare le regole della casa. Non per altro, ella, che soleva portare nella borsetta una piccola rivoltella, era soprannominata "pistola ambulante".

Fin da bambino, Kenneth si cacciava continuamente nei guai. Prepotente e sadico, girovagava per il vicinato con una calibro 22, sparando a ogni animale o uccello che, malauguratamente, ne incrociava il cammino. Gli abitanti del paese, seppure Kenneth fosse all'epoca soltanto un teenager, già lo temevano, accreditandolo quale 'cattivo ragazzo di Rosebud'. Kenneth non esitava a picchiare selvaggiamente i giovani che osavano infastidirlo, senza alcun ritegno per l'età di costoro.

La signora Martha Royal, maestra elementare, lo ricorda come un ragazzino intelligente, ma solitario: "*Suo padre era un uomo mite, un gran lavoratore, e la madre, eccessivamente permissiva nei suoi confronti, pareva pronta a perdonargli qualsiasi misfatto. I suoi problemi, che iniziarono alle medie, da allora non ebbero più fine. Incapace di interagire con i coetanei, sembrava vivere in un mondo tutto suo. Rammento che, in diverse occasioni, provai a parlargli in privato, per chiedergli se avesse qualche problema a casa e cose del genere. Ma lui non proferì pa-*

rola. Se ne stette per tutto il tempo muto, in piedi innanzi a me, con un tale sguardo! Dall'età di cinque anni, i suoi occhi palesavano intenzioni omicide. Le assicuro che era un soggetto alquanto inquietante!"

Durante l'adolescenza, allorché fu coinvolto con il fratello in piccoli furti e rapine, ebbe inizio la sua vera carriera criminale. Lo sceriffo Larry Pamplin racconta come, più di una volta, egli stesso avesse tentato invano di sparare alle gomme della loro auto. Nel 1964, all'età di 18 anni, fu accusato di 12 furti con scasso e ulteriori tentate rapine nelle città di Bell, Milam e Falls. Benché per questi reati avesse ottenuto 12 simultanee sentenze di colpevolezza, ciascuna comportante 4 anni di reclusione, fu rilasciato sulla parola nel dicembre del 1965. Diversi mesi dopo, fermato durante una rissa, la libertà vigilata gli venne revocata.

Fu nel 1966, a seguito della sua scarcerazione che, con l'aiuto di un complice diciottenne da lui plagiato, un certo Roy Dale Green, commise un brutale triplice omicidio. Green, impiegato come aiuto carpentiere, aveva vissuto con la madre finché questa si era risposata. Trasferitosi dall'amico Richard Boyd, fu proprio quest'ultimo a presentargli McDuff. Quando avvenne il delitto, la loro conoscenza si protraeva da appena un mese.

I due giovani sembravano intendersi parecchio. McDuff, robusto ventenne di bell'aspetto, dal forte senso pratico, sembrava orgoglioso del proprio passato criminale. Nel vantare le proprie conquiste sessuali, confessò al nuovo amico di aver violentato e ucciso due giovani donne. Green, debole e affetto da un imbarazzante disturbo del linguaggio, pur ritenendo le affermazioni del compagno millanterie, ammirava la spavalderia e la vitalità con cui egli affrontava ogni cosa.

I due trascorsero il sabato del 6 agosto a fare una gettata di calcestruzzo per il padre di McDuff e, una volta portato a termine l'incarico, decisero di andare insieme a bere qualcosa a Fort Worth. Intorno alle 17:00, i due giovani, saliti sulla *Dodge Coronet* nuova di zecca di McDuff, prima di acquistare una confezione di birre in un negozio, vagarono senza metà. Alle 19:00 fecero visita a Edith Turner, un'amica comune. Nel frattempo, tre adolescenti, il diciottenne Robert Brand di Alvarado, un suo cugino californiano Mark Dunman di due anni più giovane e la fidanzata sedicenne di Robert,

Edna Louise Sullivan, trascorrevano la serata in un drive-in. Terminato il film, si diressero nei pressi del campo da baseball della contea Guadalupe, dove parcheggiarono la loro *Ford* del '57.

Intorno alle 22:00, quando McDuff e Green sopraggiunsero casualmente sul posto, il trio di adolescenti divenne improvvisamente la loro preda. Ciò che accadde è vividamente descritto nella deposizione, datata 8 agosto 1966, rilasciata da Green al detective Grady Hight: *"Giravamo attorno al campo da baseball e finimmo su una strada sterrata. Lui [McDuff] notò una macchina parcheggiata e arrestò la Dodge a circa 150 metri di distanza. Poi, presa la pistola, mi disse di scendere. Pensavo si trattasse di uno scherzo. Non credevo fosse capace di compiere un'azione tanto orribile. Lo accompagnai per un tratto, poi mi bloccai. Proseguì da solo e puntando la pistola contro i ragazzi, disse loro di scendere dal mezzo. Quando li raggiunsi li stava costringendo a entrare nel bagagliaio. Poi, recuperata la sua macchina, la parcheggiò dietro alla loro, ordinandomi di salirvi e seguirlo. Ripercorremmo per un po' la strada precedentemente intrapresa, poi lui si addentrò in un campo. Quando mi affiancai, affermò che quel luogo non andava bene e che occorreva trovarne un altro. Una volta parcheggiato in un prato a suo dire maggiormente idoneo, fece scendere la ragazza, intimandomi di costringerla ad entrare nel bagagliaio della sua auto. Fu allora che dichiarò apertamente la sua intenzione di non lasciare testimoni: 'Sarà necessario ucciderli', asserì, aprendo il portabagagli. Spaventato, nonostante in proposito cominciassi a nutrire qualche serio dubbio, continuavo a confidare in una ben congeniata burla. I due ragazzi lo implorarono di non fare loro alcun male. Sostenevano che non avrebbero raccontato l'accaduto. Non appena mi volsi a guardarlo, puntò la pistola verso di loro e prese a sparare. Terrorizzato, mi tappai le orecchie, volgendo lo sguardo altrove. Sparò sei volte. Due proiettili nella testa di uno e quattro in quella dell'altro. Una pallottola aveva attraversato il braccio di uno dei due, quasi questi avesse tentato di proteggersi. Alla fine, dopo aver tentato invano di chiudere il bagagliaio, mi ordinò di tornare alla sua auto. Stavo letteralmente morendo di paura e non potei che obbedire. Lui salì sul mezzo dei ragazzi e, guidando a marcia indietro, lo infilò tra i cespugli. Poi mi chiese di aiutarlo a cancellare le impronte. Non discussi. Nel timore di essere io la vittima successiva, lo aiutai senza alcuna reticenza".*

Dopo una breve pausa, il detective Hight chiese a Green di raccontare l'omicidio di Edna Sullivan. Anche quanto segue è tratto dal verbale della deposizione di Green: *"Cancellammo le tracce delle gomme e, risaliti sulla sua auto, Kenneth, prima di fermarsi, guidò per almeno due chilometri. Fatta uscire la ragazza dal bagagliaio, la fece sedere sul sedile posteriore. Poi ordinò a me di scendere e a lei di spogliarsi. Quindi le è montato sopra, stuprandola e allorché mi mostrai riluttante all'idea di seguire il suo esempio, seguitò a insistere fino a quando io, spaventato dalle eventuali conseguenze, acconsentii. Ero convinto che, se mi fossi tirato indietro, mi avrebbe ucciso. La ragazzina, incapace di opporre alcuna resistenza, neppure emise un singhiozzo per tutto quel tempo... o forse ero io, scioccato, a non udirne i lamenti. Ad ogni modo, quando terminai, lui la stuprò nuovamente"*.

Alla fine, percorso in auto un altro breve tratto, McDuff ordinò a Green di scendere, chiedendogli se avesse qualcosa per strangolare la ragazza. Lui gli porse la propria cintura. Così Green descrisse il brutale omicidio: *"Fattala scendere dal mezzo, la costrinse a sedersi sulla strada ghiaiosa e, afferrato un pezzo di manico di scopa dall'auto, le spinse la testa a terra, per poi cominciare a strangolarla con quel bastone. Non appena la ragazza prese a scalciare e agitarsi, mi intimò di afferrarle le gambe e tenerla ferma. Innanzi al mio iniziale rifiuto, disse: 'Rassegnati. Deve essere fatto'. Quindi le ho preso le gambe che riuscii a trattenere solo per pochi istanti. Mi ordinò allora di afferrarle ancora e quando vi riuscii, lei smise di opporre resistenza. Sollevatala oltre la staccionata, Kenneth la trascinò per alcuni metri. Per essere certo del suo decesso, continuò a serrarle il collo a lungo e a più riprese, prima di nasconderla tra i cespugli"*.

Quella notte, prima di tornare a casa di Green dove si coricarono nello stesso letto, i due si fermarono a una stazione di servizio *Hillsboro*. La mattina seguente McDuff seppellì il revolver vicino al garage del complice, poi, entrambi si diressero a casa di Richard Boyd, a cui McDuff chiese la possibilità di lavare la propria macchina nel suo cortile. Più tardi, quello stesso giorno, Green, sopraffatto dalla paura e dai rimorsi, si confidò con Boyd. I genitori di quest'ultimo misero al corrente della vicenda la madre di Green, che convinse il figlio a costituirsi.

Nel 1968 McDuff ricevette tre sentenze capitali e Roy Dale Green fu condannato a 25 anni di carcere. Il secondo, prima di essere rilasciato sulla parola, ne scontò 13. Kenneth Mc Duff in ben due occasioni, durante il periodo detentivo, fu accompagnato alla sedia elettrica ed entrambe le volte l'esecuzione fu sospesa all'ultimo minuto. Alla fine, a causa di alcuni cavilli non rispettati durante il procedimento e di problemi interni al sistema giudiziario texano, la sentenza di morte di McDuff fu commutata in ergastolo.

Trascorsi alcuni anni, sua madre, corrotto un funzionario addetto alla concessione della libertà vigilata, l'11 ottobre 1989 ne ottenne il rilascio sulla parola. Lo scandalo del caso McDuff non fu correlato unicamente alla corruzione di un ufficiale, ma anche da problematiche interne allo stesso sistema di detenzione. Già nel 1972, allorché una corte federale decretò che le strutture detentive erano sovraffollate, lo Stato si era infatti trovato a un bivio: costruire nuove carceri o ridurre il numero dei prigionieri. Per quanto i tre governatori successivi Dolph Briscoe, Bill Clements e Mark White – si dicessero inflessibili in merito al trattamento dei criminali, la carenza di fondi non permise loro di predisporre nuovi centri di detenzione. Alla fine del secondo mandato di Clement, il sistema sembrava prossimo al collasso. Data la forte pressione dell'opinione pubblica, il governatore fu costretto a progettare la costruzione di nuovi istituti di pena e, contemporaneamente, ad ammorbidire i requisiti per il rilascio sulla parola, facendo sì che circa 750, tra i reclusi meno pericolosi, fossero settimanalmente rimessi in libertà. Se prima di allora nemmeno una minima parte di coloro che presentavano domanda sembravano possedere i requisiti necessari, a partire da quel momento, quasi i funzionari avessero fretta di rispondere alle direttive del governo, l'ufficio timbrava le domande di libertà vigilata nel momento stesso in cui queste arrivavano sulle loro scrivanie. Il fatto che esse neppure venissero esaminate permise a un criminale pericoloso come McDuff di essere tra i 127 assassini designati al rilascio.

In seguito Jim Parker, direttore legislativo per il governatore Ann Richards, fece la seguente considerazione: *"Alcune delle persone trattenute nelle carceri sono meno pericolose di coloro rilasciati. Si traggono in arresto i compilatori di assegni scoperti e i conducenti privi dell'assicurazione auto e si rimettono in libertà individui quali Kenneth McDuff. Nella frenesia di rendere le nostre strade sicure, imprigioniamo trasgressori non violenti, riempiendo il poco spazio disponibile con persone che potrebbero essere affidate a centri di disintossicazione o il cui debito potrebbe essere saldato con lavori socialmente utili".*

Poiché l'ufficio addetto al rilascio sulla parola non era autorizzato a concordare con la polizia i nominativi di coloro a cui riconoscere la libertà, si faceva affidamento su semplici premesse, teorie azzardate e ipotetiche: *"Tutto ciò era casuale come lanciare freccette al buio"*, asserì un illustre procuratore.

Tra i presupposti, la convinzione che, essendo molti omicidi commessi durante un momentaneo raptus di collera o passione, in futuro, difficilmente i loro fautori si sarebbero macchiati dello stesso reato. Tale certezza non teneva però conto di coloro che, come McDuff, uccidono per puro piacere. Un'altra teoria confidava sul fatto che alcuni anni di permanenza in prigione fossero sufficienti a esaurire l'istinto criminale dei carcerati. Tale considerazione contribuì senz'altro al rilascio di McDuff, avvenuto dopo 23 anni di detenzione.

Pochi giorni dopo aver ottenuto la libertà, McDuff assassinò la trentunenne Sarafia Parker, il cui corpo venne ritrovato il 14 ottobre da un pedone che passeggiava lungo la East Avenue, a Temple, una piccola città situata circa 80 chilometri a sud di Waco. La vittima, di colore, era stata picchiata e strangolata nelle 24 ore precedenti al rinvenimento del cadavere. Poco dopo l'identificazione, il ranger John Aycock trovò un testimone che sosteneva di aver visto la Parker salire su un camioncino, guidato da McDuff, intorno al 12 ottobre. Quel giorno, Kenneth McDuff si trovava a Temple per presentarsi di fronte all'ufficiale addetto alla libertà vigilata. Non vi erano però altri collegamenti tra l'omicidio di Sarafia Parker e McDuff.

Questi finì nuovamente in prigione per aver minacciato di morte un giovane nero a Rosebud, infrangendo le condizioni per la libertà vigilata. Fu allora che Addie McDuff comparve nuovamente sulla scena. Pagati 1.500 dollari all'avvocato Bill Habern di Huntsville e alla sua consulente, Helen Copitka, di Austin, ne diede loro altri 700 per le "spese" necessarie a valutare le nuove prospettive di rilascio del figlio. Dopo un colloquio tra Habern e James Granberry, Presidente del dipartimento per la libertà vigilata, noto per la leggerezza con cui era solito rilasciare gli assassini, il 18 dicembre 1990, McDuff tornò sulle strade. In seguito, Granberry, sottoposto a verifica da parte del Comitato per le Attività Investigative, si dimise per creare una propria società di consulenza sulla libertà vigilata, che fu però costretto a chiudere a causa di una violenta protesta pubblica.

Nella sera del 10 ottobre 1991, Brenda Thompson, una prostituta tossicodipendente, salì, a Waco, sul pick-up rosso di McDuff. Verso Miller si imbatterono in un posto di blocco del Dipartimento della Polizia Doganale. A cinque metri dalla barriera, McDuff arrestò il veicolo e uno degli ufficiali si diresse verso il furgone. Non appena questi puntò la torcia verso di sé, così da essere riconosciuto come funzionario di polizia, Brenda prese a gridare. L'agente si rese conto che la ragazza, le braccia legate dietro la schiena, stava disperatamente cercando di uscire dal mezzo. Non appena, scalciando con forza contro il parabrezza, ne frantumò il vetro, McDuff spinse l'acceleratore puntando dritto verso gli agenti, che, come indica il rapporto, furono costretti a gettarsi ai bordi della strada. Allorché McDuff realizzò che i poliziotti, saliti sulla loro vettura, si erano lanciati all'inseguimento, spenti i fari, accelerò nuovamente, imboccando, al fine di ostacolare la loro corsa, una serie di sensi unici. Malauguratamente per la povera ragazza, riuscì a far perdere le proprie tracce addentrandosi in una zona boschiva, dove, furioso per i danni riportati dal furgone e per il rischio corso, inflisse a Brenda una morte atroce. Il 3 ottobre 1998, a distanza di sette anni, i suoi resti martoriati saranno rinvenuti nei pressi di Gholson Road.

Il 15 ottobre 1991, McDuff incontrò la prostituta diciassettenne Regenia Deanne Moore. Un testimone avrebbe poi riferito di aver visto, intorno alle 23:30, i due allontanarsi a bordo di un camioncino, dopo un violento litigio innanzi a un motel di Waco. McDuff portò Regenia in un posto isolato lungo l'autostrada 6, a nord-est di Waco. All'altezza del ponte sul torrente Tehuacana, McDuff abbandonò l'autostrada per imboccare un ripido sterrato che scende fino al fiume, arrestando l'auto proprio al di sotto del ponte.

Il rumore delle vetture che correvano veloci era tale da soffocare, senza alcun problema, qualsiasi grido o invocazione di aiuto potesse aver emesso Regenia. Come nel caso di Brenda, anche il corpo di Regenia fu recuperato dopo sette anni, il 29 settembre 1998, da una dolina lungo il torrente. Distesa supina, le mani della ragazza erano legate dietro la schiena e le caviglie bloccate da calze, annodate in modo tale da consentirle una scarsa libertà di movimento. I resti del vestiario erano arrotolati attorno alla zona pelvica.

Nel tardo pomeriggio del 29 dicembre 1991, Collen Reed, 28 anni, nativa di Ville Platte, Louisiana, giunse a Austin, capitale dello Stato del Texas, dove ritirò 200 dollari al bancomat. Dopo una breve sosta al *Whole Foods Market*, si diresse a un autolavaggio. Alcuni testimoni dissero di aver visto una *Ford Thunderbird* ultimo modello, di colore chiaro, avviarsi, appunto, in direzione di quello. Poco dopo, a seguito di un grido e uno sbattere di portiere, osservarono stupiti il veicolo allontanarsi di gran carriera lungo Powell Street.

Cinquantadue chili ben distribuiti in un 1,60 di altezza, Coleen aveva capelli castano scuro e occhi marroni, che celava dietro occhiali dalla montatura dorata. Quel giorno indossava jeans, maglietta e giacca *Nike* bianconera. Il suo corpo fu trovato il 6 ottobre 1998, dopo che McDuff ebbe descritto alla polizia l'ubicazione esatta della fossa, posta in una zona erbosa frequentata dal serial killer durante il periodo della sua infanzia.

Dato il numero delle ragazze scomparse, la polizia cominciò a sospettare la presenza di un serial killer, estremamente sfuggente e difficile da individuare. Potevano solo sperare in un suo errore. Un inaspettato colpo di fortuna permise all'investigatore Tim Steglich del Dipartimento di polizia della contea di Bell, di fermare, per un controllo di routine, uno dei soci di McDuff. Quanto segue è la dichiarazione, datata aprile 1992, del trentaquattrennenne Alvo Hank Worley, complice di McDuff nello stupro, rapimento e omicidio di Collen Reed: "*McDuff, quella sera, mi venne a prendere tra le 18:00 e le 19:00. Fatto rifornimento di benzina al 'Love's Truck Stop', vicino a Temple, ci siamo diretti verso Austin, per procurarci anfetamine, cocaina o qualsiasi altra sostanza stupefacente reperibile. In una delle area di sosta 'Conoco' sull'interstatale 35, passato Jarrell, acquistai una confezione da sei di 'Longnecks Budweiser'. Pensai stessimo andando al campus dell'università del Texas, per comprare la droga, ma lui imboccò la strada per il centro. Girava senza una meta precisa. Siamo scesi per la Sixth Street e ricordo di aver comprato un hamburger al 'Dairy Queen'. Le strade erano molto illuminate in quel momento. Abbiamo girato intorno e mangiato. Poi, Mac è entrato in un autolavaggio, dirigendosi in una zona di sosta, dove pensavo intendesse ripulire la sua 'Ford Thunderbird' color crema. Erano circa le 20:30 21:00".*

Worley raccontò come McDuff, notata la giovane, l'avesse afferrata per la gola e trascinata nella sua auto: "*Stava strillando disperatamente*" aggiunse Worley, "*supplicava: 'Non io, non io, ti prego, lasciami andare'. La sospinse sul sedile posteriore, le mani legate dietro la schiena. Penso che la ragazza abbia detto qualcosa del tipo: 'Ti prego lasciami andare, ti prego non permettere che questo mi succeda'. Sconvolto io non riuscii a dire niente. Lui, postosi alla guida, uscì sgommando dall'autolavaggio*".

Per Colleen Reed ebbe così inizio un vero e proprio viaggio dell'orrore, da cui non sarebbe mai uscita viva. I tre si diressero a nord lungo l'interstatale 35, verso Round Rock, dove McDuff accostò l'auto. Salendo sul retro, ordinò a Worley di guidare: "*Ricordo disse alla ragazza che se si fosse tolta i vestiti di sua spontanea volontà l'avrebbe slegata. Poi, aggiunse: 'Tutto quello che dovrai fare* è fottere'. Ovviamente, intendeva convincerla che, qualora si fosse *mostrata consenziente a praticare sesso, sarebbe stata liberata. La ragazza, pur di guadagnare tempo, si mostrò collaborativa. Mac, allora, con calma si spogliò quasi completamente. Non rammento se Collen fosse prona o supina quando le usò violenza. Ricordo che prima la costrinse a praticargli sesso orale colpendola violentemente sul capo, finché quella, aperta docilmente la bocca si lasciò penetrare con brutalità fin quasi a rimanerne soffocata. Io mi limitai a guidare e quando giunsi all'altezza di Stillhouse Hollow, decisi di portarmi verso l'abitazione di mia sorella. Quando arrivammo, Mac aveva finito.*

Parcheggiato nei pressi di alcune roulotte mi spostai sul sedile del passeggero. Mac fatta scendere la ragazza la chiuse nel bagagliaio. Sembrava essersi tranquillizzata. Fu l'ultima volta che la vidi o che seppi qualcosa di lei. Mac dopo avermi accompagnatomi al domicilio di mia sorella, se ne andò immediatamente ".

Dopo ulteriori domande, Worley ammise che MacDuff gli chiese in prestito il suo coltello a serramanico e una pala. Aggiunse anche che McDuff spense una sigaretta sulla vagina della donna, ma insistette nel dire di non essere a conoscenza della sorte di Colleen Reed. Da allora, disse, di non aver più incontrato MacDuff. Il giorno seguente, Tim Steglich interrogò Worley per la seconda volta. Sotto pressione, ammise che si erano diretti lungo una strada deserta ad appena un miglio dalla casa dei genitori di MacDuff a Temple.

"La violentai anch'io", confessò. *"Poi Mac, dopo averla torturata spegnendole sul corpo numerosi mozziconi di sigaretta, spezzatole l'osso del collo la gettò nel bagagliaio come un sacco di patate"*.

Frank Worley, accusato di stupro e omicidio, fu rinchiuso nel carcere della contea di Travis, mentre nei confronti di MacDuff si scatenò una vera e propria caccia al uomo. Il corpo di Colleen Reed fu ritrovato soltanto poco tempo prima dell'esecuzione di MacDuff.

Il 24 febbraio 1992, MacDuff, che all'epoca si era iscritto all'istituto tecnico di Waco, strangolò Valencia Joshua, studentessa di colore e prostituta occasionale. MacDuff, che studiava per diventare macchinista, divideva un alloggio del campus con studenti che avevano la metà dei suoi anni. Sfruttò il suo ascendente sui compagni di corso per vendere loro marijuana, anfetamine, LSD e crack, incrementando così le proprie finanze. Si ritiene che Valencia si trovasse a Waco soltanto da una o due settimane, prima di imbattersi nella sua triste sorte. La polizia la descrive come una *"donna di strada molto gentile e amante dei bambini"*. Non aveva fissa dimora, né effetti personali e nessuno, tra coloro che la conoscevano, sembrava avere idea del perché ella si trovasse in zona.

"Non abbiamo parenti in quella città" rivelò in seguito suo padre, Tommy, che risiedeva a Bryan.

A segnalarne la scomparsa fu la madre da Fort Worth. La ventiduenne Valencia fu vista viva per l'ultima volta, mentre bussava alla porta dell'alloggio di MacDuff, al numero 118. Secondo alcuni testimoni, non ricevendo risposta dall'interno, si avvicinò alla finestra gridando ad alta voce: *"Sei pronto?"*.

Il 15 marzo 1992, alcuni passanti trovarono un teschio umano, probabilmente dissotterrato da qualche bestia, sul retro del campo da golf municipale *James Connally*, nei pressi dell'università. Poco lontano, venne rinvenuto, tumulato nel terreno argilloso, un corpo nudo: solo un indizio, un pettine per capelli smaltato caduto vicino al corpo poteva servire a identificare il cadavere ormai irriconoscibile. Il disegno dell'intarsio rappresentava una farfalla arancione tra verdi foglie e fiori rossi, unico bene di Valencia. Quell'oggetto, oltre alle impronte digitali, permise di risalire all'identità della ragazza, il cui decesso era avvenuto per strangolamento.

Alle 15:45 del primo marzo di quello stesso anno, MacDuff fu visto alla guida di una *Ford Thunderbird* poco lontano dal discount *Quik-Pak* di La Salle Avenue, a sud di Waco. Poco più tardi, la ventiduenne Melissa Northrup, che lavorava nel suddetto negozio, scomparve nel nulla. Incinta da due mesi e mezzo, viveva a Waco con il marito. La minuta giovane donna non poteva certo competere con un uomo della taglia e del peso di MacDuff 1,80 d'altezza per 110 kg.

Intorno alle 4:15 del mattino, un uomo del posto, che conosceva Melissa, vide la sua l'auto dirigersi a nord sull'interstatale 35. Seduta sul sedile del passeggero, la ragazza sembrava terrorizzata.

Quando non fece rientro a casa, il marito la chiamò e, non ricevendo risposta, si recò al negozio. Questi era chiuso, il cassetto del registratore di cassa aperto e il contenuto sparito: *"All'interno vi era rinchiuso un cliente"*, raccontò più tardi Aaron alla polizia, *"quando mi vide, spaventato alzò le mani. Gli chiesi di aiutarmi a cercare mia moglie"*.

Chiamata la polizia, fu stabilito che dal registratore di cassa mancavano 250 dollari ma, nonostante diverse persone stessero riposando nelle loro auto vicino al negozio, non furono trovati testimoni del rapimento di Melissa. La *Thunderbird* di MacDuff fu ravvisata poco lontano.

Shari Robinson testimoniò in seguito che all'incirca alle 21:00 di quello stesso giorno, MacDuff si era presentato alla sua casa nella contea di Dallas chiedendole provviste. Durante quelle ore, le caratteristiche di MacDuff furono inserite nella lista dei maggiori ricercati degli Stati Uniti e numerosi appelli furono pubblicati su giornali, e trasmessi alla televisione. In seguito a ciò, Mark Davis, ex studente del college e amico di MacDuff informò gli investigatori che, in una precedente occasione, MacDuff aveva provato a coinvolgerlo nella rapina del negozio *Quik-Pak* e un altro studente, Lewis Bray, raccontò che MacDuff si era vantato con lui delle proprie conoscenze anatomiche, spiegandogli come il migliore modo per sbarazzarsi di un corpo fosse quello di tagliarlo in due all'altezza dell'addome e gettarlo in acqua.

Si scoprì inoltre che MacDuff aveva lavorato per un periodo al negozio *Quik-Park*, dove era stato addestrato proprio dal marito di Melissa.

Il 26 aprile, alle 18:00, un pescatore trovò il cadavere di Melissa, galleggiante in una pozza di acqua e ghiaia a sud est della contea di Dallas. Il corpo, parzialmente vestito con un completo viola e una giacca scura, era privo della parte inferiore del tronco. L'auto della donna, una B*uick Regal* del 1977, fu trovata parcheggiata ad appena un miglio di distanza, poco lontano dalla casa di Shari Robinson. Completati gli esami della scientifica, capelli umani corrispondenti a quelli prelevati a MacDuff furono trovati sulla tappezzeria dell'auto.

Quell'uomo stava perpetrando omicidi per tutto il Texas e le conseguenti problematiche giurisdizionali indussero una dozzina di agenzie investigative a riunirsi per coordinare le inchieste. Anche combinando le capacità organizzative dell'*FBI*, dei dipartimenti di polizia delle varie contee del Texas e dei ranger, rimaneva da risolvere il problema della competenza, che per i reati di stupro e omicidio non era federale, ma nazionale.

Due sceriffi di Waco, Mike e Parnell MacNamara, escogitarono un modo per superare il blocco burocratico. Noto che, durante il periodo in cui MacDuff frequentava l'istituto tecnico, si era reso colpevole di spaccio e risultava illegalmente in possesso di un'arma da fuoco, essendo quelli, entrambi reati federali, gli si potevano contestare senza incorrere in ulteriori lungaggini. Di conseguenza, il 6 marzo del 1992, il locale procuratore di stato emise un ordine di cattura per MacDuff.

Il primo maggio 1992, il trentaseienne Gary Smithee, che lavorava presso una compagnia per la raccolta dei rifiuti di Kansas City, al rientro a casa accese la televisione, sintonizzandola sul programma *America's Most Wanted* (*I criminali più ricercati d'America*) e, registrando come sua abitudine, la puntata. Allettato dai 5.000 dollari di ricompensa destinati a coloro le cui informazioni avrebbero portato all'arresto di un certo Kenneth MacDuff, credette di ravvisare una forte somiglianza tra il volto comparsogli sullo schermo e il suo nuovo collega, Richard Fowler che oltretutto, come il ricercato, non faceva che vantarsi delle proprie prodezze sessuali.

Quando si decise a chiamare la polizia di Kansas City, il sergente J. D. Johnson digitò il nome di Richard Fowler sul computer: un uomo, rispondente a quel nome e alla descrizione di McDuff, era stato arrestato durante una retata e accusato di adescamento alla prostituzione. Un successivo confronto tra le impronte digitali di questi e quelle di MacDuff rivelò che si trattava della stessa persona. La mattina dopo, Johnson, informatosi sul camion che MacDuff avrebbe dovuto guidare durante il suo turno di lavoro del 4 maggio e sul tragitto che doveva percorrere, avvistosi che si sarebbe trovato in un luogo di smottamento, a sud di Kansas City, tra le 13:00 e le 14:00, ne diede notizia agli inquirenti. Una squadra di sei uomini si apprestò allora a pattugliare la zona, fingendo di dover effettuare controlli di routine su tutti i veicoli commerciali: *"Dovevamo fare in modo che il ricercato fosse fermato in una zona isolata, in modo tale da non mettere in pericolo eventuali passanti"*, spiegò Johnson. "*MacDuff era armato e pericoloso*".

Per dare ulteriore autenticità al piano, la polizia si avvalse di un veicolo che l'ufficio tecnico di Kansas City usava per effettuare le sue ispezioni stradali. Quando il mezzo guidato da MacDuff si avvicinò, un ufficiale gli fece segno di accostarsi al posto di blocco. Fiutando immediatamente il pericolo, MacDuff tentò immediatamente una fuga, a cui dovette, sotto la minaccia delle armi, rinunciare.

Il 26 giugno 1992, la cinquattraquattresima Corte Giudiziaria Distrettuale della contea di McLennan gli contestò il rapimento e l'omicidio di Melissa Northrup. Dichiarato colpevole, il 18 febbraio 1993, in una distinta udienza penale, la Corte Processuale lo condannò alla pena di morte, sentenza confermata il 28 aprile 1997 dalla Corte d'Appello Criminale del Texas.

A quel punto, MacDuff appellandosi a un cavillo di legge, presentò ricorso alla Corte Suprema degli Stati Uniti, richiedendo che il procedimento fosse inoltrato a una corte superiore. Tale ricorso gli venne, però, respinto il 12 gennaio 1998. Successivamente, MacDuff inoltrò una nuova istanza allo Stato per *habeas corpus*[11], ma il 15 aprile 1998 anche questa, dalla Corte D'Appello Criminale del Texas, gli fu negata. Il 29 aprile 1998, la cinquantaquattresima Corte Giudiziaria della contea di McLennan stabilì, come data dell'esecuzione di MacDuff il 21 ottobre di quello stesso anno. Il 30 aprile 1998, un avvocato fu nominato per rappresentare MacDuff presso la Corte Distrettuale degli Stati Uniti per il distretto occidentale del Texas, divisione di Waco. L'8 luglio 1998, McDuff presentò una nuova petizione federale di *habeas corpus*, cui lo Stato rispose sospendendo momentaneamente l'esecuzione. La Corte del distretto Occidentale, negata il 15 ottobre 1998, la legittimità della sua richiesta, stabilì che il 17 novembre 1998 il condannato sarebbe stato giustiziato.

Nonostante gli ulteriori appelli di McDuff, la sopraccitata Corte respinse ogni sua richiesta. Stessa sorte sortirono le successive e imperterrite sollecitazioni mosse alla Quinta Corte Distrettuale d'Appello degli Stati Uniti e alla Corte Suprema. La condanna a morte venne ogni volta inesorabilmente confermata.

Il responsabile delle esecuzioni in Texas, Neil Hodges, uomo che ha ormai acquisito una certa esperienza in merito alla condanna a morte per iniezione letale, disse: *"Molti credono che si tratti di un metodo indolore, ma posso assicurarvi che non è così! La sofferenza fisica percepita dai condannati, nonostante la pressoché immediata paralisi, è notevole. La sensazione è quella di affogare e la morte avviene per soffocamento. Talvolta, ci sono dei detenuti che creano problemi, rifiutando di sdraiarsi sul tavolo, ma per fortuna disponiamo di guardie carcerarie molto robuste qui in Texas. Alla fine, consenzienti o meno, riescono sempre a legare i condannati e a somministrare loro l'amara pozione"*.

Il 17 novembre 1998, un folto gruppo di reporter si posizionò nell'area riservata alla stampa della prigione Walls di Huntsville. Tra

11 Ndt. Si tratta di una procedura a tutela della libertà personale, contro la detenzione arbitraria nei sistemi penali anglosassoni.

le numerose carceri del Texas, essa è la più antica e ospita la camera della morte. Accanto a un improvvisato tavolo da pic-nic, i treppiedi dei fotografi si affollavano come uno stormo di struzzi. Una leggera brezza faceva oscillare il nastro giallo della polizia con la scritta "NON OLTREPASSARE".

Tra la folla, nessuno pareva intenzionato a protestare contro la pena di morte. Quel mattino, il detenuto numero 999055 che rispondeva al nome di Kenneth McDuff fu scortato dalla sua cella presso la Ellis Unit fino al Walls. Perfino un serial killer come lui non poté che rimanere sgomento, innanzi a quella che per lui si prospettava come 'la casa della morte'.

Il furgone che lo condusse alla destinazione finale, superò innumerevoli cancelli ricoperti da filo spinato. Incatenato e ammanettato, fu sospinto attraverso due porte d'acciaio. Sulla sinistra una fila di celle, la seconda delle quali, munita solamente da una cuccetta, un piccolo tavolo e una sedia, era destinata a ospitarlo. L'ambiente appariva immacolato. Vicino alla cella di McDuff ve n'era un'altra, la cui porta era ricoperta da una sottile maglia d'acciaio: lì, i carcerati potevano rivolgere ai legali le loro ultime volontà. Nel corridoio, un tavolo di legno, su cui erano riposti una Bibbia e un telefono, e due sedie. Nessun portacenere, giacché il fumo è severamente vietato.

L'iniezione letale fu per la prima volta adottata come metodo d'esecuzione nel 1977, nell'Oklahoma e in Texas. Colui che per primo la sperimentò, il 7 dicembre del 1982 nella prigione di Huntsville, fu il 43enne Charlie Brooks, condannato a morte per il suo coinvolgimento nell'assassinio di un venditore d'auto usate, perpetrato a Fort Worth nel 1971. La pratica di iniettare ai pazienti ospedalieri un sedativo prima di trasportarli nella sala operatoria, dove gli viene praticata l'anestesia totale, è una prassi volta a rilassare il paziente ed eliminarne le tensioni. L'applicazione di tale concetto alle esecuzioni dei condannati a morte ha offerto numerosi vantaggi: oltre a essere una pratica economicamente conveniente, essa presenta benefici dal punto di vista umano, giacché si supera la natura perversa delle procedure utilizzate fino a quel momento. L'iniezione letale ha difatti sostituito l'orribile metodo dell'impiccagione e l'inquietante sedia elettrica con tutto ciò che essa comportava tra intreccio di fili, elmetti di cuoio e maschere mortuarie ed è ormai subentrata alla diabolica camera a gas.

Il detenuto viene condotto dalla cella detentiva a una stanza con una semplice barella ospedaliera, dove, legato, riceve per via endovenosa un cocktail letale quanto indolore. Questo, quanto sostengono le autorità, pavoneggiandosi innanzi alla stampa e all'opinione pubblica dei metodi misericordiosi da loro prescelti. Una squadra di paramedici assiste all'inserimento di un ago nel braccio della vittima e un dottore, alla fine, ne accerta il decesso. Quel giorno, Addie McDuff arrivò troppo tardi per vedere il figlio, che ebbe, come unico privilegio, la scelta del menù: il suo ultimo pasto consistette in due bistecche, cinque uova fritte, verdure, patatine fritte, torta al cocco e Coca-Cola. Convinto che l'imminente conclusione della sua vita sarebbe stata indolore, non poteva sapere che i farmaci iniettati, quasi fossero stati fuoco liquido, avrebbero bruciato terribilmente nelle sue vene. Alle 17:58, la guardia ricevette la notizia che la Corte Suprema aveva respinto definitivamente la nuova richiesta di McDuff per una sospensione dell'esecuzione e i testimoni cominciarono ad arrivare alla porta principale dalla prigione per essere scortati alla 'camera della morte'. Dietro le porte d'acciaio, un carro funebre sostava in attesa di ricevere il corpo. Il pubblico fu condotto in una stanza attigua, la cui finestra, inizialmente celata da spesse tende, volgeva sulla stanza ove sarebbe stata resa pratica la condanna.

Alle 17:44, venne somministrata a McDuff un'iniezione preliminare di 8cc al 2% di sodio pentotal. In una stanza adiacente, la squadra addetta a scortare il detenuto indossava abiti protettivi ed era armata, per ogni evenienza, di gas lacrimogeni. Alle 18.08, McDuff fu invitato a lasciare la sua cella. Uscì di sua spontanea volontà e, nel percorrere i pochi passi che lo distanziavano dalla sua sorte, nessuna guardia dovette intervenire. Alle 19.08, McDuff fu legato e, in entrambe le braccia, gli vennero inseriti due aghi, con relativi cateteri, collegati alla postazione del boia, celata alla vista del pubblico. Il medico accese un monitor cardiaco e pose uno stetoscopio al torace del uomo. Aperte le tende, Jim Willett, una delle guardie, chiese a McDuff se avesse qualche ultima dichiarazione da fare. McDuff replicò: *"Sono pronto per essere scarcerato. Vi prego, liberatemi!"*

Nella stanza dei testimoni Parnell MacNamara pose gentilmente la mano sulla spalla dell'anziano Jack Brand, padre del giovanissimo Robert Brand, ucciso da McDuff nel 1966: "*Sono trentadue anni che attendo questo momento*", affermò l'uomo con decisione.

McDuff parve spaventato nel ricevere un'iniezione di tiopental sodico, un anestetico ad azione rapida. Avvertì una leggera pressione e un indolenzimento del braccio. Poi si sarebbe sentito la testa leggera. Dopo un intervallo di circa un minuto, seguì una seconda inoculazione di 15 cc di soluzione fisiologica, per facilitare il successivo passaggio di 50mg/50cc di bromuro di pancuronio. Il Pavulon è un rilassante muscolare derivato dal curaro che paralizza le funzioni respiratorie e porta all'incoscienza in circa dieci secondi. McDuff sentì una forte pressione sul petto, una sensazione di soffocamento che lo spinse a boccheggiare più volte in cerca d'aria. Stordito e in iperventilazione, il suo cuore batteva sempre più veloce, mentre l'intero sistema nervoso era sotto attacco. Si parla in questo caso di "sindrome da stress", una caratteristica comune durante il primo stadio del decesso. Mentre il veleno attraversava il suo corpo, McDuff, seppure incapace di respirare o muoversi, riusciva ancora a sentire e vedere. Paralizzato e impossibilitato perfino a deglutire, il suo sistema nervoso centrale era prossimo al collasso. Allorché gli furono iniettati altri 15cc di soluzione e finalmente, una massiccia dose di cloruro di potassio, i suoi occhi si dilatarono e i peli del corpo si drizzarono. Iniettato per via endovenosa in dosi considerevoli, questo farmaco, che interrompe immediatamente l'equilibrio chimico del sangue, può indurre nel soggetto una dolorosa sensazione di bruciore. I muscoli si stringono in forti contrazioni, prima che raggiunto il muscolo cardiaco ne provochi l'arresto. Sedato e paralizzato dai precedenti farmaci, MacDuff era incapace di urlare al mondo il proprio dolore.

Dopo alcuni minuti, il dottore, esaminato McDuff, ne decretò la morte. Le tende vennero aperte per consentire ai testimoni di prendere visione del cadavere. La signora Soloman, madre di una delle tante vittime bisbigliò: "*Sembra l'impersonificazione del Demonio. Lo hanno finalmente spedito dove avrebbe dovuto andare tanto tempo fa!*"

Il costo dei farmaci utilizzati per togliere la vita a McDuff fu di

86 dollari. Investigare nella vita e nei crimini di Kenneth Allen McDuff ha significato intervistare sua madre, i suoi insegnanti e diversi abitanti di Rosebud che lo conoscevano piuttosto bene.

Nel corso delle mie ricerche, ho parlato con lo sceriffo della contea di Falls, Larry Pamplin; con il complice di McDuff, Roy Dale Green, che al momento vive a Marlin in una baracca; con i detective Mike e Parnell McNamara; con il Procuratore di stato, Bill Johnston e con Tim Sterlich. Accompagnato da quest'ultimo, mi sono recato in quella stradina isolata dove McDuff assassinò Colleen Reed: *"Un luogo orribile per morire"*, sentenziò il Procuratore William Johnston, con una profonda disperazione nello sguardo.

È stato difficile riuscire a parlare con la McDuff, decisa, malgrado tutto, a difendere la propria rispettabilità. La madre, che non acconsentì mai a rispondere alle domande di poliziotti e giornalisti, con me fece un'eccezione. Sapendo che la donna recava sempre un'arma con sé, alcuni agenti di Waco si offrirono di appostarsi di guardia vicino al suo ranch, a Belton, aspettando finché non fossi uscito. Nonostante mi attendessi un'aperta ostilità, questa fragile, confusa, anziana signora apparve alla porta offrendomi il tradizionale, cauto benvenuto texano.

Nonostante i crimini del figlio, apparve sempre protettiva nei suoi confronti. Mi spiegò che uno dei suoi figli era stato ucciso, mentre si trovava a letto con la moglie di un altro uomo e che sua figlia perì in un incidente stradale. Il signor McDuff era già stato seppellito e a lei non rimaneva altri che una nipote. Intendeva vendere tutto e trasferirsi da lei. Chiedendole come si guadagnò il soprannome di "pistola ambulante", Addie sorrise: "*L'autista di uno scuolabus minacciò di far scendere Ken perché non aveva i soldi del biglietto. Era buio e nessuno dei miei ragazzi meritava di fare a piedi un tragitto tanto lungo. Così, il giorno dopo mi sono recata al deposito degli autobus e, mostrata la mia calibro 22, ho detto al conducente che, se solo avesse osato mettere in pratica una simile minaccia, quella sarebbe stata la sua ultima azione*". Poi, divertita, aggiunse: *"Nessuno, da quel momento in poi, si è mai più rivolto alla mia famiglia con arroganza"*.

Mi diressi a Rosebud, polveroso paesino di non più di 1.000 abitanti, deciso a parlare con coloro, tra questi, disponibili a condividere le proprie reminiscenze sulla giovinezza di Kenneth. Durante un barbecue texano, il sindaco, un reporter, diversi abitanti e il settantenne capo della polizia parvero disponibili a parlarmi del giovane Kenneth McDuff. Molti rammentavano di aver sempre provato un certo timore nei confronti del ragazzo, come si affrettò a testimoniare anche l'ex sceriffo della contea di Falls, Larry Pamplin, il quale mi assicurò come Kenneth e suo fratello maggiore John fossero dei veri e propri selvaggi. Occorre però rivelare che lo stesso Larry Pamplin non si è poi distinto per onestà, giacché fu costretto a dimettersi per aggressione aggravata, inadempienza ai propri doveri di pubblico ufficiale e racket. Fu infatti provato che egli dissipò i fondi destinati al nutrimento dei prigionieri, trattenendo per sé una discreta somma di denaro. Un'esperienza particolarmente straziante fu l'intervista alla madre di Regenia Moore, in un hotel di Waco. Quella donna, psicologicamente devastata, vagò per anni, munita di una vanga, tra le strade di Waco, cercando invano il corpo della figlia scomparsa: "*Non auguro alcun male a McDuff*", singhiozzò, "*vorrei solo dare alla mia bambina una degna sepoltura, la stessa che Addie McDuff desidera per suo figlio.*"

A distanza di tanti anni, il suo desiderio è finalmente stato esaudito. Infine, mi fu consentito il tanto atteso incontro con Kenneth McDuff, nel braccio della morte della Ellis Unit, Texas. Alto, fisico atletico e untuosi capelli neri, il volto contratto in un ghigno perenne, per tutto il tempo deplorò le ingiustizie commesse, ai suoi danni, dal sistema giudiziario e carcerario. Nell'elencare ogni cavillo cui poteva appellarsi, pur ammettendo, da grandissimo ipocrita, la propria responsabilità per tutti i crimini a lui imputati, rifiutò categoricamente di rivelare l'ubicazione dei cadaveri delle vittime che ancora non erano state rintracciate. Lo avrebbe fatto, disse, soltanto dietro lauto compenso: "*Non penso che lo Stato del Texas, a meno che non voglia condannarmi a una prolungata, noiosa e lenta esistenza, mi permetterà di rimanere in vita. Ho il diabete e tra non molto avrò seri problemi di salute. Ma voglio essere io a decidere quando morire. Fino ad allora, persisterò nei miei ricorsi. Mai ho permesso ad altri di decidere per me e non intendo concedere loro la soddisfazione di decidere della mia sorte. Del resto, credo ci siano buone possibilità, che entrambi i verdetti possano essere rovesciati".*

Alla domanda perché non si fosse accasato e non avesse intrapreso un rapporto significativo con una donna, rispose: "*Mi sento vecchio e stanco. Una volta desideravo una moglie e una famiglia come tutti. Adesso mi sento come un uomo nel cuore del deserto, a migliaia di chilometri dalla più vicina fonte d'acqua. Benché non vi sia alcuna possibilità ch'egli possa giungervi in tempo, seguita indefesso a camminare. Neppure io so perché desidero continuare questo viaggio. Forse per una sorta d'istinto di sopravvivenza? Bene, adesso parliamo dei soldi. Sempre utilizzando la metafora dell'uomo nel deserto, poniamo ch'egli abbia trovato l'oro e possa portare via solo ciò che riesce a trasportare. A me occorre semplicemente il necessario per mantenermi fino a quando non morirò e per coprire le spese di sepoltura. Dunque, chiedo 700 dollari per indicare alla polizia o alle famiglie delle vittime l'ubicazione esatta del corpo che stanno cercando. Intendo 700 dollari per ciascun cadavere. Possono usare bonifici internazionale o semplici vaglia postali. Il denaro dovrà essere spedito al mio fondo fiduciario carcerario. Non appena i singoli importi saranno depositati, fornirò loro le informazioni per recuperare le salme. In questo modo, posso essere certo di non essere imbrogliato*".

Queste raccapriccianti parole mi indussero a credere di trovarmi realmente innanzi a un demonio, del tutto indifferente al male compiuto e privo di qualsiasi giustificazione.

Questo capitolo è basato sull'esclusiva intervista fatta nel braccio della morte da Christopher Berry-Dee a Kenneth Allen McDuff, oltre che su una fitta corrispondenza e interviste a familiari e conoscenti.

Capitolo 8

DOUGLAS DANIEL CLARK & CAROL MARY BUNDY (USA)

"Ero un bell'uomo prima, sai?
E ora guarda come mi hanno ridotto.
Sto perdendo i capelli, i miei denti marciscono, e quelli ancora pretendono di giustiziarmi.
Che cazzo, prima o poi creperemo tutti. Sono sopravvissuto al giudice e al procuratore; resta il fatto che si vuole ammazzare un innocente".
Douglas Clark durante l'intervista con l'autore, 1995.

Un piccolo frammento di metallo dorato, rinvenuto in un torrente nel Nord della California nel 1849, fece scatenare la corsa all'oro. A quei tempi, San Francisco contava 459 abitanti; alla fine dell'anno successivo arrivò ad averne quasi 25.000. *I Quarantanove* così chiamati per l'anno in cui arrivarono provenivano da tutto il paese. Erano sognatori, avventurieri giovani e vecchi, con un'unica ambizione: diventare ricchi. Le strade di Columbia, Sierra City, Hangtown, e naturalmente San Francisco sembravano letteralmente ricoperte d'oro e tutti, minatori, prostitute e gestori dei più rinomati saloon si azzuffavano per procurarsi il tanto agognato e prezioso metallo. I partecipanti alla corsa all'oro bevevano smodatamente e giocavano d'azzardo senza ritegno, arrivando frequentemente ad ammazzarsi tra loro. Quando la California ottenne l'indipendenza, si rese necessario costruire una prigione di Stato: nacque così San Quintino. Percorrendo l'autostrada 101 in direzione nord, dal Golden Gate all'interstatale 580, il penitenziario si presenta come un massiccio edificio costruito su 30 acri di terreno. In origine chiamata Point Quentin, quest'area isolata deve il suo attuale nome a un semisconosciuto capo Indiano sconfitto nel 1824 in battaglia dai regolari messicani. Sostenuto da alte mura che culminano in tetti rossi, questo enorme istituto di correzione si staglia a nord della baia di San Francisco, nel bel mezzo di una lussureggiante pianura. Il dipartimento di detenzione della California ha un budget operativo che supera i 3,4 miliardi di dollari l'anno e può ospitare fino a 124.000 detenuti. San Quintino, nota anche come SQ, non solo appare come la più nota prigione di Stato, ma anche come la più rigorosa. Essa ospita infatti il braccio della morte nazionale dove, oltre 500 uomini attendono di essere giustiziati. Ultimamente in sintonia con metodi giudicati più umani la morte viene provocata tramite iniezione letale.

Douglas Daniel Clark è uno dei prigionieri del braccio della morte. Mantenerlo in buona salute fino al momento dell'esecuzione costa all'amministrazione circa 50 dollari al giorno.

Cinquecento metri distanziano il cancello d'ingresso dall'inquietante portico della prigione. Una volta giunti all'interno, percorso un corridoio di appena una decina di metri, si accede alla sala colloqui. Di fronte, un'area strettamente sorvegliata da cui scaturisce la voce di Clark, che, incatenato al muro e stretto in una camicia di forza, le caviglie trattenute da anelli d'acciaio, inveisce in modo alquanto dissoluto. Dimenticatevi il dottor Hannibal Lecter, giacché Clark non recita affatto nell'incarnare la perfetta rappresentazione del male. I suoi occhi blu hanno un che di selvaggio e demoniaco, i capelli, precocemente ingrigiti, appaiono oltremodo scarmigliati. Ma è soprattutto la bocca, da cui fuoriescono reiterate oscenità, a conferirgli quell'aria folle. Guardato a vista, si avvicina con passo strascicato; minacciosi lampi d'odio sembrano sprigionarsi da ogni fibra della sua possente corporatura, che raggiunge quasi due metri d'altezza.

Suda copiosamente nella grigia uniforme da carcerato, con pantaloni larghi e un berretto da baseball calato sugli occhi. Eppure, per quanto possano risultare ripugnanti, un aspetto trasandato e un linguaggio volgare non bastano a fare di un uomo un serial killer e, come dimostra il caso di Clark, l'intera storia potrebbe rivelarsi un avvincente, quanto irrisolto giallo e la sua vita assurgere a simbolo delle inascoltate proteste di un uomo innocente.

Nell'estate del 1980, una serie di orribili delitti fece tremare Hollywood. Le vittime erano tutte prostitute che battevano sul famoso Sunset Boulevard, un particolare che indusse la stampa a soprannominare l'ancora anonimo serial killer quale "l'assassino del Sunset Boulevard". Protagonisti di questa 'danza mortale': Carol Mary Bundy, Douglas Daniel Clark e John *Jack* Murray.

Carol Mary Bundy[12] (nessuna parentela con il serial killer Ted[13]) era una donna di bassa statura e priva di attrattive. La madre, Gladys, apparteneva in parte alla razza indio-algonchina, mentre il padre, Charles Peters, era un uomo tarchiato di origini franco-canadesi. Di lui Carol disse: *"Se si esclude l'incipiente calvizie, lo si poteva definire la mia versione al maschile. Occhi azzurri, non solo si presentava gradevole nell'aspetto, ma era dotato di un'eccezionale personalità.* È *stato un buon padre. Mi adorava".*

Nata nel 1943, Carol Mary era la seconda di tre figli. Con la famiglia girò gli Stati Uniti in lungo e in largo, risiedendo in diverse città; ad oggi dichiara di aver frequentato ben 23 scuole prima di riuscire a diplomarsi.

Già dall'età di undici anni aveva cominciato a perpetrare piccoli furti nei negozi, oltre a derubare genitori e vicini di casa. Gladys Peters, la madre, morì per un attacco di cuore il 10 giugno del '57. Carol Mary affermò che la notte successiva fu costretta a coricarsi con il padre che *"praticava sesso orale a me e abusava sessualmente della mia sorellina undicenne".*

Una notte, poco dopo il suo sedicesimo compleanno, Carol Mary venne mandata in una bottega del quartiere per comprare

12 Ndt. Carol Bundy è morta in carcere per insufficienza cardiaca il 9 dicembre 2003.

13 Ndt. Theodore Robert Bundy (1946-1989), noto serial killer americano, uccise 36 giovani donne e fu giustiziato sulla sedia elettrica il 24 gennaio 1989.

provviste. Quando tornò a casa, trovò *"macchie di sangue dappertutto e un fucile su una sedia"*. Suo padre, spiegò Carol Mary, si era risposato e non potendo più tollerare quella squallida esistenza, aveva pensato di uccidere la seconda moglie.

"Ecco perché mi aveva mandata al negozio", disse. *"Eliminata la moglie, si sarebbe liberato anche di me."*

A quanto sembra, il suo piano fallì miseramente: la moglie, fortemente determinata a preservarsi in vita, oppose strenua resistenza e, nella colluttazione, un colpo partito accidentalmente dall'arma impugnata da suo padre recise il pollice dell'improvvisato assassino.

A seguito dell'incidente, la matrigna di Carol Mary cercò una famiglia a cui affidare le ragazze. Una soluzione temporanea, poiché in breve lasciarono l'Indiana per trasferirsi da uno zio. Due anni più tardi, Charles Peters si tolse la vita impiccandosi. Aveva 52 anni.

Nel 1960 Carol Mary, diciassettenne, sposò un magnaccia, che conosceva da due settimane, ma il matrimonio durò appena sei giorni: incapace di tollerare l'atteggiamento del marito, che le chiedeva di 'intrattenere' i suoi amici, Carol pose immediatamente fine al loro rapporto. Eppure, in seguito confidò agli psichiatri di avere fatto sesso a pagamento già prima di sposarsi, ammettendo perfino un suo passato di prostituta a Portland, nell'Oregon. Dopo il divorzio, Carol, nel tentativo di divenire infermiera specializzata, frequentò il college a Santa Monica, anche se, tra i documenti dell'istituto, non risulta, come invece ella asseriva, che avesse conseguito il diploma nel 1968.

L'anno successivo, ventiseienne, sposò un inserviente ospedaliero, un certo Grant Bundy; da quel matrimonio, che durò undici anni, nacquero due figli. Grant aveva la pessima abitudine di picchiare le donne e, come risulta dagli atti giudiziari, nel gennaio del 1979 Carol cercò protezione presso un'associazione di volontariato a difesa delle mogli maltrattate. Prima di lasciarlo e rivolgersi alla previdenza sociale, la donna aveva tentato il suicidio in ben due occasioni. Trovato lavoro come infermiera specializzata al *Valley Medical Centre* di Los Angeles, Carol Mary si trasferì con i figli al *Valerio Gardens*, uno stabile in Van Nuys, amministrato da Jack Murray.

John Robert *Jack* Murray, quarantunenne australiano, per quanto sposato e padre di due bambini, era un inguaribile casanova e, in breve tempo i due intrecciarono una relazione. Fresca di divorzio dal secondo marito, da lei soprannominato *"checca isterica"*, Carol Mary aveva incassato metà della somma ricavata dalla vendita della sua vecchia casa, una cifra considerevole, che non poteva lasciare indifferente l'ambizioso Murray. Colmandola di affettuose cure e amorevoli attenzioni, l'uomo la esortò a una visita oculistica: Carol Mary infatti aveva una pessima percezione visiva, al punto che, poco tempo dopo, la previdenza sociale ne certificò la semi-cecità, classificandola come idonea a ricevere una pensione d'invalidità civile. Murray, la cui personalità era agli antipodi con quella che si poteva definire una persona filantropa e caritatevole basti pensare al denaro che in più di un'occasione aveva sottratto agli amici non si fece certo scappare la possibilità di appropriarsi della pensione di Carol Mary. Venuto a conoscenza del consistente conto in banca dell'amante, fece sì che il loro rapporto prendesse una piega a lui conveniente: in pratica la donna divenne sua cliente, elargendogli denaro in cambio di prestazioni sessuali. Alla fine dell'anno, riuscì perfino a farsi consegnare dalla donna 18.000 dollari, col pretesto di far operare la propria moglie di un'inesistente tumore. Metà di quel denaro fu invece utilizzato per chiudere il debito della sua *Chevrolet*, veicolo utilizzato frequentemente per i suoi incontri sessuali e rinnovare gli interni della vettura. Nel Natale del 1979, Carol Mary era ormai talmente ossessionata dalle performance sadomaso di Murray, da offrire all'ignara moglie 1.500 dollari purché le cedesse il desiderato marito. Ovviamente la donna, furiosa, intimò al remissivo Jack di sbattere fuori la pretenziosa amante dallo stabile. Per quest'ultimo il matrimonio, cui mai avrebbe rinunciato, era un contratto estremamente conveniente, giacché la moglie cucinava e lavava i suoi vestiti, mentre Carol, il cui conto in banca era ormai, grazie alle sue esose richieste, prossimo al collasso, rappresentava semplicemente una devota, ma non indispensabile, "compagna di giochi". Per questo, acconsentendo all'ultimatum della consorte, convinse l'amante a traslocare.

Non appena giunta al suo nuovo domicilio, nel maggio del 1980,

Carol Mary fu attratta dall'undicenne Shannon, figlia dei suoi vicini. Con la ragazzina, che appariva fisicamente e intellettualmente ben sviluppata, Carol principiò una relazione all'insegna di "giochi per adulti", che inevitabilmente finì per assumere connotazioni di tipo sessuale. A poco a poco, la donna incoraggiò Shannon a spingersi oltre il semplice *petting* e a praticare il lesbismo vero e proprio.

Malgrado l'apparente rottura, Jack e Carol Mary continuarono la loro relazione. Il sesso tra loro divenne sempre più perverso, al punto che la coppia provò a convincere alcune ragazzine a unirsi a loro in un *ménage à trois*. Fortunatamente, di fronte alle occhiate lascive della donna, le giovani, sconcertate, rifiutavano. Presa dallo sconforto più totale, Carol Mary ritirò i suoi figli da scuola e li mandò a vivere nel Midwest dai nonni paterni.

"*Carol Mary Bundy? Chi, quella puttana mezza cieca?*", disse Douglas Clark durante l'intervista nella prigione di San Quintino. Douglas Clark, all'anagrafe Daniel Clark, nacque nel 1948 in Pennsylvania, dove suo padre Franklin, arruolato nella Marina Militare, era stato assegnato. Terzo di cinque figli, fu lui stesso che, all'età di otto anni, decise di farsi chiamare Douglas anziché Daniel. A causa del lavoro paterno, la famiglia cambiò frequentemente residenza, spostandosi dalla Pennsylvania a Seattle, a Berkley e successivamente in Giappone.

Nel 1958, Frankyn si congedò dalla Marina Militare col grado di Capitano di corvetta. L'anno successivo si trasferì insieme alla moglie Blanch, ai figli Frank Jr, Carol Anne, Doug e Jon Ronlyn, sull'atollo di Kwajalein, nelle isole Marshall, dove trovò impiego come addetto riservista al deposito sussidiario per conto del dipartimento dei trasporti del Texas. Blanch lavorava come impiegata al controllo radio.

Vi rimasero due anni, beneficiando dei vantaggi della vita coloniale, in un complesso abitativo costruito appositamente per le numerose famiglie americane che lì risiedevano. Al loro rientro negli Stati Uniti si fermarono a Berkley per un breve periodo prima di ripartire alla volta dell'India. Il tenore di vita dei Clark, che disponevano di numerosi domestici pronti a servire e riverire in egual misura genitori e figli, era piuttosto elevato.

Altri americani residenti nel quartiere parlavano dei Clark come di persone perbene, sempre pronte a sostenersi l'un l'altro. Per quanto riguarda Doug, nessuno lo ricorda come un ragazzo problematico, ma alcuni vicini rammentano che, ogni qualvolta egli si cacciava in qualche guaio rendendosi fautore di una qualsiasi mascalzonata, il padre lo difendeva strenuamente, rifiutando di riconoscerne le responsabilità. Una volta cresciuti, Walter e Doug vennero mandati all'*Ecolat*, la scuola internazionale di Ginevra frequentata dai figli dei diplomatici Onu e da celebrità di fama mondiale, oltre che dai rampolli delle case reali europee e medio orientali.

A differenza del fratello, che era abbastanza spigliato e sicuro di sé, Doug, considerato un tipo arrogante e scontroso, non poteva vantare molte amicizie. Benché non disdegnasse l'impegno e portasse sempre a termine i propri compiti, non era particolarmente capace negli studi. In seguito, rivelò di aver sviluppato una particolare predilezione per il sesso spinto mentre viveva a Ginevra e che, proprio per questo motivo, venne espulso dal collegio. Dopo aver lasciato la Svizzera, Doug, all'epoca sedicenne, venne iscritto all'accademia militare di *Culver*, nell'Indiana. Frank Jr e Carol Anne a quel tempo erano già andati via di casa: Walter fu mandato in collegio in Arizona, mentre Jon Ronlyn lo raggiunse qualche tempo dopo. Nel frattempo, i genitori di Doug continuavano a girare il mondo, dirigendosi prima in Venezuela, poi a Perth, nell'ovest dell'Australia.

Benché intellettualmente dotato, Doug, applicandosi il minimo indispensabile, raggiungeva appena la sufficienza. Praticava diversi sport e suonava il sassofono in una band musicale. Anche nei tre anni trascorsi in accademia, non ebbe amici intimi, ma si unì a un gruppo di ragazzini che ne condividevano il disprezzo per l'autorità e l'assoluto menefreghismo. Si vantava continuamente della ricchezza della famiglia e dei suoi successi in campo sessuale, atteggiamento che finiva per annoiare e irritare i compagni di classe, i quali rifiutavano qualsiasi contatto con lui. A causa del suo comportamento, Doug fu obbligato a numerose sedute con lo psicologo della scuola, il colonnello Gleeson. Benché il medico avesse scritto più volte ai Clark informandoli della cattiva condotta del figlio, i genitori ignorarono il problema. Per tutto il tempo in cui Doug rimase in accademia, la madre andò a trovarlo una sola volta, mentre il padre si faceva vivo soltanto in occasione delle vacanze.

Come la maggior parte dei teenager, Doug era ossessionato dalle ragazze, ma quelle che per i coetanei erano solo fantasie erotiche, per lui divennero ben presto vere e proprie perversioni. Spesso, nel portarsi a letto una ragazza, ne registrava i gemiti mentre facevano sesso, per poi farli riascoltare ai compagni. Ingelosirli era per lui un malsano divertimento.

All'età di 17 anni, dichiarò di aver incontrato il grande amore della sua vita al ballo di fine corso, ma, nonostante le dichiarazioni di imperituro affetto, fece sì che le fotografie di loro due intenti a pratiche sessuali facessero il giro della scuola, procurandogli la notorietà tanto agognata. Nel 1967, diciannovenne, si diplomò, abbandonando l'accademia per tornare a casa dei genitori che, ormai in pensione, si erano stabiliti a Yosemite. Chiamato alle armi durante la guerra del Vietnam, deciso a evitare il fronte, si arruolò nella *Radio Intelligence* dell'Aeronautica, recandosi dapprima in Texas, e successivamente ad Anchorage, in Alaska, dove viene impiegato per decriptare i messaggi dei russi. Benché la disciplina militare di Anchorage gli ricordasse l'accademia e la severità dei superiori risultasse per lui difficile da tollerare, ebbe modo di consolarsi nei numerosi locali notturni della cittadina, dove, grazie alle numerose conquiste femminili, il suo ego ebbe modo di crescere a dismisura. Prima dello scadere della missione, Clark abbandonò l'Aeronautica con un congedo onorevole: una medaglia per il servizio reso alla patria e tutti i benefici che questo poteva comportare. Quale fosse la motivazione di tutto ciò, resta tuttora un mistero, poiché ogni volta lui stesso racconta una versione diversa e l'Aeronautica mantiene, al riguardo, il più stretto riserbo. Con oltre 5.000 dollari in tasca, il giovane pianificò di dirigersi dall'Alaska fino al confine messicano, ma si fermò quando arrivò a Van Nuys, Los Angeles, dove si trasferì insieme alla sorella Ann, sposata a un uomo violento.

A 24 anni, in un bar a nord di Hollywood, incontrò quella che sarebbe diventata sua moglie, la ventisettenne Beverly. Bionda e robusta, la donna si vedeva grassa e brutta, ma sentiva che Doug, con i suoi sogni di gloria e le sue ambizioni, sarebbe riuscito a trasformarla da bruco in farfalla. La coppia acquistò una ditta che produceva interni per automobili; Doug dirigeva l'azienda, laddove Beverly, che aveva un lavoro proprio, durante i fine settimana gestiva la contabilità. L'uomo, che pretendeva di essere l'unico dei due ad avere abbastanza cervello per mandare avanti la baracca, rifiutava qualsiasi consiglio la moglie potesse dargli in merito alla ditta. In tal modo, ogni qual volta si prospettava un buon affare, Doug riusciva sempre a vanificarlo. Durante gli anni settanta, l'azienda entrò in crisi e i due decisero di venderla. Per riuscire a saldare i debiti, lui trovò impiego presso un distributore di benzina e come addetto alla sicurezza; in seguito cominciò ad acquistare oggetti all'asta che poi andava a rivendere ai mercatini dell'usato. Beverly si occupava di caricare e scaricare le merci, dato che, a detta di Doug, lui era un venditore più abile della moglie. Sebbene Beverly non ritenesse esattamente che il loro matrimonio fosse stato un errore, accusava il marito di pigrizia. Il fatto che a Doug piacesse indossare la sua biancheria intima non le sembrava più insolito del desiderio di praticare lo scambio di coppia o il sesso a tre.

Quando Beverly iniziò a mettere su peso, Doug cominciò a passare sempre meno tempo a casa, preferendo trascorrere le sue serate al bar. Secondo la sorella Ann, l'uomo prese a ubriacarsi sempre più frequentemente, diventando ansioso e collerico. Sebbene Beverly smentì quanto dichiarato dalla cognata, convinse il marito, pena la loro separazione, a frequentare le riunioni degli *Alcolisti Anonimi*. Doug non toccò una bottiglia per due anni.

Per quanto fosse ambizioso, l'impegno che riponeva nel lavoro non era sufficiente a garantirgli il tanto agognato successo. Fu Beverly a suggerirgli di presentare domanda come apprendista termoidraulico comunale, consiglio che lui seguì, riuscendo perfino a portare a termine il corso di formazione.

Nel 1976, dopo quattro anni di matrimonio, Doug e Beverly si separarono amichevolmente. Clark iniziò a lavorare nella fabbrica di sapone *Jergen* nel 1979; le sue mansioni di operaio specializzato prevedevano che si occupasse della caldaia centrale. Benché l'incarico non fosse del tutto adeguato al suo livello di istruzione, assaporò la sensazione di potere che gli procurava avere sotto il suo controllo un edificio di quattro piani. Nel febbraio del 1980, mentre faceva il turno di notte, Clark dette fuoco alla sua auto, parcheggiata innanzi alla fabbrica, al solo scopo di riscuoterne l'assicurazione.

All'epoca in cui incontrò Carol Mary Bundy, Clark aveva preso l'abitudine di insinuarsi nella vita di donne grasse e poco piacenti, le quali, in cambio di qualche attenzione erano più che disposte non solo a concedergli vitto e alloggio gratuiti, ma anche a offrirgli denaro. Non appena le loro richieste di attenzioni si facevano più pressanti, lui prontamente si defilava, trasferendosi a casa di qualche altra anima solitaria. Subito dopo il Natale del '79, Carol Mary Bundy, all'epoca trentasettenne, conobbe Clark al *Little Nashville Country Club* dove Murray soleva cantare i successi di Tom Jones. Seppure Clark fosse un semplice tecnico caldaista, era un uomo di buone maniere. Assiduo lettore, amava inserire nelle sue conversazioni citazioni shakespeariane e vocaboli francesi. Trentunenne di bell'aspetto, era dotato di una voce vellutata dal timbro vagamente europeo, privilegio che gli consentiva di aggiudicarsi il meglio tra le donne disponibili sulla piazza. La sua avvenenza celava però un carattere profondamente opportunista, oltre a un incredibile edonismo sessuale: il suo unico pensiero era quello di godere di una folta schiera di amanti vogliose, ben disponibili a ospitarlo. Talvolta il numero delle sue concubine era talmente elevato, da far sì che egli neppure ricordasse dove al momento fosse all'alloggiato.

La sera del loro primo incontro, Carol Mary e Douglas trascorsero la notte insieme. Informata dei problemi ch'egli aveva con la padrona di casa, la donna non esitò a proporgli una sistemazione nel suo appartamento, soluzione che, per un certo periodo, parve soddisfacente per entrambi. Col tempo, però, egli realizzerà che fare sesso in cambio di soldi sarebbe stato per lui maggiormente proficuo.

Durante il suo breve soggiorno a casa di Carol Mary, lei presentò Clark alla sua compagna di giochi, Shannon. La vicinanza di quella ragazzina sessualmente disinibita e aperta, grazie all'opera di persuasione di Carol, ai rapporti a tre, rappresentò una tentazione irresistibile per Clark. La Bundy immortalò l'amante mentre simulava un rapporto sessuale con la giovane pesantemente truccata in fotogrammi che, qualche tempo dopo, sarebbero stati la sua rovina.

Durante l'intervista rilasciatami nella prigione di Stato di San Quintino, Clark affermò: *"Per tutta la durata della nostra relazione, sarò andato a letto con Carol Mary forse due-tre volte; sicuramente lei dirà che avevamo rapporti sessuali pressoché ogni giorno. Era Murray, estimatore del sadomaso, il suo vero amante... Carol Mary e Jack facevano sesso con una undicenne, e lui tentò di avviarla anche a rapporti orali e vaginali. Provarono più volte a coinvolgere in un rapporto a tre anche Nancy, la mia momentanea compagna. Alfine Carol Mary convinse lei e Shannon a fare sesso con loro, raccomandando alle due ragazze di tenermi all'oscuro della cosa"*. I primi omicidi commessi da colui che venne soprannominato 'l'assassino del Sunset Boulevard' furono quelli della quindicenne Gina Marano e della sedicenne Cynthia Chandler. Il 12 giugno 1980, i cadaveri delle due ragazzine furono ritrovati, completamente nudi, in fondo a una scarpata lungo il tratto di strada che collega Ventura a Pasadena da un addetto alla manutenzione stradale che lavorava per la *Caltrans*. Il medico legale stabilì che il decesso, causato da due colpi di arma da fuoco per ciascuna sparati a bruciapelo, risaliva al giorno prima.

Intorno alle 20:00 di sabato 14 giugno una donna chiamò la divisione nord est del dipartimento di polizia di Los Angeles a Van Nuys, dicendo di ritenere che il suo amante fosse un assassino. *"Quello che vorrei fare"* spiegò, mentre gli agenti registravano la telefonata, *"è assicurarmi che sia stato proprio il mio amante a commettere quegli omicidi. Lui dice di averlo fatto. Il mio nome è Betsy"*.

Più avanti, durante la stessa telefonata, Betsy era diventata Claudia. Per quanto la polizia si mostrasse ansiosa di conoscere il nome del presunto killer, la donna rifiutò di renderli partecipi di quell'essenziale informazione, limitandosi a fornire un breve identikit: *"Ha i capelli scuri e ricci, e gli occhi azzurri. Il nome di battesimo è John e ha 41 anni"*, aggiunse. *"Ho trovato una sacca da viaggio nella sua macchina: all'interno, coperte insanguinate, salviette e i suoi vestiti"*. La descrizione combaciava perfettamente con Murray, non con Clark, che all'epoca aveva 37 anni. In seguito, la donna, eccitata dal proprio racconto, aggiunse: *"Mi ha detto di aver sparato quattro volte con una calibro 25: a una delle vittime ha fatto saltare le cervella con due colpi, all'altra ragazza ha sparato al petto e alla testa. Corrisponde a quello che avete trovato?"*.

Quando l'interlocutrice concluse la telefonata, il detective scrisse sulla cassetta: *"Si tratta del killer o di qualcuno che lo conosce!"*

Nei giorni seguenti, gli investigatori compilarono una lista delle persone che avevano comprato una calibro 25 negli ultimi mesi. Si scoprì così che una certa Carol Mary Bundy, unica donna a comparire nell'elenco, aveva acquistato due calibro 25 *Raven* automatiche a Van Nuys venerdì 25 aprile. Benché l'armeria avesse immediatamente fornito loro indirizzo, numero di matricola e di previdenza sociale della sospettata, gli investigatori, per ragioni che tuttora si ignorano, scelsero di tralasciare tali informazioni. Sabato 22 giugno, Carol Mary Bundy traslocò a Burbank, in Verdugo Avenue. Clark, tra gli altri, si premurò di aiutarla a trasportare mobili e altri averi nella sua nuova abitazione, che si trovava in prossimità della fabbrica di sapone *Jergens*, dove lui lavorava.

Alle 3:05 del giorno dopo, a Burbank, un ufficiale di polizia trovò, in un canale di scolo di una zona residenziale nei pressi degli studi della *NBC* di Hollywood, il cadavere della prostituta Karen Jones. Uccisa con un colpo alla tempia sparato da una pistola calibro 25, alcuni indizi facevano supporre che fosse stata gettata da un'auto in corsa. Dai test balistici effettuati sulla pallottola ritrovata nel cranio, risultò che si trattava della stessa tipologia di proiettile che avevano ucciso Cynthia Chandler e Gina Marano. Quella stessa mattina, a pochi chilometri di distanza, nel parcheggio della trattoria *Sizzler*, la polizia ritrovò il corpo decapitato di un'altra prostituta, Exxie Wilson. Il cadavere, trascinato dietro un cassonetto dell'immondizia, era nudo e riverso in una pozza di sangue ormai rappreso. La Wilson e la Jones, che lavoravano per lo stesso protettore, erano state viste insieme per l'ultima volta da questi poco prima della mezzanotte. Nella tarda serata di giovedì 26 giugno, mentre percorreva in auto il vialetto d'accesso che portava alla sua casa nel quartiere di Studio City, un uomo notò una scatola in legno decorato che gli ostruiva il passaggio: *"Pensai contenesse qualcosa di prezioso"*, disse più tardi alla polizia. Con suo sommo orrore, vi trovò una testa mozzata, avvolta in una T-shirt e dei jeans. L'autopsia stabilì che Exxie era stata assassinata con un colpo di pistola calibro 25: la testa, lavata e truccata in maniera approssimativa, dopo la decapitazione, avvenuta mentre la ragazza era ancora in vita, era stata congelata. In fondo alla gola, vi erano tracce di una sostanza simile a sperma. La pallottola rinvenuta nel cadavere corrispondeva, sotto ogni aspetto, a quelle usate per uccidere la Marano, la Chandler e la Wilson.

Il 29 giugno di quello stesso anno, mentre passeggiavano in cerca di trofei nelle campagne vicine a Boulevard Foothill a Sylmar, alcuni cacciatori di serpenti trovarono, in una gola, il corpo di una prostituta diciassettenne, Marnette Comer. Il cadavere, seminudo e coperto dalla sterpaglia, giaceva bocconi; disidratato a causa del caldo estivo, si presentava pressoché mummificato. L'autopsia stabilì che la vittima, il cui ventre pareva dilaniato, era stata colpita tre volte al torace con una pistola calibro 25, la stessa che aveva ucciso le precedenti vittime. La scomparsa della ragazzina risaliva al 31 maggio.

Rintracciato il negozio in cui la scatola contenente i macabri resti di Exxie era stata acquistata, il magazzino *Newberry* a Reseda, la polizia ebbe modo di ascoltare la testimonianza di un commesso, il quale ricordava una cliente sovrappeso, che portava occhiali con lenti spesse e guanti corti e neri. Questi ultimi, essendo una giornata particolarmente afosa, gli erano parsi una stranezza: *"Era una donna tozza e poco attraente"*, affermò.

Gli indizi ruotavano tutti intorno all'identità della misteriosa informatrice che si era presentata alla radio come Claudia. Cinque prostitute erano state assassinate con la stessa pistola calibro 25 e la descrizione della cliente che aveva comprato la scatola coincideva con quella di Carol Mary Bundy, unica donna in tutto lo Stato della California a possedere due pistole *Raven*. Eppure, la polizia non fu in grado di correlare i due indizi.

Il 29 luglio, il disordine mentale della Carol Mary Bundy si aggravò. Chiese a Clark di spararle e, quando lui si rifiutò, tentò il suicidio. All'interno della sua *Datsun*, si iniettò una commistione di insulina e *librium*[14], poi inghiottì una manciata di pillole per dormire. Nonostante la sua esperienza in fatto di droghe, accumulata grazie al lavoro di infermiera, il tentativo di suicidio fallì e Carol fu

14 Ndt. Benzodiazepina, utilizzata nel trattamento degli stati ansiosi.

condotta in ospedale. Il giorno successivo, chiese a Jack Murray di andare a prenderla. Ma quando lui la raggiunse, in compagnia di una certa Nancy Smith, Carol, furiosa, si rifiutò di salire sul mezzo e tornò a casa a piedi. La sua rabbia parve però scemare rapidamente giacché, dopo soli quattro giorni, si ritrovò con Murray e Shannon per l'ormai consueto rapporto a tre. La quiete non era però destinata a durare e il 3 agosto, organizzato un altro incontro con l'amante nel parcheggio del *Little Nashville Country Club*, lo trovò intento a fare sesso nel furgone con una certa Avril Roy-Smith, che, al sopraggiungere della furibonda rivale, si affrettò ad allontanarsi. L'aver sorpreso, del tutto casualmente, Murray con l'ennesima concubina fu la classica goccia che fece traboccare il vaso. I due si allontanarono dal club, per parcheggiare a qualche caseggiato di distanza. Infine, Carol si appartò con Murray nel retro del furgone con l'apparente desiderio di fare sesso.

L'uomo, toltosi i vestiti, si era disteso sul sedile a pancia in giù, mentre Carol, sdraiata su di lui, gli apriva le natiche, infilandogli la lingua nell'ano. Mentre Jack gemeva di piacere, lei, afferrata la borsa, ne estrasse una delle *Raven* automatiche. Non appena puntò la canna della pistola alla nuca di Murray, lui, avvertito il freddo dell'acciaio, s'irrigidì per un istante, prima che lei sparasse. Tastatogli il polso, nell'avvedersi che ancora era vivo, sparò di nuovo. Il suo cuore continuava a battere.

Riposta la pistola, Carol Mary Bundy, recuperato in sua vece un coltello a serramanico, lo affondò ripetutamente sul dorso dell'uomo, che, dopo una decina di inesorabili pugnalate, spirò. A completamento della sua macabra opera, la donna squarciò le natiche della vittima mutilandogli l'ano, prima di recidergli la testa. Dopo aver frugato negli armadietti del furgone, sparpagliò cassette e riviste pornografiche attorno al cadavere. Rimosse parecchie fotografie a sfondo sessuale dalla ventiquattrore di Murray, afferrò le chiavi e la pistola dell'amante, prima di riporne la testa in un sacchetto di plastica. Infine, tornò alla sua auto, parcheggiata innanzi al club. Nelle prime ore del 4 agosto, si fermò a una cabina telefonica e fece il numero del proprio appartamento, dove sapeva avrebbe trovato Clark.

Allorché il telefono squillò, questi si trovava a letto con Nancy Smith: *"Carol Mary sussurrava e ridacchiava al telefono"*, spiegò, ma, prima che la chiamata proseguisse, Nancy, affetta da epilessia, ebbe una crisi. Doug, intimato a Carol Mary di tacere e tornare a casa, chiamò un'ambulanza. Quando la donna arrivò, pochi minuti più tardi, i paramedici erano già sul posto. Carol Mary dovette attendere che l'ambulanza si allontanasse, prima di condurre Clark verso la sua macchina: da una busta malcelata sotto il sedile del passeggero, fuoriusciva la testa insanguinata di Murrey.

Sconvolto dall'orrore, Clark vomitò. Come se nulla fosse accaduto, Carol gli chiese di aiutarla a sbarazzarsi di quel compromettente trofeo. L'uomo, in preda al terrore, acconsentì. In auto, Carol teneva adagiata sul suo grembo, con la massima indifferenza, la testa mozzata di Jack. Nel passare accanto a un cumulo di immondizia, abbassato il finestrino, gettò il macabro reperto fuori dall'auto. La testa di Murray non venne mai ritrovata.

Il 7 agosto, Carol Mary, il cui appetito sessuale pareva insaziabile, invitò Tammy Spangler, una delle amichette di vecchia data di Murray, a cena fuori. Clark, sapendo che Carol Mary intendeva combinare un altro incontro di sesso a tre, avrebbe preferito declinare l'invito, ma, oltre a essere colpito dalla bellezza della ragazza, cominciava a temere la follia di Carol Mary: "*Se era stata capace di uccidere Jack*" considerò, "*cosa diavolo le avrebbe impedito di farlo nuovamente? Magari uccidendo me?*".

Finita la cena, Tammy dovette rientrare al lavoro, e Doug e Clark rimasero soli. Poiché le aspettative sessuali della donna erano rimaste deluse, convinse Doug a guidare fino a Hollywood per cercare un'altra ragazza che a pagamento facesse a lui un bel lavoretto di bocca.

Sarebbe stato, disse, il suo regalo di compleanno per lui: l'uomo, seppur riluttante, acconsentì. Guidarono fino a Highland Avenue, dove notarono una prostituta che poteva fare al caso loro. Quando le fecero la proposta, Cathy, questo il suo nome, accettò, chiarendo che non avrebbe però acconsentito a rapporti lesbo. Dissipati i suoi timori, Cathy salì sul sedile posteriore seguita da Clark, mentre Carol Mary, che sedeva dal lato del passeggero, si apprestò a godersi lo spettacolo. Così Clark descrive ciò che accadde dopo: *"Ero seduto dal lato sinistro, Cathy, alla mia destra, mi stava facendo con la bocca un serviziettto coi fiocchi. D'un tratto, mi accorsi che Carol Mary, incapace di rimanere ferma al suo posto, allungava il collo per osservare l'area circostante, quasi intendesse accertarsi che non vi fossero testimoni nei paraggi. La sua mano, che sporgeva dal sedile, pareva voler toccare Cathy. Poi ho visto quella fottuta pistola. Per un attimo ho pensato che mi avrebbe sparato, esattamente come aveva fatto a Murray. Invece, puntata l'arma alla nuca della ragazza, ha premuto il grilletto".*

Il proiettile trapassò di netto il cranio della giovane e raggiunse Clark al basso ventre. Il sangue fuoriuscito dalla ferita, che si rivelò superficiale, gli imbrattò la maglia. *"Ero scioccato e terrorizzato"*, spiegò. *"Carol mi urlò di mettermi al volante, mentre lei scivolando sul retro, strappati i vestiti alla ragazza l'aggredì sessualmente. Delirava, seguitando a ripetere come Cathy apprezzasse la cosa".*

Dopo essersi sbarazzati del cadavere, i due si diressero all'appartamento di Carol Mary Bundy, dove si cambiarono i vestiti imbrattati di sangue. Doug non avrebbe più visto i suoi fino al momento dell'arresto.

Sabato 9 agosto, la polizia di Van Nuys ricevette una telefonata a proposito di un furgone *Chevrolet* parcheggiato da diversi giorni lungo Barbara Ann Street. L'informatore affermava di aver percepito un odore nauseabondo provenire dal mezzo. In pochi minuti, una pattuglia si precipitò sul posto e un ufficiale di polizia, guardando attraverso uno dei finestrini, scorse un cadavere sul retro. Dopo aver recintato il luogo del delitto, il detective Roger Pida rinvenne un portafoglio, grazie al quale la vittima venne identificata col nome di John Robert Murray, la cui scomparsa era stata denunciata dalla moglie diversi giorni prima. I detective non ebbero difficoltà a verificare che l'uomo frequentava una donna di nome Carol Mary Bundy. Il mattino successivo, due agenti si presentarono al domicilio della donna.

Carol Mary, invitatoli a entrare, presentò loro Clark e Tammy Spangler. Doug e Carol vennero condotti in centrale per rispondere a ulteriori domande, mentre la Spangler li seguì con l'auto per riaccompagnarli a casa una volta che si fosse concluso l'interrogatorio.

Alla stazione di polizia, la coppia fornì per l'ora in cui Murray era stato ucciso due alibi distinti. Clark ammise che Carol era rientrata tardi quella notte, mentre la donna mentì, affermando di essere rimasta nel suo appartamento fin dal primo pomeriggio. Alla domanda se possedesse armi da fuoco, la donna rispose di aver recentemente venduto un paio di pistole a un uomo alto, con i capelli rossi e una cicatrice. Tammy Spangler rivelò ai detective di aver visto Murray in compagnia di una certa Avril Roy-Smith la notte dell'omicidio. "*Forse fareste meglio a parlare direttamente con lei,*" suggerì.

In mancanza di prove certe con cui trattenere Carol Mary Bundy, lasciati andare sia lei che Clark, gli agenti andarono a fare visita ad Avril la quale fornì però, per l'ora del delitto, un alibi inattaccabile. Spiegò che, quando era scesa dal furgone, Jack era vivo e vegeto. Dopo essere andata via, si era diretta al club dove aveva trascorso le tre ore successive bevendo qualcosa con degli amici. Sosteneva altresì di avere visto Carol Mary Bundy salire sul furgone di Murray. Il giorno successivo, la squadra omicidi ultimò la procedura per ottenere un mandato d'arresto nei confronti di quest'ultima. Nel frattempo, Carol Mary, licenziatasi dal posto di lavoro all'ospedale, confessò ai colleghi di aver ucciso e decapitato l'amante. Con tutta tranquillità, affermò di dover tornare al suo appartamento *"per eliminare le prove prima che Doug fosse rientrato a casa"*. Sulla via del ritorno, Carol Mary si fermò alla fabbrica di sapone in cui Clark lavorava, per avvertirlo di aver confessato ogni cosa. L'uomo, il volto terreo, le urlò: *"Sei una pazza figlia di puttana, vattene e non farti più vedere!"* Non appena la donna si fu allontanata, Doug cercò invano di mettersi in contatto col detective Pida.

"*Carol Mary Bundy stava cercando di incastrarmi*", ripeté in seguito, nel proclamare la propria innocenza in merito agli omicidi del Sunset Boulevard, *"nessuno avrebbe creduto che avesse agito da sola! Oltretutto, aveva con sé le foto di me e Shannon. Un ricatto, ecco di cosa si trattava!"*

Poco dopo le 11:00, una donna chiamò la Divisione nordorientale del dipartimento di polizia di Los Angeles. Non appena l'ufficiale James Kilgore sollevò il ricevitore, costei disse: *"Qualche tempo fa vi stavate occupando di una serie di omicidi, che riguardavano delle prostitute".*

"Ci stiamo ancora lavorando", replicò Kilgore.

"Vi piacerebbe prendere il vostro uomo oggi?".

La donna descrisse gli omicidi e disse che l'arma del delitto era una calibro 25 automatica. Il suo amante, continuò, le aveva rivelato di aver *"ammazzato più di 50 persone"*. Lei aggiunse di aver ucciso un uomo di nome Jack Murray e ammise il suo coinvolgimento in parecchi degli altri delitti. *"A una di loro lui ha tagliato la testa. Be', poi... con una io ci ho giocato... e l'altra ragazza, la cicciona [Karen Jones], quella che il mio uomo ha scaricato vicino agli studi della NBC... mi trovavo anch'io con loro".*

Kilgore domandò di quanti omicidi stessero parlando: *"Probabilmente 12 o 14"*, fu la risposta. *"Ma non posso garantire per tutti. Al massimo posso confermarne 7 o 8, non di più".*

"E lei ha aiutato il suo uomo a commetterne qualcuno?". "Sì, l'ho fatto," rispose Carol Bundy. *"Quando mi ha* messo a conoscenza dei delitti commessi, ho capito di dover partecipare, altrimenti, avrebbe ucciso anche me!"

A quel punto Carol disse che aveva chiamato perché voleva costituirsi, e che il suo vero nome era Carol Mary Bundy. Infine si lasciò sfuggire l'identità dell'amante: *"Il serial killer si chiama Douglas Daniel Clark".*

In merito alle motivazioni del suo comportamento, la donna fornì una strana spiegazione: *"In verità, uccidere* è *alquanto piacevole. Ho lasciato che accadesse una volta e probabilmente sarei capace di rifarlo ancora. Mi rendo conto che tali parole possano risultare folli, ma io non mi ritengo affatto psicopatica. Vi* è *qualcosa di esaltante nell'omicidio... ti offre le medesime sensazione suscitate da una corsa sull'ottovolante. Non* è *tanto l'atto in sé, giacché alle vittime* è *stata evitata ogni sofferenza, ma l'inesorabilità ad esso connessa...".*

Conclusa la telefonata, la Bundy, certa di aver fatto tutto quanto fosse in suo potere per incastrare Clark, riordinò il suo appartamento. Pochi minuti dopo, alcuni agenti muniti di mandato d'arresto si presentarono alla sua porta. Durante l'accurata perquisizione, Carol mostrò loro una scatola contenente un paio di mutandine e altri indumenti, appartenenti a una vittima il cui cadavere non era all'epoca ancora stato rinvenuto, che vennero contrassegnati con l'etichetta *Jane Doe 28*. Stessa procedura fu utilizzata per il borsellino dell'ennesima donna non identificata, il quale venne bollato come *Jane Doe 18*.

"Questa scatola è di Clark," disse, *"volete vedere di che razza di uomo stiamo parlando?"* chiese, afferrando una borsa sul tavolo. Uno degli ufficiali la fermò, temendo potesse estrarre una pistola, ma, all'interno, vi era un mazzo di chiavi. La donna consegnò a un agente quella che apriva l'armadietto di Doug in camera da letto. Oltre a un album di fotografie di Clark e delle sue numerose conquiste, comprese quelle che lo ritraevano in pose compromettenti con l'undicenne Shannon, i poliziotti vi rinvennero alcune ricevute per l'acquisto di armi da fuoco, che in un secondo momento sarebbero risultate false. Nel frattempo, il detective Pida aveva condotto Clark alla stazione di polizia di Van Nuys, dove l'uomo dovette rimanere parecchie ore, senza acqua, né cibo. Gli venne persino negato il permesso di andare al bagno, un trattamento affatto legale, giacché neppure lo avevano informato delle motivazioni dell'arresto. Convinto di trovarsi lì esclusivamente per via di Murray, diede la sua versione su quanto avvenuto quella sera. Nello spiegare la ragione per la quale non si era rivolto alla polizia, Clark ammise sinceramente che la Bundy deteneva dozzine di foto incriminanti che ritraevano lui e la minorenne Shannon: era certo che lei le avrebbe usate per ricattarlo.

Quando Pida tirò fuori l'album fotografico ritrovato nell'armadietto della sua camera da letto, Clark cominciò decisamente ad allarmarsi. Il detective gli mostrò una foto segnaletica della defunta Cynthia Chandler, e Doug spiegò che la conosceva personalmente. Parlarono degli omicidi delle prostitute, al cui proposito Clark ribatté: *"Qualcuno sta cercando di fregarmi, e credo di sapere di chi si tratti."*

In possesso di elementi puramente indiziari a suo carico, la polizia decise di trattenerlo con l'accusa di molestie su minore. Una soluzione di ripiego, essendo convinti che le imputazioni a suo carico fossero altre. Eppure, ad eccezione delle vaghe accuse di Carol Mary Bundy, non esistevano prove a dimostrazione del suo coinvolgimento nei delitti del Sunset Boulevard.

Clark, cui neppure erano stati letti i diritti, chiese di parlare con un avvocato. Era ormai notte inoltrata, quando i detective, acconsentendo alla sua richiesta, lo informarono che, non essendo disponibili legali a quell'ora, avrebbe dovuto attendere il giorno successivo. Trasferito arbitrariamente presso un'altra centrale di polizia, a trenta miglia di distanza, quando un avvocato si presentò alla stazione di Van Nuys, nessuno sembrava sapere dove l'indiziato fosse stato condotto...

Se la polizia si mostrò poco collaborativa, non si poteva dire lo stesso di Clark. Diede loro il permesso di perquisire il suo appartamento, la moto e la fabbrica dove lavorava.

"Gli ho dato tutto quello che volevano", protestò in seguito. *"Anche le mie fottute scarpe, la mia fottuta saliva, il mio fottuto sangue. Gli ho perfino proposto di sottopormi alla macchina della verità, ma poi ho lasciato perdere perché non mi sono mai fidato degli sbirri. Volevano incastrarmi"*.

Nel frattempo, Carol Mary Bundy raccontava la propria versione. Avvalorò la dichiarazione di non colpevolezza di Clark nell'assassinio di Murray, spiegando che, mentre lei sparava all'amante, un altro uomo, *"uno psicopatico"*, lo aveva decapitato per evitare venissero ritrovate le pallottole. Alla domanda sul perché avesse lasciato i bossoli nel furgone, fornì risposte contraddittorie. All'inizio dichiarò di non sapere che l'arma avrebbe automaticamente espulso le cartucce; in un secondo momento, disse di essersi semplicemente dimenticata di raccoglierli. Durante l'iniziale, ed estremamente accurata, ispezione del furgone di Murray non era stato verbalizzato il ritrovamento di alcun bossolo. Qualche tempo dopo, tuttavia, un detective disse di aver recuperato un'unica cartuccia, sparata dalla pistola cromata *Raven* della Bundy. Questa scoperta assunse un aspetto sinistro quando trapelò la notizia che il reperto, imbustato, sigillato e contrassegnato con la scritta *2 bossoli X provenienti da fonte non specificata* risultava irreperibile.

Nel rivelare il movente dell'omicidio Murray, la Bundy fornì quattro spiegazioni piuttosto imprecise, in rapida successione. In primo luogo, lui le aveva sottratto del denaro; in secondo luogo, l'aveva lasciata; terzo, aveva programmato di violentare e uccidere Shannon; infine, voleva denunciare Doug alla polizia. Per quanto nessuna di queste spiegazioni avesse un senso, le autorità sembravano disposte a crederle.

Circondata da un attento pubblico di ufficiali, la donna ammise altresì il proprio coinvolgimento nell'assassinio della prostituta Cathy, uccisa nella sua *Datsun*. Quando gli agenti dissero di non aver trovato alcuna prova dell'avvenuta sparatoria nell'abitacolo del veicolo, la donna cambiò versione, sostenendo che il delitto si era consumato nella *Buick*, che aveva dato in prestito a Clark. Interrogato in proposito, Doug affermò che l'auto era sicuramente la *Datsun* a due porte, giacché ricordava di aver dovuto spingere il sedile del guidatore in avanti, per farvi entrare la ragazza. Carol disse di aver pagato la prostituta per fare un pompino a Clark, come regalo per il suo compleanno, ma dichiarò che l'accordo tra loro prevedeva che lui le avrebbe fatto un cenno quando fosse arrivato il momento di spararle.

Doug, furioso, negò ogni cosa, ribattendo: *"No, amico, quale uomo lascerebbe che una sgualdrina mezza cieca spari alla testa di una puttana mentre questa gli succhia il cazzo, con la probabilità di ritrovarsi per sbaglio un proiettile nel ginocchio o nella pancia? Cosa sarebbe successo se la mandibola di quella ragazza mi avesse stretto l'uccello in una morsa?"*.

Le sue obiezioni sembravano più che valide.

Per quanto riguardava i delitti Marano-Chandler, la Bundy si dichiarò estranea a entrambi, sostenendo che Clark le aveva rivelato di aver sparato a entrambe le ragazze, mentre gli praticavano sesso orale. Durante l'intervista a San Quintino, Clark commentò così le dichiarazioni della Bundy: *"Ora mi stai proprio rompendo il cazzo. Pensi che io sia pazzo? Una puttana mi fa un pompino, io le punto una pistola alla testa e la faccio secca. E che mi dici del sangue? E del mio uccello? Sia io che l'abitacolo dell'auto saremmo stati imbrattati di sangue e frammenti di cervello!"*

La Bundy disse alla polizia che Clark *"trascinati i corpi dalla Buick fino al suo garage, una volta dentro aveva fatto sesso con i macabri resti"*. Poi aggiunse: *"L'abitacolo era sporco di sangue e Doug portò la macchina all'autolavaggio*". Clark aveva ammesso di aver portato la *Buick* all'autolavaggio, ma aveva chiarito di averlo fatto il 21 giugno, esattamente una settimana dopo che la Bundy, nelle vesti di Betsy/Claudia, aveva telefonato alla polizia.

Asserì: "*Chiunque sia salito sulla Buick nel periodo tra il 14 e il 21 giugno e molti possono confermarlo può affermare che l'auto era asciutta, mentre dopo esser stata lavata il 21 giugno appariva bagnata, al punto da rimanere umida e ricoperta di vapore acqueo per tutta la settimana. Il punto* è, *qual è la fottuta macchina che Bundy ha ripulito, giusto prima della chiamata del 14 giugno alla polizia? La Datsun era guasta, la* Buick asciutta, soltanto il furgone Chevy di Murray combacia con i dettagli di cui lei parla durante la telefonata".

In effetti, fu dimostrato successivamente che il furgone di Murray era stato lavato dopo il primo dei tre omicidi, ma la polizia aveva scelto volutamente di ignorare un dettaglio così fondamentale: esso avrebbe provato, al di là di ogni ragionevole dubbio, che la Bundy stava mentendo ancora una volta.

La motivazione del successivo lavaggio della *Buick* fu rivelata dalla testimonianza rilasciata da quattro persone, che avvalorava la versione fornita da Doug. Nel pomeriggio del 20 giugno, Clark andò a trovare Joey Lamphier, una delle sue innumerevoli amanti e, quando lasciò l'appartamento della donna, nel fare retromarcia investì accidentalmente un gatto. Caricato l'animale gravemente ferito nella *Buick* sotto il sedile del passeggero, Douglas Clark, il cui amore per gli animali era universalmente conosciuto, si diresse dal veterinario. Sfortunatamente, la bestiola morì prima di arrivare a destinazione e Doug, ripostola dentro una scatola di cartone, l'adagiò all'interno del cassonetto. Il 21 giugno, dopo il lavoro, l'uomo si recò con Timmy, giovane figlio della proprietaria dell'appartamento in cui abitava, e la Bundy, all'autolavaggio.

Carol Mary, che doveva trasferirsi a Burbank, sembrava impaziente che la macchina fosse pronta. Doug lavò via sangue, urina ed escrementi da sotto il sedile. Più tardi Timmy confermò alla polizia che il sangue era ancora fresco quando Doug l'aveva ripulito, il che contraddiceva le dichiarazioni di Carol Mary, secondo la quale sarebbe rimasto lì una decina di giorni. Inoltre, come spiegò Clark, "*se quella macchina avesse nascosto un così atroce e compromettente delitto, perché mai mi sarei portato dietro un moccioso chiacchierone?*".

I tecnici della scientifica rilevarono una modesta quantità di una sostanza simile a sangue sia sotto che tutt'attorno al sedile anteriore della *Buick*, mentre il retro della stessa non risultò contaminato: cosa alquanto strana se si teneva conto delle dichiarazioni della Bundy, secondo cui vi sarebbero stati consumati tre brutali e sanguinosi omicidi.

Intorno alla metà del '91 Carol Mary Bundy cambiò ancora una volta storia, stavolta a vantaggio di un giornalista che stava scrivendo un libro sugli assassinii del Sunset Boulevard. Secondo la nuova versione, la macchina sarebbe stata lavata sempre il 21 giugno dopo l'omicidio di Cathy (*Jane Doe 28*), avvenuto la notte precedente. In accordo con la sua ultima deposizione, il sangue non rimase nell'auto più tempo di quanto vi era stato nel caso Chandler/Marano. Ancora una volta, la polizia sembrò non dare peso alle sue contraddizioni.

Interrogata sugli omicidi di Karen Jones e Exxie Wilson, la Bundy negò ogni coinvolgimento, riferendo soltanto di averne ascoltato il racconto fattole da Clark: "*Tre prostitute passeggiavano, in attesa di clienti, sullo stesso marciapiede*", affermò. "*Clark ha caricato Exxie sull'auto e, dopo averle sparato un colpo in testa, l'ha decapitata e scaricata dietro il ristorante Sizzler*". (Alcuni testimoni avvalorarono tale versione, dichiarando di aver sentito un'auto ripartire a gran velocità intorno all'1:15).

Carol Mary continuò il suo racconto asserendo che Doug, tornato a prendere Karen Jones, le aveva sparato mentre questa era intenta a praticargli sesso orale in macchina: "*L'ha uccisa e poi si* è *sbarazzato del cadavere.*"

Anche in questo caso, alcuni testimoni rammentavano di aver udito un grido intorno alle 2:40; meno di un'ora dopo, il corpo di Karen fu rinvenuto nelle vicinanze. Sempre secondo la Bundy, una volta perpetrati i due delitti, Clark, aveva portato la testa di Exxie nella sua nuova casa a Burbank, riponendola nel freezer, per poi telefonarle al numero del suo vecchio appartamento dove ancora risiedeva. I tabulati mostrarono una effettiva chiamata, fatta alle 3:08.

Secondo Doug però, che per quella notte possedeva un alibi, fu lei a chiamarlo.

Tammy Spangler poté infatti confermare che Bundy lo aveva chiamato intorno alle 3:00 nel suo appartamento a Lemona, dove i due stavano dormendo su un vecchio materasso: *"Doug nel traslocare i mobili di Carol Mary, si era procurato un doloroso mal di schiena,"* raccontò. *"Soffriva molto ed era furioso perché lei lo aveva fatto alzare dal letto".*

I detective non dettero però alcun peso alla versione di Clark, preferendo dar credito alla Bundy. Eppure, esistevano altre prove a conferma di quanto testimoniato da Clark e Tammy Spangler.

La versione di Doug: *"Quella domenica avevo discusso con Cissy Buster. Lei mi disse 'Se non vuoi vivere con me, puoi anche togliere il disturbo' e io la mandai al diavolo. Poi, raccolti i miei effetti personali, li caricai sulla Buick. Poiché Carol Mary si lamentava del persistente fetore lasciato dalle feci del gatto, mi offrii di portare il veicolo all'autolavaggio e di tornare in tempo per aiutarla nel trasloco. Arrivai a Lemona tra le 13:30 e le 14:30. Gli operai chiamati per il trasloco arrivarono tra le 15:00 e le 16:00 e con loro feci due viaggi, mentre alcuni ragazzini aiutavano Carol a stipare nella Buick supellettili ed elettrodomestici. Per quel che mi riguarda, nell'aiutare gli operai, sforzai la schiena al punto da non riuscire più a muovermi senza provare atroci sofferenze. Intorno alle 18:00, tornato a Van Nuys in bicicletta, chiamai il mio assistente Al Joines, chiedendogli se, il giorno successivo, potesse sostituirmi alla caldaia. Infine, per sedare il dolore, ricordo di aver bevuto parecchie birre. All'arrivo di Tammy, ci addormentammo sull'unico materasso rimasto nell'appartamento ormai vuoto. La telefonata di Carol, mi svegliò in piena notte. Sulla base dei tabulati, la polizia ha detto che erano da poco passate le 3:00".* In seguito, fu attestata la veridicità di tale deposizione.

La maggior parte delle prostitute per evidenti ragioni di sicurezza, preferiscono lavorare in coppia. In totale contraddizione con una simile consuetudine, la Bundy affermò che Clark avesse convinto Exxie Wilson a salire da sola sulla *Buick*, per poi ucciderla e tornare nella zona in cui batteva la vittima, allo scopo di attirare un'altra ragazza nella sua trappola. Inoltre, avendo l'autopsia dimostrato come Exxie fosse ancora viva allorché venne decapitata, sarebbe risultato impossibile, per Clark, portare a termine la mutilazione senza imbrattarsi col sangue fuoriuscito copioso dall'arteria.

Ma ancora più sorprendenti apparivano le dichiarazioni del coroner, secondo il quale la stessa persona avrebbe reciso le testa di Murray – atto che la Bundy aveva precedentemente attribuito a un terzo uomo e quella di Exxie Wilson, utilizzando, tra l'altro, gli stessi coltelli rinvenuti nell'appartamento di Carol Mary.

Tale fatto, oltre al particolare che il furgone di Jack fosse stato lavato diverse volte subito dopo gli omicidi avrebbero dovuto indurre i detective a ritenere Murray e la Bundy i veri assassini della Wilson e di Karen Jones.

Senza considerare la telefonata del 14 giugno che Carol Mary fece alla polizia, in cui ella, nel riferirsi al killer, citò un certo *"John"*, fornendo una descrizione dello stesso che rispecchiava in tutto e per tutto, età compresa, John *Jack* Murray.

Durante l'interrogatorio registrato l'11 agosto, Carol Mary Bundy attribuì a Clark anche l'omicidio di un'altra prostituta (*Jane Doe 18*), avvenuto *"senza ombra di dubbio due settimane prima"*; salvo poi ammettere, allorché la polizia le mostrò l'inattaccabile alibi di Douglas – che in quei giorni presenziava al matrimonio del fratello a circa 600 chilometri di distanza di essersi confusa, arrivando a sostenere vagamente che tale delitto si fosse verificato *"nel mese di luglio"*.

In merito a quello che la Bundy sostenne essere l'ultimo omicidio di Clark, ella inizialmente affermò: *"Lui non mi ha raccontato niente in proposito e vi assicuro che, se non ha voluto parlarne con me, di certo non farà rivelazioni a voi, quindi tanto vale che lasciate perdere"*.

Tuttavia, trascorso qualche minuto, cambiò nuovamente versione, fornendo un'accurata descrizione del delitto, compreso il nomignolo che Clark avrebbe affibbiato alla vittima, *Torre serbatoio*, che indicava il luogo in cui era nascosto il corpo. Aggiunse inoltre che l'uomo, *"adagiato il cadavere sopra il cofano della Datsun, aveva lasciato il motore acceso durante il successivo rapporto sessuale, affinché le vibrazioni simulassero nella vittima i tipici movimenti del coito"*.

La donna sostenne perfino che la borsa ritrovata nel suo appartamento appartenesse a quest'ultima vittima. Eppure, la polizia non fece alcuno sforzo per verificare la veridicità di tale informazione: se avesse controllato, vi avrebbe rinvenuto all'interno, biglietti da visita di una ditta, numeri di telefono e perfino una patente di guida, da cui facilmente sarebbero potuti risalire alla legittima proprietaria. Lo stesso Clark credeva che, se *Jane Doe 18* fosse stata identificata, si sarebbe potuto accertare quando la ragazza era stata vista viva per l'ultima volta, consentendo a lui di fornire un eventuale alibi.

Questo il suo recente commento sul nomignolo attribuito alla vittima: "*Non ho mai chiamato alcuno con quel nome, vivo o morto che fosse,*" disse Clark. "*La polizia sostiene di aver ritrovato il cadavere presso una cisterna di petrolio. Io lavoro come operaio specializzato da quattro anni: come potete immaginare sono perfettamente consapevole della differenza tra una cisterna e una torre serbatoio, così come so distinguere il petrolio dall'acqua. È probabile che il cadavere fosse nascosto nell'area collinare in cui effettuano l'estrazione di tale combustibile. Di sicuro solo un profano in materia avrebbe potuto attribuirle quel nomignolo*".

Eppure, posta di fronte all'incoerenza delle proprie bugie, Carol proseguì imperterrita nella sua versione, asserendo che i cosmetici da lei utilizzati per trasformare il volto di Exxie in una "*bambola stile Barbie*" provenivano dalla borsetta appartenente a *Jane Doe 18*, senza curarsi minimamente del fatto che l'omicidio di quest'ultima fosse avvenuto almeno un mese dopo quello della Wilson.

Durante lo scambio di reciproche accuse tra Carol Mary Bundy e Doug Clark, la prima si soffermò sulla necrofilia del compagno, il quale godeva nello sparare alle prostitute mentre queste gli praticavano sesso orale. Ovviamente nulla poteva essere escluso, ma tale pratica, pericolosa oltre che perversa, apparirebbe alquanto insensata perfino per uno psicopatico afflitto dalle peggiori turbe sessuali. Oltre al rischio effettivo che le pallottole potessero trapassare il corpo della vittima prescelta e colpire lo stesso omicida, così come era accaduto, seppure di striscio, nel caso di Cathy, Doug, che andava alquanto fiero della propria virilità, non era così sciocco da non sapere che un eventuale morso, causato dagli spasmi post-mortem, l'avrebbe di certo messa a repentaglio. Se non sussistevano prove a supporto delle dichiarazioni della Bundy sulla presunta necrofilia di Clark, ve n'erano al contrario per accusare Carol di tale perversione:

lei stessa aveva infatti ammesso che la sua lingua si trovava ancora nell'ano di Murray, mentre gli sparava alla testa. Inoltre, quando la *Datsun* fu ricondotta al deposito, in un ulteriore controllo fu rinvenuta una lettera che sembrava essere sfuggita alla prima perquisizione del veicolo. La grafia era quella di Carol e riportava la firma "Betsy", pseudonimo utilizzato nella sua telefonata alla polizia. La lettera, contenente richiami sessuali molto espliciti sugli *"spasmi vaginali post-mortem"*, proseguiva con la descrizione particolareggiata di come Doug, estratta dal freezer la testa congelata di Exxie Wilson, avrebbe fatto sesso orale con quel macabro reperto. Un'affermazione alquanto incredibile, giacché esso, solidificato, avrebbe richiesto parecchi giorni per scongelarsi, come la stessa polizia ebbe modo di confermare.

Lo stesso Clark osservò: *"Gli sbirri, così come Carol Mary, affermano che la testa era congelata, le mascelle serrate. Come avrei potuto inserire il pene all'interno di quella bocca? Lasciamo perdere, che ne dice?"*.

Certo, a ciò si poteva obiettare che il rapporto orale fosse avvenuto prima del congelamento, ma nonostante le affermazioni della Bundy, secondo cui Clark avrebbe eiaculato sia nella bocca della Marano che in quella della Chandler, i tamponi faringei prelevati non presentavano alcuna traccia di liquido seminale, mentre sangue e sperma vennero ritrovati nella parte esterna dei genitali. Oltretutto, una volta analizzato, il sangue risultò essere di tipo A, lo stesso di Murray, laddove Clark apparteneva al gruppo 0. Tracce di fosfato acido furono rinvenute nella gola di Exxi, ma era probabile provenissero dal fluido spinale. Eppure, nonostante il gruppo sanguigno non corrispondesse, l'accusa continuò a sostenere si trattasse dello sperma di Clark.

Poco dopo essere stata incriminata per omicidio, gli agenti prelevarono la Bundy per portarla a mangiare.

Durante tale interruzione del procedimento giudiziario, le fu permesso di vuotare la propria cassetta di sicurezza, senza neppure verificare cosa contenesse. Al contrario, senza neppure richiedere alcun mandato, essi si premurarono di controllare la casella postale di Clark, impossessandosi della documentazione in essa racchiusa. La Bundy ottenne inoltre la concessione di tornare al suo appartamento per disfarsi dei mobili, benché molti appartenessero allo stesso Clark.

Come lui, giustamente, osservò: *"Loro [*la polizia*] le hanno restituito la macchina prima che potesse essere analizzata dai periti della difesa"*. E, calcando le parole: *"Non restituiscono mai le auto degli assassini, mai"*.

La persona incaricata della custodia della *Datsun*, in seguito all'arresto della Bundy, oltre alla lettera sopraccitata, vi rinvenne una giacca macchiata di sangue, che neppure era stata analizzata. L'indumento non apparteneva a Clark, né alla Bundy, né a una delle vittime fino a quel momento conosciute. Grazie a successive e più approfondite indagini, fu possibile risalire all'identità del legittimo proprietario, che risultò essere Jack Murray. Perfino sua moglie, allorché le mostrarono una fotografia della stessa, la riconobbe senza alcuna esitazione come appartenente al defunto marito. La magnanimità che la polizia dimostrò nei confronti del suo teste chiave non pareva conoscere limiti.

Il 29 agosto, vale a dire 18 giorni dopo il suo arresto, le venne permesso di accedere alla cassetta di sicurezza di Murray e di prelevarne 3.000 dollari. Quel denaro, legalmente intestato alla vedova, svanì nel nulla senza che nessuno si ponesse il problema. La polizia negò categoricamente quell'episodio per anni, finché Clark ebbe modo di provare il fatto. Solo allora, gli agenti confessarono l'accaduto: *"Ah, sì, quel giorno, certo, ma di quali soldi stiamo parlando?"* domandò il detective. *"Noi non abbiamo visto denaro"*.

Ovviamente, la polizia seguitò a respingere le conseguenti accuse di una qualche collusione con l'imputata: una eventuale ammissione di aver elargito favori in cambio di denaro avrebbe inevitabilmente comportato l'apertura di un procedimento ai danni di tre avvocati e una dozzina di ufficiali di polizia. Dal canto suo, Carol Mary Bundy continuò a sostenere di aver dato in custodia alla polizia quei 3.000 dollari e di non esserne più rientrata in possesso.

La questione delle armi da fuoco utilizzate dal serial killer contribuiscono ad arricchire il caso degli 'omicidi del Sunset Boulevard' di ulteriori enigmi.

Fu accertato che la donna avesse acquistato, il 16 maggio 1980, due pistole *Raven* automatiche, calibro 25. Per quanto simili, una delle due era cromata, l'altra nichelata. I test balistici identificarono quest'ultima come l'arma usata in tutti gli omicidi, a eccezione di quello di Cathy (*Jane Doe 18*). Nel caso di Murray, non era stato possibile effettuare i test, poiché la sua testa non fu mai ritrovata. Entrambi i bossoli, inizialmente rinvenuti nel furgone, scomparvero misteriosamente, proprio come il denaro della signora Murray. La Bundy sostenne che la pistola nichelata appartenesse in realtà a Clark. Nonostante il diniego di quest'ultimo, confermato tra l'altro da alcuni testimoni, la polizia decise di non credergli.

Durante il weekend del *Memorial Day*[15], che ebbe inizio il 24 maggio, Clark e una delle sue amanti, Toni, decisero di partire per la cittadina settentrionale di Yosemite, con l'intenzione di recarsi in visita ai genitori di Doug. L'uomo aveva programmato di spostarsi in moto, ma chiamò la Bundy per chiederle se, nel caso Toni avesse mostrato qualche perplessità per la scelta del mezzo, potesse utilizzare la *Buick*. Fu durante quella telefonata che Carol gli rivelò di aver acquistato le *Raven*, e gli chiese se potesse controllarle perché una delle due sembrava difettosa. Al suo ritorno da Yosemite, Clark avvertì la Bundy che non era stato in grado di risolvere il problema della pistola cromata, che risultava pertanto ancora non funzionante. La donna tenne per sé l'arma nichelata e regalò l'altra a Clark. Carol Mary confermò questo particolare alla polizia.

Il 16 giugno, Doug consegnò la pistola a Joey Lamphier, mostrandole come pulirla se per caso si fosse inceppata. I primi di luglio, Carol Mary chiese la restituzione dell'arma. Dopo un'accesa discussione, Clark la accontentò. L'ultima volta che l'uomo vide la rivoltella fu la notte del 7 agosto, quando Carol Mary la usò per sparare a Cathy. Il 9 agosto, dopo il ritrovamento del cadavere di Murray, allorché la polizia perquisì il luogo di lavoro di Clark, le due pistole furono rinvenute sopra una caldaia: la Bundy, consegnatele all'amante, gli aveva dato l'ordine di farle sparire. Lo stesso giorno gli investigatori, nel setacciare l'appartamento della Bundy, trovaro-

15 N.d.t. Il Memorial Day è il giorno nel quale, negli USA, si rende omaggio e si commemorano i soldati americani caduti in guerra. Esso cade annualmente nell'ultimo lunedì di maggio.

no nel suo comodino una cartucciera con 29 pallottole calibro 25. Nel soggiorno vi erano anche parecchie pellicole pornografiche e un libro contenente immagini di teste mozzate. Benché tale materiale appartenesse alla Bundy, durante il processo venne attribuito a Clark.

Durante gli interminabili colloqui con la polizia, la donna affermò che Clark aveva avuto rapporti sessuali con i cadaveri delle giovani Marano e Chandler nel garage dove teneva la legna, la moto e diverse scatole con i suoi effetti personali. Non appena gli agenti ottennero un mandato di perquisizione, la Bundy si affrettò a sostenere che tutte le prove erano state cancellate. Tuttavia gli agenti trovarono l'impronta di uno degli stivali di Doug sul pavimento.

Dalle successive analisi emerse che si trattava di materiale organico. Eppure, la richiesta di ulteriori esami, atti ad accertare la vera natura della macchia, non furono mai eseguiti, perché, stando a quanto riportato dalla polizia, *"occorreva preservare l'impronta per l'identificazione e il successivo confronto"*. Si trattava di una scusa relativamente debole, essendo stata l'orma tempestivamente fotografata e registrata come prova.

La polizia dichiarò inoltre di aver rinvenuto un'altra chiazza rossa, larga all'incirca sessanta centimetri e lunga oltre un metro. Ne dedussero che le vittime, trascinate sul pavimento, avessero perso molto sangue. Tutto questo, se il test eseguito sull'impronta non fosse stato oltremodo discutibile, avrebbe confermato quanto sostenuto dalla Bundy a proposito dell'orgia necrofila. Le abrasioni *post mortem* sulla schiena della Chandler, che i poliziotti si affrettarono ad attribuire allo sfregamento del corpo su una superficie ruvida, potevano essere state determinate, secondo il medico legale, dalla sua rovinosa caduta dalla scarpata. Clark, innanzi allo sbalordimento manifestato dai poliziotti nel trovare la sua impronta nel garage, con il suo proverbiale, quanto grottesco senso dell'umorismo, commentò: *"Come diavolo sarebbe stato possibile non trovarne? Avrei dovuto levitare, tutt'attorno! Nei sei mesi in cui ho utilizzato la bicicletta, le ruote hanno scavato delle sottili tracce al centro del garage, dove, inevitabilmente si sono accumulati i trucioli della legna che quotidianamente adoperavo. Allo stesso modo, sotto e intorno al portone d'ingresso si infilavano sempre foglie e polvere"*.

Questo poteva spiegare chiaramente perché le tracce ritrovate fossero di natura organica. Al termine di un'accurata perquisizione nel garage di Clark, la polizia si limitò a riferire che *"dovevano esserci state macchie di sangue sul pavimento"*.

Nessuna prova confermò tale affermazione, né le accuse della Bundy. Oltretutto, la stessa dichiarazione di quest'ultima di aver cancellato ogni traccia si rivelò menzognera, giacché parve oltremodo evidente, perfino alla polizia, che quel posto non veniva pulito da anni. Nonostante tali contraddizioni, ciò che realmente poteva salvare Clark dall'esecuzione capitale erano gli alibi che pareva avere per almeno alcuni degli omicidi.

Nel caso dell'11 giugno però, data in cui vennero uccise le due prime giovanissime vittime, Doug sostenne di non ricordare dove si trovasse, né cosa avesse fatto dopo il lavoro. In quel periodo, egli divideva l'appartamento con Cissy Buster, una delle sue innumerevoli amanti, la quale sostenne ch'egli fosse rientrato quel giorno intorno alle 20:00. Secondo il registro delle presenze, Doug era uscito dalla fabbrica alle 13:00. La Buster aggiunse che Clark le aveva telefonato per avvertirla che sarebbe arrivato tardi; un particolare che disse di ricordare perché quel giorno si teneva la festa di diploma del figlio.

In realtà, da un successivo controllo, emerse che la teste aveva confuso la data, giacché tali festeggiamenti avevano avuto luogo venerdì 13 giugno, e non il giorno in cui vennero commessi gli omicidi (11 giugno).

Ciò che avrebbe potuto chiudere definitivamente il caso a sfavore di Clark poteva essere il riconoscimento da parte di una vittima sopravvissuta. Ciò sembrò realizzarsi allorché la polizia arrestò una certa Charlene Anderman, donna mentalmente instabile, con diversi precedenti per droga e prostituzione.

Pressoché in contemporanea con i delitti del Sunset Boulevard, si erano verificate alcune brutali aggressioni e rapine ai danni di prostitute, tra cui la stessa Charlene. Questa era stata più volte pugnalata alla schiena, prima di essere scaraventata in strada.

La polizia aveva arrestato un certo Jerome Van Houten, che Charlene, sotto effetto di cocaina, aveva inizialmente identificato in un confronto all'americana. La sua versione dei fatti risultò però alquanto confusa: se in un primo momento sosteneva di essere stata aggredita in un motel, in seguito aveva cambiato versione, asserendo di trovarsi in auto e fornendo, di quest'ultima, un colore e un modello diverso ogniqualvolta veniva interrogata. Seppure la sua deposizione fosse risultata inattendibile, le prove raccolte, sulla base di altre testimonianze, contro Van Houten erano state tali da consentirne il fermo.

Non appena arrestata, la Anderman venne però fuori con l'accusa che fosse stato Douglas Clark ad aggredirla, dichiarando di essere pronta a testimoniarlo in tribunale, purché l'avessero rilasciata al termine del procedimento.

Fortunatamente per Clark, la Corte, giudicata la teste del tutto inattendibile, ne respinse le dichiarazioni.

Fin dall'inizio, Douglas Clark sostenne di essere certo che i killer fossero Jack Murray e Carol Mary Bundy e che gli omicidi fossero avvenuti all'interno del furgone *Chevy* di Jack. Durante l'ispezione del veicolo, fu in effetti rinvenuto un elemento che poteva essere reputato di vitale importanza: un brandello di cuoio capelluto, dal quale penzolavano alcune ciocche di capelli biondi, fuoriusciva dal portello di aerazione collocato sul tetto del mezzo. Il macabro reperto, lungo più o meno cinque centimetri e ormai del tutto disidratato, era probabilmente schizzato via durante la deflagrazione: essendo Murray scuro di capelli, non poteva trattarsi di un frammento del suo scalpo. Ne conseguì che, essendo molte delle ragazze uccise bionde, almeno una delle vittime doveva essere stata assassinata nel furgone. Ma Murray era deceduto e lo Stato, deciso a dimostrare l'efficienza delle proprie forze dell'ordine, necessitava disperatamente di un colpevole ancora in vita.

Clark pareva il candidato perfetto. Così, il tessuto cutaneo non solo neppure venne analizzato, ma a Clark venne rifiutato il diritto di esibirlo come prova a suo favore durante il dibattimento.

Il legale assegnato a Clark, del tutto inesperto, non pareva sufficientemente preparato per affrontare un complicato caso di delitti seriali. Oltretutto, egli aveva recentemente dichiarato bancarotta, presentandosi innanzi alla Corte per rispondere di negligenza colposa e sottrazione di denaro dal fondo clientelare. Come risultato, l'uomo aveva iniziato a bere e, allorché gli fu affidata la difesa di Doug, era ormai un indefesso alcolizzato. Lui stesso rivelò ai giudici di essere un alcolista e, durante l'intero processo, prestò maggiore attenzione ai propri problemi finanziari che al procedimento giudiziario. Familiari, amici, testimoni della procura, ufficiali del tribunale lo avevano visto con i propri occhi bere pesantemente prima che la Corte si riunisse. Perfino l'ufficiale giudiziario si lamentò col giudice dell'alito che ne accompagnava l'ingresso in aula.

Durante la prima giornata del processo, il legale di Clark aprì la seduta dicendo semplicemente che il suo cliente, colpevole, era mentalmente infermo e faceva pertanto appello alla clemenza della corte. Il giudice, comprensibilmente allibito di fronte a una tale prematura ammissione, non appena l'avvocato tornò barcollando al proprio posto, ritenne necessario ricordargli che, in quella prima fase del processo, occorreva ancora stabilire chi avesse commesso il crimine: solo nell'ultima seduta, qualora l'imputato fosse stato giudicato colpevole, egli avrebbe potuto appellarsi alla benevolenza della corte.

Brontolando, l'avvocato tornò a sedere, per poi alzarsi nuovamente, un'ora più tardi, dichiarando di non essere preparato in quanto non aveva avuto occasione d'incontrarsi con Clark. Tale affermazione risultò però priva di fondamento, poiché dal registro delle visite ai prigionieri e dalle sue stesse annotazioni finanziarie parve chiaro ch'egli avesse intrattenuto con il suo assistito quotidiani colloqui. Nel corso delle sedute, Clark, sempre più consapevole del fatto che nessun aiuto gli sarebbe giunto dal legale, nel disperato sforzo di riuscire a salvarsi, chiese di poter provvedere personalmente alla propria difesa. In effetti, troppo spesso aveva dovuto svegliare l'avvocato, accorgendosi improvvisamente che questi si era assopito nel corso dell'intervento del procuratore. Quest'ultimo, realizzata la momentanea 'assenza' del collega, tentò di far passare elementi contenziosi senza ch'egli se ne accorgesse, tattica sleale che funzionò in diverse occasioni.

Il tribunale decise però di ritenere inopportuno che Clark si occupasse personalmente della propria difesa.

In realtà, parve chiaro fin dall'inizio come lo Stato mirasse a condannare Clark a ogni costo. Con la difesa nelle mani di un perfetto incompetente, l'accusa non aveva ostacoli a intralciare il suo cammino. Accortosi di ciò, Clark esplodeva talvolta in manifestazioni rabbiose, al punto che dovettero perfino ammanettarlo alla sedia e imbavagliarlo. In un'altra occasione, condotto fuori dall'aula, fu rinchiuso in una piccola stanza munita di casse, da dove poteva assistere, nella totale impotenza, al proseguo del procedimento. Giunti a metà processo, il giudice Torres acconsentì alla richiesta di Clark di difendersi da solo, ma la sua situazione non parve migliorare. Negatogli il diritto di poter contare su un qualche consulente, il giudice, in maniera del tutto arbitraria, arrivò ad affermare: *"Adesso, si arrangi da solo"*.

Quando Doug chiese alla corte di ammettere come prove alcuni reperti, tra cui alcuni filmini porno amatoriali ritrovati nel furgone di Murray la Bundy aveva comprato la videocamera di Murray e Doug sospettava che i due avessero realizzato *snuff movies* filmando qualcuno degli omicidi il giudice ne respinse prontamente la richiesta.

L'imputato urlò: *"Se fossi in possesso di un film a colori in cui si vedessero chiaramente Carol e Jack commettere gli omicidi, non vorrebbe visionarlo?"*.

Quando il giudice, sorridendo compiaciuto, ammise che neppure in quel caso gli avrebbe permesso di utilizzarli come prova, Doug ne rimase sconcertato.

Durante la fase successiva del processo, divenne evidente che Clark aveva un alibi inattaccabile per la notte in cui la testa di Exxie Wilson fu ritrovata in un cestino da un terrorizzato testimone. Diverse persone assicurarono com'egli fosse intento a spassarsela con una cubista, per festeggiarne il ritorno in Nuova Zelanda. Doug, che le aveva perfino firmato un assegno per ciascuna delle notti trascorse insieme, fu pronto a produrre i documenti che attestavano come tali assegni fossero stati incassati il giorno successivo alla loro emissione. Nemmeno il serial killer più matricolato avrebbe potuto trovarsi in due posti contemporaneamente e la Bundy aveva dichiarato alla polizia che era stato proprio Clark a disfarsi della testa di Exxie. L'*entraîneuse* si offrì perfino, se solo le avessero pagato il viaggio aereo, di tornare negli Stati Uniti per testimoniare.

L'imputato tentò invano di ottenere tale autorizzazione, facendo giustamente leva sul fatto che il procuratore distrettuale aveva fatto volare a spese dello stato numerosi testimoni, tra cui un ex agente dell'*FBI* giunto appositamente dalla Virginia per confermare come l'impronta ritrovata nel garage appartenesse proprio a lui cosa che questi aveva ammesso fin dall'inizio. Per far arrivare il suo teste in California, il procuratore aveva speso ben diecimila dollari, mentre a Clark ne vennero concessi soltanto venti in monete da dieci centesimi come fondo stanziato per la sua difesa.

Non avendo il denaro necessario, nel disperato tentativo di portare la ballerina a testimoniare, Clark chiese ch'ella potesse fare una deposizione telefonica, procedura perfettamente legale, purché la teste venisse regolarmente identificata e prestasse giuramento in un tribunale locale. Ma, ancora una volta la sua richiesta venne respinta. Alcuni problemi insorsero allorché la corte si trovò a riesaminare il ritrovamento della testa di Exxie Wilson e degli abiti. Nel tentativo di identificare a chi appartenessero jeans e t-shirt, i detective Stallcup e Jacques, del dipartimento di Los Angeles, che stavano indagando sull'omicidio di Marnette Comer, si erano messi in contatto con la centrale di Sacramento.

Stallcup chiese di poter parlare con chi frequentava abitualmente la ragazza prostitute e protettori e anche di poter interrogare la sorella di Marnette, Sabra, che svolgeva la stessa professione della vittima.

Sabra riferì alla polizia di essere assolutamente sicura che quegli indumenti appartenessero a una prostituta di nome Toni Wilson. Toni, diciannove anni, venne da lei descritta come una ragazza bianca, dai capelli biondi e gli occhi azzurri, di corporatura snella, alta circa un metro e settanta, e col volto ricoperto da efelidi. La testimonianza di Sabra, risultata attendibile, fu confermata da altri – tra cui un protettore di nome Mark che rivelarono a Stallcup di aver visto viva per l'ultima volta la Wilson proprio con quegli abiti. Da tale informazione, accuratamente riportata dal detective Stallcup in un rapporto scritto a mano, datato 9 agosto 1980 alle ore 16:00, lo stesso trasse – alquanto inspiegabilmente una nuova versione dattiloscritta, in cui risultava che Sabra, cambiata la propria deposizione, aveva riconosciuto t-shirt e jeans come appartenenti alla sorella Marnette. Tale versione fu tra l'altro sostenuta da lei stessa durante la deposizione giurata.

Qualcosa non tornava. Doug, invitato Stallcup al banco dei testimoni, lo interrogò sul rapporto stilato a mano sulla base delle prime dichiarazioni di Sabra, chiedendogli se fosse sua abitudine stravolgerne il contenuto al momento di trascriverlo a macchina.

Il detective rispose: *"Assolutamente no, so che passerei dei grossi guai, per un reato simile... si rischia la sedia elettrica... finirei per condividere la sua sorte!"*

Posto innanzi ai due testi, Stallcup riconobbe immediatamente il primo, ma dovette essere messo innanzi alla firma in calce del rapporto dattiloscritto, prima di ammetterne la responsabilità. L'episodio fu comunque tralasciato e la reputazione di Stallcup non ne uscì danneggiata.

Simile al caso di Clark, pare quello più recente di Roger Coleman che si proclamò, fin dall'inizio, innocente. Non appena il suo team difensivo presentò alla Corte solide prove in suo favore allo scopo di ottenere un nuovo processo, il tribunale ritenne che fosse ormai troppo tardi. Concessogli il beneficio del dubbio, a poche ore dall'esecuzione, lo sottoposero alla macchina della verità. Questa, in grado di rilevare ogni minima variazione nel battito cardiaco o nelle secrezioni corporee, non può essere considerata del tutto attendibile. Nel caso di Coleman, l'uomo, incapace di mantenere il controllo innanzi a una prova per lui tanto importante, venne ritenuto colpevole e giustiziato il 21 maggio del 1992.

Come Clark, anche Coleman possedeva un solido alibi, oltre a testimoni e prove inconfutabili a suggerirne la non colpevolezza. Inoltre una donna dichiarò che un altro uomo, un killer già noto alle forze dell'ordine, le aveva confessato di essere responsabile del delitto a lui attribuito. La teste fu trovata morta il giorno dopo la sua deposizione.

Lo Stato arrivò in quel caso a offrire al compagno di cella di Coleman la libertà se solo avesse raccontato che quest'ultimo gli aveva confessato i propri crimini. Solo successivamente all'esecuzione di

Coleman e al suo rilascio, questi si decise a ritrattare tale testimonianza.

Douglas Daniel Clark, dichiarato colpevole di omicidio di primo grado per sei capi d'accusa, fu condannato a morte, mentre Carol Mary Bundy, cui ne furono attribuiti due Jack Murray e Cathy (*Jane Doe 28*) – ottenne due ergastoli. Ma Clark è davvero un assassino?

Aveva un alibi e dei testimoni per tutti gli omicidi, ad esclusione di uno. Eppure, le regolari deposizioni rilasciate in suo favore vennero manipolate, così da invalidare quanto presentato in sua difesa.

Le armi e i veicoli utilizzati negli omicidi appartenevano a Carol Mary Bundy o a Jack Murray e, in merito alla prima, era stato accertato com'ella fosse incline alla menzogna. Oltretutto, molti dei testimoni assoldati dalla pubblica accusa, risultando nei registri degli indagati, potevano essere per così dire 'facilmente convinti' dalla polizia a testimoniare. Come se non bastasse, Sabra Comer ha successivamente dichiarato di essere stata costretta a cambiare versione dalle minacce degli agenti.

Il giudice non permise ai giurati di ascoltare la registrazione in cui la Bundy confessava il suo coinvolgimento e la sua piena partecipazione agli omicidi. Il furgone di Murray venne restituito alla vedova prima che iniziasse il processo, il che rese impossibile per Clark farne esaminare l'interno dai suoi periti. Ogni traccia importante e le prove balistiche a sua discolpa scomparvero, o risultarono "smarrite" dalla polizia. Infine, il procuratore generale concesse alla Bundy il patteggiamento: in cambio di una sentenza più lieve, avrebbe testimoniato contro Clark.

Oggi Clark attende di trovarsi faccia a faccia col boia. Non manca molto perché scocchi la sua ora, e probabilmente non sarebbe giusto criticarlo per aver gridato tutto il suo disprezzo contro la polizia e il sistema giudiziario americano. Quel che è certo è che Doug Clark è stato poco accorto. Senza dubbio, lo si può definire complice nell'omicidio di Jack Murray, dal momento che ha aiutato la donna a disfarsi della testa. Ed era sicuramente presente quando Carol sparò alla prostituta intenta a praticargli sesso orale. Eppure non denunciò la Bundy per i due delitti.

In merito all'infanzia e l'adolescenza di Clark, permangono molti misteri, poiché lui stesso, qualora interrogato in merito, appare alquanto restio a parlarne. Di sicuro, proviene da una famiglia perbene, ha trascorso un'infanzia pressoché normale e ha ricevuto un'ottima educazione. Reputato un uomo di bell'aspetto, dotato di buona cultura e, a detta di molti, di una piacevole parlantina, è risaputo ch'egli fosse un donnaiolo, ma nessuna delle sue amanti ha mai sostenuto di aver subito da lui violenze di alcun genere, né di aver ricevuto richieste sessuali tendenti alla perversione. Di certo, sfruttava le sue amanti, donando le proprie prestazioni sessuali in cambio di un alloggio, una pratica che, allorché conobbe Carol Mary Bundy, segnò il suo destino. In nessun modo

come riconosciuto dalla stessa *FBI* – egli rispecchia il profilo psicologico del tipico serial killer.

Al contrario, Carol Mary Bundy ha avuto un'infanzia disturbata. Poco attraente e tendente alla cecità, pagava abitualmente gli uomini per portarseli a letto e aveva trovato in Murray un partner consenziente, pronto a soddisfare le sue perversioni.

Per sua stessa ammissione, Carol Mary amava fare sesso con i cadaveri e uccideva per il semplice gusto di farlo.

I killer edonisti possono essere a loro volta suddivisi in due tipologie: nella prima, essi uccidono per soddisfare il proprio appagamento sessuale, nella seconda per provare il brivido di una nuova esperienza. In entrambi i casi, in cui Carol Mary Bundy rientra perfettamente, il *modus operandi* può prevedere metodi sadici, mutilazioni, smembramenti e stupri pre e post-mortem.

Esiste una seppur vaga traccia a sostegno delle responsabilità di Carol Mary Bundy e Jack Murray in almeno cinque degli omicidi del Sunset Boulevard. A seguito di tali raptus, Carol Mary, respinta dall'amante che l'aveva inizialmente coinvolta e resa complice, folle di gelosia lo avrebbe ucciso e successivamente decapitato.

La sua stessa telefonata alla polizia – in cui ella puntò il dito contro Murray, seppur in modo ambiguo e all'epoca poco comprensibile dimostrava oltre ogni ragionevole dubbio che la rabbia e il risentimento provati nei confronti dell'amante covavano dentro di lei ben prima dell'omicidio.

Allo stesso modo, quando Clark cominciò a prendere le distanze da Carol, suggerendole di lasciarlo in pace, la donna, decisa a trascinarlo con sé, ne progettò la condanna. Non resta che augurare a Douglas buona fortuna.

Basato interamente sulle dichiarazioni che Douglas Daniel Clark rilasciò a Christopher Berry-Dee durante l'intervista nel braccio della morte della prigione di Stato di San Quintino, California, 1995, e dalla fitta corrispondenza intrattenuta tra loro.

Capitolo 9

HENRY LEE LUCAS (USA)

"Come l'albero si dirama dalle proprie radici nell'anima di ognuno di noi risiede il bambino che un tempo siamo stati. Esso rappresenta le fondamenta di ciò che siamo e di ciò che saremo".
Dott. R Joseph, neuropsicologo e neuroscienziato.

Il Texas detiene, per ampiezza, la seconda popolazione carceraria degli Stati Uniti d'America: una media di circa 560 texani su 100.000 trascorrono ogni anno alcuni mesi in un istituto di pena. Il sistema penitenziario texano ospita in contemporanea circa 100.000 carcerati, il 46% dei quali ha commesso almeno un omicidio. Nel momento in cui mi accingevo a scrivere questo libro, nel braccio della morte della Ellis Unit si trovavano 453 detenuti. Tra questi, per lo meno fino al giorno in cui la sua condanna fu commutata in ergastolo, fatta esclusione per il diritto di richiedere la libertà condizionata, risiedeva Henry Lee Lucas. Secondo le statistiche dell'*FBI* la maggior parte dei serial killer proviene da famiglie disagiate e ha subìto in età infantile abusi fisici o psicologici. Henry Lucas non costituiva un'eccezione. Suo padre, Anderson Lucas, abituale bevitore, cadde da un treno merci, riportando l'amputazione di entrambe le gambe: *"Mio padre"*, raccontò Henry, *"ha saltellato sulle sue chiappe per tutta la vita. Per vivere vendeva matite e pelli di visone"*.

La madre di Henry, Viola Dison Wall Lucas, prostituta, si unì ad

Anderson dopo un disastroso matrimonio, abbandonando i bambini precedentemente avuti in alcune case famiglia. All'età di 35 anni, partorì con il nuovo marito il figlio Andrew e cinque anni più tardi, il 23 agosto 1938, Henry Lee. Di Viola, che aveva in parte origini indio-Chippewa, coloro che la conoscevano dicevano trattarsi di una donna malvagia, che, se provocata, poteva essere pericolosa come un serpente a sonagli. *"Una sporca donnaccia"*, fu la descrizione della nipote.

Della madre, Henry ricordava i repentini scoppi di violenza e il suo perenne masticare tabacco. *"Alcuni dicono che l'avrebbero volentieri battuta con una frusta o altro"* mi disse Lucas. *"Giacché quando era lei a prendere la frusta, una volta finito con quella afferrava il manico di scopa avvalendosene come randello finché non diveniva inservibile"*.

Henry nacque in una baracca di quattro stanze, a nove miglia dalla provinciale cittadina di Blacksburg, Virginia. L'abitazione, priva d'impianto idraulico ed elettrico, si ergeva all'interno di un crepaccio tra le montagne Get e Brushy, cime facenti parte degli Appallachi, un catena montuosa che si estende dal Quebec (Canada) fino al centro dell'Alabama. La misera e isolata tenuta dei Lucas era adatta solo a coltivare un insignificante raccolto di cereali e ad allevare un magro bestiame, costituito da alcune galline e una mucca. I Lucas abitavano la proprietà con Bernie, il protettore di Viola, un individuo smilzo e miserabile, sempre pronto a sbarcare il lunario sulla pelle degli altri. Henry, Andrew, Anderson, Viola e Bernie condividevano tutti la stessa lercia camera da letto e per Lucas fu inevitabile assistere alle performance sessuali della madre con Bernie e altri occasionali clienti. Come da tradizione del luogo, i Lucas distillavano e contrabbandavano un particolare liquore. La produzione alcolica fu un commercio proficuo soprattutto per Anderson, perennemente ubriaco fradicio. L'alcol in eccedenza era venduto per aumentare le entrate familiari. Dunque, non c'è nulla di cui sorprendersi nell'apprendere che, dall'età di dieci anni, Henry fosse impegnato nel commercio illegale di liquore di mais. Per questo lavoro, a Henry e al fratello veniva concesso, come retribuzione giornaliera, un nichelino. Accumulati un po' di centesimi i due ragazzi si precipitavano al cinematografo di Blacksburg dove assistevano alla proiezione di un film. I Lucas di solito si nutrivano di cibo che veniva rubato in qualche negozio della vicina cittadina o recuperato dai cassonetti dell'immondizia. Nella baracca, non disponendo di un tavolo e poiché Viola si rifiutava di lavare i piatti, consumavano i pasti sul pavimento sporco. Viola, in realtà, cucinava regolarmente per sé e Berni, disinteressandosi del resto della famiglia.

Il primo giorno di scuola, costretto dalla madre a presentarsi in aula con indosso un abito da bambina, Henry appariva come un denutrito esserino dalla fluente capigliatura bionda. La sua insegnante, mossa a compassione, durante l'orario di lezione, si fece personalmente carico di provvedere a un taglio di capelli e a procurargli anche un paio di calzoni. In risposta a quest'atto di cristiana benevolenza, l'insegnante, ovvero la Signora Hall, fu aspramente rimproverata dalla madre del bambino.

Henry rammenta che, in seguito, la sua maestra gli regalò anche un paio di scarpe nuove e che talvolta gli preparava dei panini, affinché a casa avesse qualcosa di concreto con cui nutrirsi.

Se, nella casa dei Lucas, brutali abusi fisici erano eventi abbastanza comuni, ancora di più lo erano quelli psicologici a cui Henry era quotidianamente sottoposto. In un'occasione, Viola, condotto il bambino con sé in città, gli indicò un uomo asserendo, quasi divertita: "*Quello è il tuo padre naturale*".

Henry, che all'epoca aveva sette anni ne rimase sconvolto e tornati a casa ne chiese conferma, in un inarrestabile diluvio di lacrime, ad Anderson, il quale confermò quanto la madre gli aveva rivelato. Nel corso dello stesso anno, Viola, in un eccesso d'ira, colpì intenzionalmente Henry alla nuca con un asse di legno. Il figlio rimase incosciente, nel posto dov'era stato aggredito, per tre giorni, senza che nessuno se ne preoccupasse. Infine Bernie, temendo che non si sarebbe più riavuto, lo portò in ospedale dove dichiarò che il bambino era rovinato malamente a terra mentre stava trastullandosi su un *pick-up* parcheggiato. Ricoverato per alcune settimane, a seguito della dimissioni, Herny accusò a lungo frequenti vertigini alternate a momentanee perdite di coscienza, che continuarono a tormentarlo fino al giorno della sua morte.

Così Henry descrisse ciò che provava in quei frangenti: "*Ho come la senzazione di galleggiare nell'aria".*

Quanti hanno incontrato Henry Lucas personalmente, o coloro che hanno visto qualche sua immagine fotografica, non hanno potuto fare a meno di notare la protesi di vetro in sostituzione del suo occhio sinistro.

L'incidente in cui Henry aveva perso l'occhio risale al periodo dell'infanzia, quando lui e il fratello Andrew, nell'intento di costruire un'altalena, stavano tagliando un rampicante. La lama, maldestramente sfuggita ad Andrew, andò a incidere una profonda ferita nel volto di Henry, dal naso fino alla cavità oculare del bambino. Le cure e il decorso ospedaliero richiesero a Henry un ricovero di sei mesi, durante i quali la madre gli fece visita una sola volta.

Il giorno in cui Henry, finalmente dimesso, tornò a casa, la donna, in un'esplosione di rabbia, sparò al suo mulo preferito, ferendolo a morte. Quindi, dopo aver immobilizzato Henry a una parete lo fustigò a sangue per dare sfogo al proprio disappunto, nell'aver appreso di dover corrispondere alla contea una penale di alcuni dollari per la rimozione della carcassa dell'animale. La menomazione dell'occhio, oltre a rappresentare per Henry un'orrenda malformazione fisica, difficile da accettare a livello psicologico, era per lui anche fonte di un profondo disagio. Il bambino, avendo interdetta la visione periferica, tendeva a muoversi lateralmente.

Le uniche manifestazioni di affetto che Henry ricevette, durante i suoi anni formativi, gli giunsero dai suoi insegnanti, che, dopo la sua lunga degenza ospedaliera, si prodigarono non solo a curarne igiene e nutrizione, ma anche a predisporre per lui sedute straordinarie di lavoro per aiutarlo nella lettura e fargli a poco poco recuperare il tempo perso. Poiché Henry, dati i suoi problemi al campo visivo, aveva difficoltà a riconoscere i caratteri piccoli, la scuola, sempre grazie all'insistenza dei suoi insegnanti, fece arrivare per lui libri di testo per ipovedenti. Paradossalmente per quanto i docenti fossero il suo massimo sostegno, destino volle che per mano di uno di loro le sue condizioni finirono per aggravarsi.

Accadde il giorno in cui Henry, intervenendo a difesa di un compagno che stava per subire prercosse da una nuova maestra, la Signora Glover, riportò un'accidentale ulteriore lacerazione all'occhio già compromesso. Questa volta la ferita risultò non più sanabile e i medici furono costretti ad asportargli il bulbo oculare: l'anno successivo nella cavità creatasi gli fu applicata una protesi in vetro. Non si può certo asserire che Henry Lee Lucas abbia goduto di un infanzia serena. Dei 13 fattori derivanti dal background familiare, che, secondo gli studi condotti dai profiler dell'*FBI* sui killer seriali, influenzano negativamente la crescita di un bambino, Henry Lucas ne sperimentò sulla propria pelle 10. Uno sconcertante 77% che, secondo le loro tesi, lo avrebbe piazzato nei primi posti del loro "Registro di rischio". Henry annovera nel suo triste curriculum problemi d'abuso di alcol, problemi psichiatrici e sessuali, abusi fisici e psicologici, una madre dominante, un rapporto conflittuale con le figure maschili di riferimento, un rapporto parimenti problematico con la madre dalla quale veniva costantemente e immotivatamente maltrattato.

Non è dato sapere quando la carriera criminale di Lucas ebbe inizio, ma lui mi raccontò che il suo esordio avvenne in sordina, con il furto di un televisore a batteria. E aggiunse: *"Ho iniziato a rubare appena fui abbastanza grande e forte da ritenermi rapido nella corsa, perché non volevo stare in quella casa e pensavo che, acquisendo quella capacità, avrei avuto modo di andarmene".*

Per quanto riguarda la sfera sessuale, egli racconta che fu incoraggiato dal fratellastro ad avere rapporti con animali. Lui sovente lo incitava a accoppiarsi con loro dopo averli sgozzati. A uno psichiatra, invece, negando il fatto, disse che perse la verginità a tredici anni per gentile concessione della giovane sposa del fratellastro.

Quindi, Henry passò al tentato stupro e omicidio, o così si legge in una sua dichiarazione, non verificata, di un crimine che asserisce di aver commesso all'età di 15 anni. Nel marzo del 1951, individuata in una strada di campagna una diciassettenne in attesa dell'autobus, dopo averla aggredita e trascinata nel folto della vegetazione, prima risolse di violentarla poi la uccise, strangolandola. Nella sua intervista con me, ricordò l'episodio: *"Non era mia intenzione ucciderla. Non so se quella furia fossi io o cosa. Questo fu il mio primo omicidio, la peggiore e la più dura prova che abbia mai affrontato. Dopo, neppure riuscivo ad osservare il cadavere della ragazza. Per giorni, rimasi isola-*

to in casa e quando ricominciai a uscire mi guardavo continuamente le spalle pensando terrorizzato di trovarvi un nugolo di agenti accorsi per trarmi in arresto".

Anni più tardi, quando Lucas fu definitivamente consegnato alla giustizia, molti detective della omicidi giunsero da tutti gli Stati Uniti nella speranza di chiarire con lui molti omicidi rimasti irrisolti. Durante questi lunghi interrogatori, Henry non fece mai menzione di questo primo crimine e, a seguito di ulteriori e attente ricerche, anche recenti, gli inquirenti oggi ritengono con quasi assoluta certezza, ch'esso non abbia mai avuto luogo se non nella fantasia dell'assassino.

Nel marzo del 1952, il fratello di Henry si arruolò in marina e suo padre morì.

"Mio padre uscì di casa per non vedere mia mamma intrattenersi sessualmente con un nutrito gruppo di uomini. Questo lo uccise. Ubriaco, si sdraiò sulla neve e lì rimase un'intera notte. La polmonite che gliene derivò gli fu fatale".

Quello stesso mese, Henry Lucas, nonostante fosse ormai da ritenersi un ladro di esperienza, fu pizzicato dalla polizia. Condannato per furto venne inviato al riformatorio giovanile di Beamount. Henry, ancora oggi, conserva di quel carcere correttivo bei ricordi: *"Mangiavo regolarmente e disponevo a mio piacimento di acqua calda ed elettricità, agi a me pressoché sconosciuti".*

Questa sua dichiarazione è in evidente contraddizione con i registri dell'istituto dell'epoca che riportano i suoi numerosi tentativi di fuga. Comunque Henry nel settembre del 1953, dopo aver scontato la sua colpa, tornò legittimamente in libertà. Trovato un impiego non continuativo di manovalanza presso una fattoria della zona, a ottobre violentò la propria nipote, una bambina di appena dodici anni. Nove mesi dopo, condannato a quattro anni per furto con scasso, il diciottenne Henry Lucas fu imprigionato nel penitenziario statale della Virginia. Lì, istruito al mestiere di carpentiere, imparò anche a rendersi utile in alcuni lavoretti di sartoria.

Il 28 maggio 1956, nonostante il rischio concreto di essere abbattuto da un proiettile nella schiena o in alternativa essere braccato e stanato dai cani, Lucas e un altro detenuto si gettarono in un'audace evasione. Superata la recinzione dell'istituto di pena, senza destare allarme, i due, dopo una corsa a perdifiato nella radura, si rifugiarono nel fitto della vegetazione circostante consapevoli che la caccia non sarebbe cominciata prima del giorno successivo, quando la loro assenza sarebbe parsa evidente. Nottetempo, rubata un'auto, si diressero verso l'Ohio. Dato fondo al carburante, s'impossessarono di un ulteriore veicolo con cui attraversarono il confine con il Michingan. Sfortunatamente per loro si erano resi colpevoli – furto di auto e passaggio di confine a bordo dello stesso di un reato federale e l'inflessibile polizia di Stato riuscì a catturali nel mese di luglio mentre bivaccavano allegramente nella città di Toledo. Henry dovette così aggiungere alle sue pendenze con la società civile ulteriori 13 mesi da scontare presso il carcere federale dell'Ohio, alla fine dei quali sarebbe stato riassegnato al penitenziario da cui era evaso, per portare a termine il periodo di detenzione previsto dalla sua precedente condanna. Fu rimesso in libertà nel settembre del 1959.

A seguito del suo rilascio, si traferì a Tecumseh, Michigan, dalla sorellastra Opal. In quella città conobbe una ragazza di nome Stella e, intrattenuta con lei una relazione, presto le chiese di sposarlo. Lei acconsentì e i due annunciarono il loro fidanzamento.

"Stella fu il mio primo vero amore", disse. *"Lei mi comprendeva; così avevamo deciso di mettere su famiglia"*.

La sera del 12 gennaio 1960, Henry e Stella stavano trascorrendo una serata in allegria in un locale della zona quando irruppe Viola che, imbestialita dalla presenza della ragazza, intimò al figlio, minacciandoli entrambi, di sbarazzarsene e rientrare immediatamente in Virginia. Questo accadimento ridusse Stella in lacrime. La scelta di Viola, "madre infernale", di irrompere in quel momento nella vita del figlio, che in preda ai fumi dell'alcol stava fantasticando con Stella sul loro futuro condiviso, oltre che inopportuna risultò per lei letale.

In una conversazione telefonica, intessuta con me, Stella ricordò: *"Henry, ubriaco, diventava cattivo. Quella notte, sconvolta, dopo aver detto a Henry che, alla luce di quanto accaduto forse era il caso di riconsiderare la nostra unione, mi feci accompagnare a casa. Lui odiava sua madre, e quello che lei ottenne da lui, fu ampiamente meritato"*.

Il rischio di perdere la sola donna che avesse mai amato, fece perdere il senno a Henri che, venti minuti dopo, si recò infuriato all'appartamento della sorellastra Opal, dove la madre aveva trovato provvisorio ricovero per la notte. Pretendendo un chiarimento immediato, Henry prese a tempestare di pugni la porta finché Viola, anch'essa palesemente ubrica, si decise ad aprire.

La donna, inveendo contro di lui e maledicendolo, lo accusò di intrattenere una relazione carnale con la sorellastra, rimproverandolo altresì di averla abbandonata proprio quando Bernie, procuratosi *carne fresca,* aveva praticamente decretato la fine della sua carriera da prostituta. Di seguito, ecco gli accadimenti successivi raccontati direttamente da Lucas: *"Mia madre, armata di ramazza, furibonda, prese a colpirmi con quella. Avvertito il legno spezzarsi sulla mia testa e forse rispondendo a un naturale istinto di conservazione mi scagliai su di lei, mirando al collo. Al che, come fulminata, lei immediatamente si accartocciò al suolo, inerte. Solo quando, ristabilita la calma, cercai di aiutarla a rialzarsi mi avvidi che versava in una pozza di sangue. Nelle mie mani, quasi maravigliandome, ne ravvisai allora il coltello con cui probabilmente l'avevo straziata. Atterrito, incurante di ogni conseguenza, data l'assenza di testimoni – l'edificio era deserto salii sull'auto dirigendomi verso la Virginia dove mi sarei fermato un solo giorno. Lì, preoccupato per le sorti di mia madre, di cui mi chiedevo se fosse stata trovata, decisi di tornare indietro e consegnarmi alla giustizia. Prima, però, di giungere a Tecumseh fui fermato dalla polizia di Toledo. Consapevole della cosa terribile di cui mi ero reso colpevole, sapevo che avrei perso il rispetto di coloro che mi conoscevano, eppure, col senno di poi, reputo l'accadimento di quella notte del tutto inevitabile*".

Viola non morì immediatamente dopo l'aggressione. Era ancora viva quando Opal, tornata a casa, la trovò riversa nel suo stesso sangue, ma morì quarant'otto ore dopo in ospedale, Il rapporto degli inquirenti riporta, quale causa del decesso, arresto cardiaco, provocato non dalla ferita da taglio, reputata non letale, ma dalla ferocia del diverbio intercorso tra i due. Henry, evitato il così il primo grado, dovette rispondere all'accusa di omicidio di secondo. Nonostante i suo avvocati tentassero inutilmente di far prevalere la tesi di un delitto compiuto per legittima difesa, a Henry vennero ricosciute solo alcune attenuanti che, in caso di buona condotta e parere positivo della commissione per la libertà vigilata, gli avrebbero consentito uno sconto di venti anni sulla pena, inizialmente stabilita a quaranta.

Così Henry, rincuorato da coloro che credeva lo avrebbero biasimato – parenti e amici addirittura non nascosero il loro entusiasmo nel sapere Viola riposare sotto sei piedi di terra – fu condotto alla prigione statale del Michigan meridionale.

Quando alla Ellis Unit, nel braccio della morte, intervistai Henry, un uomo emaciato che costantemente strofinava sulla manica della divisa l'occhio artificiale per ovviarne le fastidiose secrezioni, mi fornì, sull'omicidio della madre, una nuova inverosimile versione: "*La mia sorellastra Opal commise quel delitto, ma, adesso, essendo deceduta non potrà risponderne davanti alla legge*".

Comprensibilmente, Henry disse che la sua detenzione nella Prigione Statale del Michigan non fu un periodo felice della sua distorta vita. Dichiarò, infatti, di essere stato a lungo tormentato dalla voce della madre defunta: "*Lei mi diceva di compiere brutte cose*" e, in più di un'occasione, "*aggiunse che non avrei potuto in alcun modo sottrarmi al mio destino di morte*".

Henry, dietro le sbarre, in due tentativi di suicidio, oltre a recidersi le vene, arrivò ad aprirsi l'addome. In entrambe le occasioni, nonostante il tardivo intervento delle guardie carcerarie, a dispetto del suo volere distruttivo, fu tratto in salvo. Nel suo interesse, i medici della colonia penale optarono per un trasferimento all'ospedale di sanità mentale *Ionia* dove, sottoposto a elettroshock, sarebbe stato tenuto sotto stretta sorveglianza. Vi rimase per circa cinque anni finché, nel 1996, una commissione psichiatrica intese premiare i suoi evidenti progressi reintegrandolo nel carcere di provenienza. Questo il giudizio, stilato allora, da uno degli analisti: "*Il paziente Henry Lucas ha compiuto notevoli progressi, di cui vado ampiamente soddisfatto*".

Per contro, un altro psichiatra, scrisse: "*Lucas, soggetto non ancora autonomo, è completamente privo di auto-stima e di forza di volontà. Non ha il coraggio di assumersi la responsabilità delle proprie azioni, attribuisce agli altri i propri errori ed è inoltre incline a comportamenti violenti finalizzati ad alleviare parte del suo disagio".*

A Lucas fu quindi prescritto il *Prozac*, un anti-psicotico con il quale fu inteso porre un freno alle sue turbolente emozioni. Henry, rivolgendosi alla commissione, in ultima istanza disse: *"Non lasciatemi libero, perché in tal caso vi farò immediatamente trovare un cadavere fresco nel cortile di casa".*

Nonostante ciò, di lì a breve, a causa della sovrappopolazione carceraria che, nel penitenziario del Michigan superava di oltre il 25% l'effettiva capienza dell'istituto, Henry Lucas, al pari di altri criminali incalliti, usufruì di un'amnistia tesa a fare spazio ai nuovi arrivi.

Il giorno che uscì di carcere era il 3 giugno 1970. Quello stesso pomeriggio, nel circondario della colonia penale, una donna fu uccisa e il giorno seguente un ulteriore cadavere, sempre di donna, venne rinvenuo a poche centinaia di metri dal primo. Ufficialmente questi due omicidi fino ad oggi non sono stati attribuiti a Lucas, ma nonostante gli anni trascorsi, i due casi sono ancora classificati come "insoluti".

In merito, Lucas ammette la proprie responsabilità, aggiungendo: *"Loro (*i medici*) sapevano bene che avrei tenuto fede alle mie minacce. Quando ho ammazzato quelle due, ero colto da una furia incontenibile."*

Su questi delitti, esiste una preoccupante testimonianza fornitami da un ufficiale di polizia in pensione che preferisce mantenere l'anonimato: *"Che sia stato Henry, ad uccidere quelle ragazze, fu evidente fin da subito. La decisione di non trarlo in arresto fu imposta dall'alto per non rovinare la carriera al personale medico dell'ospedale e a coloro che, nel penitenziario, avevano preso la decisione di fargli usufruire della grazia. Se la cosa, divenendo di pubblico dominio, fosse giunta alle orecchie dei media, il governatore e altri pezzi grossi avrebbero a lungo condiviso la gabbia con lui".*

Molti degli avvenimenti, nella variegata storia di Henry, compresi tra il suo rilascio in Michigan fino al suo definitivo arresto nella contea di Montague, Texas, avvenuto tredici anni dopo, sono avvolti nel mistero. Ottenuta la libertà vigilatà, Henry si trasferì da Almeda, un'altra sorellastra, domiciliata in Maryland, dove per almeno un anno, pare non essersi macchiato di alcun reato. Nell'agosto del 1971, la sua scorta di *Prozac* venne meno, e, non riuscendo a farsi rinnovare la prescrizione, Lucas ammise che l'astinenza dal quel farmaco lo rendeva progressivamente inquieto e irritabile. Così, nell'ottobre del 1971, avvicinò una graziosa quindicenne in attesa dello scuolabus, ordinandole di salire nella sua auto, altrimenti le avrebbe sparato. L'approssimarsi in lontananza di una vettura, però, lo dissuase dal suo proposito, per cui Henry, dato fondo al pedale dell'acceleratore, ritenne opportuno allontanarsi in tutta fretta, lasciando la ragazza inebetita e terrorizzata a lato della strada. Trascorsi appena pochi giorni, tentò senza successo un ulteriore rapimento di una adolescente. Entrambe le potenziali vittime, presa nota della targa dell'auto su cui Lucas si trovava, sporta regolare denuncia, ne fornirono gli estremi agli agenti di polizia.

Così, nel marzo del 1972, Lucas, nuovamente innanzi alla corte di giustizia, fu condannato a cinque anni per tentato sequestro di persona. Rilasciato in anticipo per buona condotta, il 22 agosto 1975, si diresse immediatamente dalla sorellastra Almeda Kiser e da sua figlia Aomia Pierce. Gli annali riportano che rimase loro ospite tre giorni e dopo si trasferì a Chatman, Pennsylvania, con Aomia e il neo-marito della ragazza.

Reperito, in loco, un umile impiego come aiuto fattore, fece conoscenza di Betty Crawford, vedova di uno dei suoi nipoti. Il loro rapporto, inizialmente improntato in una tenera amicizia, sfociò in una relazione stabile e dichiaratisi il loro amore, i due, decisero, il 5 dicembre 1975, di convogliare a nozze.

Dopo aver vissuto con i Pierce per un breve periodo, Lucas, Betty e i tre figli della donna tornarono a Port Deposit per vivere in un parcheggio di roulotte. Henry passava di lavoro in lavoro, guadagnando solo piccoli quantitativi di denaro. La maggior parte delle entrate familiari provenivano dalla previdenza sociale di Betty.

Vissero in questo modo fino al 1976, quando, insieme a una famiglia con cui condividevano il parcheggio delle roulotte, si spostarono a Hurst, Texas. L'intenzione era di far visita alla madre di Betty, dove Henry si sarebbe procurato un lavoro. Innanzi al perentorio rifiuto di ospitalità della madre di quella, si trasferirono allora nell'Illinois, per poi far rientro nel Maryland. Poco prima di tornare alla base, Betty Crawford accusò Lucas di molestare sessualmente le sue figlie. Lucas pur controbattendo alle accuse della donna, le rese noto che era comunque intenzionato a porre fine al loro rapporto. Così, il 7 luglio, Henry Lucas, raccolti i suoi pochi averi e imboccata la statale in direzione sud, partì con destinazione Florida.

Lungo il tragitto, non mancò di portare visita ad Opal e, poche settimane dopo, Henry si dirigeva in compagnia del fratellastro Wade Kiser verso il West Virginia con lo scopo di partecipare a una rimpatriata tra consanguinei. Sulla strada, trovatisi imbottigliati in un ingorgo, Henry intrattenne un'accalorata conversazione con un individuo e, poco dopo, abbandonato Kiser, si unì a quello in un viaggio che lo avrebbe condotto a Shreveport, Louisiana. Prima di giungere a destinazione i due effettuarono una breve sosta in Virginia, perché Harry, non richiedendo la cosa alcuna variazione di itinerario, intendeva porgere i propri saluti al fratellastro, Harry Waugh. A Shreveport, gli fu proposto di condurre un'auto fino a Los Angeles, in cambio di un'ottima retribuzione, ma egli, subodorata nell'offerta una qualche provenienza mafiosa, preferì rinunciare.

Lasciata la Luisiana, tornò a Port Deposit, per poi spostarsi a Wilminton, Delawere, dove un parente, Leland Crawford, gli trovò un'occupazione come commesso in un negozio di tappeti. Henry tenne questo impiego per diversi mesi, poi, fatte le valigie, tornò a Port Deposit per trascorrere le festività natalizie con un'altra parente, Nora Crawford.

Verso la metà di gennaio, convinto da Joe Crawford, che gli promise un lavoro nel suo negozio di tappeti di Hinton, Virginia, Henry vi si diresse in sua compagnia. In quella cittadina, Henry incontrò Ronda Knuckles con la quale andò a convivere fino al marzo del 1978, quando, di punto in bianco, tornò a Port Deposit. Poco dopo, Almeda gli offrì una sistemazione temporanea e un lavoro presso la ditta di sfasciacarrozze del marito. Henry sembrava essersi finalmente sistemato, perlomeno fino a quando la sorellastra lo accusò di molestare sessualmente la nipote, reato di cui, nuovamente, Henry negò ogni addebito. Intorno al 4 settembre 1977, Lucas sostiene che in California, precisamente a Davis, una cittadina prossima a

Sacramento, avrebbe ucciso Elizabeth Wolf. La motivazione della sua presenza in quel luogo rimane tutt'ora un mistero. Qualcuno ha sollevato il dubbio ch'egli fosse in cerca del padre naturale, giacché la defunta madre aveva avuto una relazione con un certo Dixon, proveniente da un'omonima città. Pugnalata la Wolf, Lucas si diresse a Houston, Texas, dove il 7 settembre uccise, questa volta con un colpo di arma da fuoco, Glenda Beth Goff. Dieci giorni dopo, arrestato a Jacksonville, Florida, per infrazione al codice stradale, fu trattenuto in galera per 45 giorni. Il giorno dopo il suo rilascio, disse ai Kiser che aveva necessità di poter disporre del loro furgone e degli attrezzi da traino, per condurre un paio di auto destinate alla demolizione dallo sfasciacarrozze per cui lavorava. Quando Lucas non fece ritorno quella notte né il giorno seguente, i Kiser denunciarono la scomparsa del mezzo. Il veicolo, ormai inservibile, fu ritrovato nella periferia di Jacksonville.

Fu qui dove Lucas incontrò quella che divenne la sua spalla criminale, Ottis Toole.

Ottis Elwood Toole naque il 5 marzo 1947, in Florida. Il suo background non si discosta molto da quello di Henry: all'età di quattro anni fu investito da un auto. A sei, il padre alcolista, prese ad abusarne sessualmente per diversi anni e, quando, il suo padre biologico se ne andò di casa, Robert un patrigno ugualmente pervertito, si trasferì lì e riprese l'opera da dove il suo predecessore l'aveva interrotta. All'età di otto anni, Ottis cadde attraverso un asse rotta del portico di casa trafiggendosi la fronte con un chiodo che gli attraversò per tre pollici il lobo frontale del cervello. Questa ferita ebbe quale risultato gli attacchi epilettici che lo perseguitarono per il resto della sua vita. Ottis, il minore di quattro fratelli, era nato in una famiglia incestuosa, schizofrenica e psicopatica. Sua madre Sarah era una Battista che si avvaleva della Bibbia per dispensare ai propri figli le punizioni più atroci. E se questo non fosse sufficiente, basti sapere che il piccolo era anche quotidianamente dominato, vessato e abusato dai suoi fratelli maggiori. Le sue sorelle lo vestivano da femminuccia costringenderlo a servirle, quasi lui fosse una novella Cenerentola. Nonostante tutto, Ottis crebbe alto 1,88 d'altezza di costituzione robusta, 90 kg di muscoli e dotato di poderose mani.

La casa dei Toole una dimessa baracca in legno, posta alla periferia di Spribgfiel, cittadina nota per suoi alligatori, il tetto della quale era composto dal bucato steso ad asciugare era una polveriera di povertà e devianze sessuali pronta ad esplodere.

Forse nessuno può riassumere Ottis Toole meglio della scrittrice americana Sondra London.

Sondra intervistò Toole in carcere nel luglio del 1991, e nel suo libro *Knockin on Joe* riportò queste impressioni: "*Per lui, la vita* è *così priva di significato e la distinzione tra persone viventi e defunte così indistinta, che uccidere* è *uguale a schiacciare una mosca. Ritardato e analfabeta,* è *stato fuori controllo fin dalla sua prima infanzia. Ottis* è *un autentico "alligatore", un infimo mangiatore, più simile a un rettile che a un umano, sgusciante tra le paludi della società, costantemente alla ricerca di prede indifese*".

Lucas incontrò Ottis in una mensa per poveri, non lontana da Jacksonville. Ottis divideva una casa con sua madre Sarah, il marito Bert, sua moglie Novella, un nipote, Frank Powell Jr, e la nipotina di undici anni, Frieda *Becky* Powell. Sembra che la famiglia Toole fosse piuttosto avvezza alle intemperanze sessuali di Ottis che ospitava spesso uomini. Sarah Pierce, una precedente ospite della casa, in seguito, riferì alla polizia che Ottis, spesso rimorchiava uomini per fini sessuali.

Così come per le sue tendenze omosessuali, Ottis godeva anche a guardare i suoi ospiti far sesso con la propria moglie e la minorenne Becky. Henry, adattatosi ben presto alle usanze del posto, dopo che Novella fu mandata a stare dai vicini, condivise la camera da letto con Ottis.

Ottis trovò un lavoro a Henry nella fabbrica di vernici dove egli lavorava, ma Henry rimase al lavoro solo pochi giorni per poi dirigersi a sud verso il Texas, la sua personale tenuta di caccia, dove il 22 ottobre 1977, freddò Lily Pearl Darty con due pallottole nella nuca.

Il 1° novembre, a Bellmead, vicino a Waco, Texas, sparò, due volte, uccidendola, con una calibro 38, a Glen D. Parks, dopo averla prima legata e costretta a quattro zampe. La successiva baldoria omicida di Lucas ebbe iniziò nei dintorni di Jacksonville verso la fine del 1978, ma non prima che lui e Toole, per ammissione di entrambi, si fossero uniti a un culto satanico chiamato *La Mano della Morte*.

Infatti, Lucas attribuisce i suoi crimini più efferati *Le Crocifissioni Mortali* (*The Crucifixion Killings*) all'influsso su di lui, operato dal Demonio.

Più tardi dichiarò che, nelle Everglade della Florida, si era sottoposto all'addestramento del culto. Secondo quanto attestato ne *La Mano della Morte*, da lui stesso scritto in collaborazione con Max Call, in quell'occasione, vi erano all'incirca 200 nuovi adepti in attesa di essere ammessi alla congregazione. Henry inoltre dichiarò che durante la sua prima settimana lui fui incaricato di insegnare ai novizi "*le tecniche d'omicidio col coltello*".

Dopo attente ricerche, fu per me evidente che questa ampia cernita di sconsiderati e l'addestramento da loro seguito esistevano solo nelle fantasie partorite da Lucas. L'uomo, in un crescendo di folle misticismo aggiunse anche che disponevano di una bibbia satanica: i leader, convinti che il potrarsi di violenze e atti di perversione avrebbero indotto il Demonio a reincarnarsi, incoraggiavano alla sodomia, al sadomasochismo, al sesso con gli animali e alla necrofilia, che praticavano immancabilmente durante ogni rito. Nel corso di queste presunte cerimonie d'adorazione del Demonio, Henry mi raccontò che erano soliti sacrificare bambini rapiti, o accoliti traditori. Nondimeno, Lucas disse anche che un sommo sacerdote, detto *La Mano*, indossato l'obbligatorio mantello, camminava attraverso anelli di fuoco fino all'altare dove trucidava vittime di cui tutti dovevano obbligatoriamente cibarsi, bevendone il sangue. Henry disse che lasciò il campo dopo sette settimane, per adempiere agli ordini omicidi di un superiore chiamato Don Meteric. Nella sua prima missione, presumibilmente con il Demonio seduto al suo fianco, Lucas dichiara di aver rapito dei bambini e di averli lasciati in un ranch, poco dopo il confine col Messico. Quando fece ritorno alla chiesa del culto, i suoi superiori per premiarlo gli tatuarono uno scorpione sulla mano. Meteric come ulteriore prova della loro devozione chiese a Lucas e a Toole di uccidere un uomo. L'occasionale vittima fu attirata lungo una spiaggia dove Lucas gli recise la gola. La ricompensa, per aver commesso questo ulteriore crimine, fu un secondo tatuaggio raffigurante un serpente. Fu allora che gli apparve Satana e questo, brandendo una croce, gli chiese di rapire giovani prostitute da utilizzare come carne fresca nella realizzazione di *snuff movie* pornografici.

Quando chiesi a Lucas di mostrarmi i tatuaggi egli candidamente disse che svanirono quando ritornò alla cristianità. Questo accadde dopo l'assassinio a El Paso, della settantaduenne Librada Apocada, avvenuto il 27 maggio del 1983. Se si volesse dar credito anche a una sola parola sul culto – e non c'è una briciola di prova a supportare l'idea che sia mai esistito uno rimarrebbe meravigliato di come Lucas e Toole abbiano trovato modo di guidare fino a Kennewick, Nevada, dove è appurato che il 31 ottobre 1978, in coppia violentarono, torturarono e uccisero Lisa Martini, nel suo appartamento. Secondo i suoi racconti, quel giorno Lucas si trovava nelle Everglade a imparare procedure radio – ovviamente vitali per i seguaci del Demonio e altrettanto in Messico, a trafficare con bambini rapiti, di cui le forze del ordine non hanno mai avuto alcuna notizia.

Lucas e Toole a seguito dell'omicidio di Lisa Martini tornarono a Jacksonville dove ripresero il loro vecchio lavoro. Successivamente, la madre di Ottis acquistò un'abitazione più spaziosa allo scopo di tenere unita la famiglia allargata. Henry lascio il suo l'attuale impiego per darsi al commercio di ferraglie e rottami, riempiendo così velocemente il cortile posteriore della nuova casa con veicoli distrutti e pezzi di ricambio.

Il 5 novembre 1978, la polizia ha appurato che i due serial killer stavano procedendo in auto lungo l'interstatale 35 del Texas, quando individuarono una coppia di adolescenti che, incappati in un guasto meccanico, procedevano lentamente a piedi lungo il ciglio della strada. Toole sparò a Kevin Kay nella schiena e alla testa con una pistola calibro 22, mentre Lucas violentava la sua ragazza Rita Salazar contro cui, dopo, esplose sei proiettili. In continuo movimento, i due uomini si spostarono in Michigan dove, il 3 ottobre 1979, rapinarono, stuprarono e uccisero Sandra Mae Stubbs.

Poi, i due, si diressero a Austin, dove dieci giorni dopo Harry e Molly Schlesinger furono uccisi mentre si trovavano nel loro negozio di liquori. Per tutta la durata di questo breve periodo, gli assassini finanziarono le loro attività criminali tramite rapine culminanti in omicidi.

Considerato il più abominevole omicidio del tandem Lucas/ Toole è lo stupro e l'uccisione a colpi di arma da fuoco di una non ancora identificata giovane donna: il caso è conosciuto come *L'omicidio delle calze arancio*. Rinvenuta in una galleria di drenaggio il 31 ottobre 1979, la vittima non indossava altro che un paio di calze arancio. Un motociclista, che stava dirigendosi a nord sull'interstatale 35, fermatosi per espletare alcuni bisogni fisiologici, con orrore, si trovò a urinare su un cadavere, sdraiato a faccia in giù e immerso nella fanghiglia. Questo omicidio finì sotto la giurisdizione dello sceriffo di Williamson County, Jim Boutwell.

L'attraente donna, di età intorno ai 25 anni, aveva capelli castano-rossicci, ed era alta 1,79 per circa 57 kg. Oltre alle calze arancio, indossava un anello d'argento con intarsi d'abalone. Di lei non furoni ritrovati portafogli, borsetta o documenti, ne alcuna altra cosa potesse far risalire alle sue generalità. A seguito dell'autopsia risultò che la donna aveva una malattia venerea. Sulle sue caviglie erano presenti alcune morsicature d'insetti e visionato lo stomaco questo rivelò che il suo ultimo pasto non ancora interamente digerito era consistito in hamburger, patatine fritte e Coca cola. La sua dentatura, pressoché perfetta, escludeva che la donna avesse mai avuto bisogno di un qualsiasi intervento dentistico e altrettanto la possibilità potesse esistere da qualche parte una panoramica attraverso la quale identificarla. Nella sua vagina fu rimosso un tampone di fortuna approntato con della carta igenica. Dopo il suo arresto nella contea di Montague, Lucas ammise di aver ucciso lui quella donna, rifiutandosi, però, in quell'omicidio, di coinvolgere anche Toole. Lucas, in merito, dichiarò che la ragazza stava facendo l'autostop appena fuori Oklahoma City e che lui, transitando da quelle parti, colpito dalla sua avvenenza, risolse di dargli un passaggio. Per quello che ricorda crede che il suo nome fosse Joannie o Judy. Procedendo a sud lungo l'interstatale 35, fecero sosta in un parcheggio per consumare un consensuale rapporto sessuale. Poi si fermarono nuovamente in un caffè per mangiare qualcosa il pasto descritto da Henry ricalcava perfettamente quanto rilevato nello stomaco della donna dal medico legale. Ripreso il viaggio, Henry le disse di voler intrattenere con lei un ulteriore rapporto sessuale al quale la ragazza si mostrò reticente. La conseguenza fu un diverbio tra i due che costrinse Henry ad arrestare l'auto ai bordi della strada.

"Quindi", disse, pacatamente, *"l'ho strangolata. Constatatone il decesso ho fatto ancora sesso con lei, poi, quando mi ritenni appagato, la tirai fuori dall'auto per gettarla nel canale di scolo"*.

Henry accennò anche a un certo tipo di salvietta igienica che chiamava *Kotez* di cui la ragazza si serviva.

Lo sceriffo Boutwell, determinato a risolvere il caso, cercò di collegare questo delitto ad alcuni tra i molti commessi a sfondo sessuale, negli ultimi anni, lungo la trafficata l'interstatale 35.

Il 27 novembre 1979, Lucas e Toole fecero ritorno a Jacksonville. Nella contea di Cherokee quella notte, nel corso di una rapina in un motel, Lucas violentò e uccise, sparandole, la trentunenne Elizabeth Diane Knotts.

Due settimane dopo, fu la volta di una diciottenne, Debra Lynn O'Quinn, che ripetutamente stuprata venne poi accoltellata a morte nella propria abitazione. I resti della ragazza furono ritrovati, nei giorni a venire, nella vicina boscaglia.

Il 5 gennaio 1980, i due entrarono con le lusinghe in casa della settantaseienne Jamie L. Collins, che violentarono e pugnalarono a morte. Il 27 marzo, invece, fu il giorno fatidico della quarantacinquenne Jo Scheffer, seviziata per ore e massacrata a colpi di bastone. Il suo corpo fu ritrovato, in un asilo, 12 ore dopo. Il 12 luglio, la ventiquattrenne Regina Azell Campbell, fu ritrovata cadavere sotto un'auto. Abusata ripetutamente, la morte era sopraggiunta per strangolamento. Il 20 luglio Tammy Keel Conners, diciannovenne aspirante modella, prelevata mentre passeggiava sul ciglio di una strada di campagna e trascinata urlante nell'auto, dopo essere stata stuprata e torturata per ore venne gettata ormai agonizzante in un crepaccio nei pressi di Jacksonville.

Non c'e modo di accertare con sicurezza il conto totale degli omicidi compiuti da Lucas e Toole.

Per quanto, è dato sapere i due uomini colpirono ancora, il 22 dicembre, quando la ventottenne madre di due bambini, Brenda

Elaine Harden, fu violentata e straziata con un coltello nella sua camera da letto.

Il 1981 non fu un anno di tregua. Senza ombra di dubbio, i due tolsero la vita alla cinquantottenne Shirley Ogden, i cui resti furono ritrovati il 14 aprile in un contenitore della spazzatura.

Toole, in contemporanea, quando possibile si dedicava anche al suo hobby: appiccare incendi. Dichiarò, infatti, con orgoglio di averne causati, di *"particolarmente disastrosi"*, almeno un centinaio.

Il 4 gennaio 1982, i due uccisero il sessantacinquenne George Sonenberg. Questi, sopito in un torpore alcolico, all'interno del suo piccolo spaccio, cosparso di benzina da Toole, venne dallo stesso dato alle fiamme. L'uomo, seppure prontamente soccorso dai pompieri, allertati dal fuoco propagatasi rapidamente alle vicine abitazioni, trasportato in ospedale, prima di morire, agonizzò una settimana. L'iniziale tesi degli agenti che si trattasse di una rapina dal tragico epilogo venne accantonata perché dallo stabile incenerito – andata con esso distrutta ogni possibile prova o indizio non era possibile averne alcuna conferma. Quindi la versione ufficiale fu che l'uomo addormentatosi con la sigaretta accesa avesse fatto tutto da solo. Purtroppo, che Soneberg fosse cosparso di benzina non venne tenuto nella debita considerazione.

Toole, successivamente all'arresto, quando già si trovava ospite del carcere di Raiford, confessò questo omicidio, per il quale fu condannato alla pena di morte.

Il 9 gennaio 1982, a soli cinque giorni dall'omicidio di Sonenberg, Lucas e Toole irruppero nella Casa per l'infanzia di Jacksonville dove "*salvarono*", così dissero, Becky e Frank. I quattro, insieme, intrapresero la strada di una baldoria criminale che li avrebbe condotti in Nevada, New Messico e Texas.

Il caparbio sceriffo Boutwell si trovava a fare i conti, adesso, con una lista di venti omicidi irrisolti. Chiesta l'assistenza dei Texas Ranger e della Sezione Analisi Criminali del Dipartimento dei Servizi Pubblici di Austin, Botwell istituì una commissione investigativa al fine di mettere insieme tutte le informazioni in possesso alle forze dell'ordine relative ai delitti commessi fin dal 1981 lungo l'interstatale 35 per verificare se, tra quelli, potesse sussistere un qualche collegamento. Le vittime erano state sottoposte ai più disparati orrori: alcune erano state uccise a colpi d'arma da fuoco, altre massacrate a pugni o con randelli, altre ancora crocifisse, stuprate, sodomizzate e accoltellate. Inoltre c'era anche un morto causato da un pirata della strada in odore di omicidio. Insomma niente che potesse condurre a ipotizzare un assassino seriale.

Lucas e Toole, quindi, se non avessero commesso un qualche grossolano errore, avrebbero ancora imperversato sull'interstatale a lungo. I due, inoltre, godevano del vantaggio di non aver commesso alcun reato federale, cosa questa che escludeva ogni intervento dell'*FBI* e della polizia federale. Così la responsabilità delle indagini gravava per intero sulle spalle dei più inesperti dipartimenti locali che oltre a non disporre delle necessarie risorse economiche, non avevano i mezzi tecnici per mantenere un efficiente coordinamento con le contee vicine. Henry Lucas aveva quarant'anni quando si innamorò della tredicenne Becky, attraente ragazzina che ne dimostrava almeno diciotto. I due uomini, spesso, la utilizzavano come esca per adescare ignari camionisti. Lasciata seminuda sul ciglio della strada a chiedere un passaggio, non appena il malcapitato, attirato dalle sue grazie, prospettandosi un allettante viaggio in sua compagnia, si fermava per farla salire, minacciato da un revolver, veniva rapinato di tutti i suoi averi. Durante il loro vagabondare in auto, a causa del surriscaldamento del radiatore dovuto all'eccessivo calore del Texas, dovettero compiere una sosta nella contea di Tyler.

Becky e Frank – l'altro "*liberato*" dalla Casa d'infanzia e aggregato al gruppo – bussarono allora all'abitazione di un'anziana signora per chiedere acqua. Sopraggiunti anche Lucas e Toole, l'ingenua donna si offrì di preparare per tutti anche una succulenta colazione. Mentre i ragazzi finivano di abbuffarsi di uova, farina d'avena e prosciutto, i due uomini stuprata la loro ospite, provvedevano a finirla con un paio di pallottole.

A questo punto, dichiarò Lucas: "*Toole iniziò a tenere un comportamento bizzarro che disapprovavo, come maltrattare Becky, mutilare i corpi delle nostre vittime, cuocerli alla griglia e cibarsene*".

In verità il problema di base era un altro, come Herny Lucas amava Becky, altrettanto Ottis Toole, follemente innamorato di

Henry, era determinato a fare in modo ch'egli fosse suo e di nessun altro. Questo fu causa della fine del loro sodalizio criminale che avvenne nel gennaio 1982. Nell'occasione Lucas stava sodomizzando una ragazza appena rapita, davanti all'allegra compagnia di balordi, quando Toole, accecato dalla gelosia, gliela sottrasse in malo modo sfogando su di lei la propria rabbia prima colpendola ripetutamente con pugni in pieno volto fino a farle perdere conoscenza, poi preoccupatosi di farla riprendere, affondando il coltello in vari punti del suo corpo fino a provocarne un lento, doloroso decesso. Quando Toole ebbe finito si diresse con l'auto verso Jacksonville, mentre Lucas, Becky e Frank, facendo affidamento per il viaggio su mezzi di fortuna, optarono per la California. Fatta sosta a Helmet, una cittadina sita cinquanta miglia a est di Los Angeles, dove Lucas sperava di procurarsi un'occupazione provvisoria come falegname, i tre fecero conoscenza con Jack e Becky Smart, proprietari di una azienda che si occupava di antiquariato e restauro di mobili d'epoca. Avvalendosi delle capacità apprese in prigione, Lucas barattò il proprio lavoro con vitto e alloggio per tutti. Con il passare del tempo, la stima della signora Smart verso Henry accrebbe al punto da pensare che, invece di tenerlo lì, avrebbero potuto impiegarlo come tuttofare a Ringgold, Texas, presso la madre, ottantenne. In merito, accordatisi con Lucas, gli consegnarono tre biglietti per intraprendere il trasferimento in autobus e un po' di contante per le piccole necessità.

Kate Rich, la madre di Becky Smart, era una donna energica con difficoltà motorie. Particolarmente apprezzata dal vicinato, godeva delle frequente visite di figli e nipoti, la maggior parte dei quali risiedevano nella vicinanze. Quando Henry e i suoi ragazzi bussarono alla sua porta, questa, già informata dalla figlia del loro arrivo, li accolse a braccia aperte. Senza volerlo, la signora Smart aveva inviato alla propria madre l'*Angelo della Morte*.

Ben presto, in ogni modo, gli sporchi vestiti di Henry, il linguaggio scurrile e lo strano comportamento dei tre cominciarono a mettere in imbarazzo l'intera famiglia di Kate e i suoi amici. Inoltre, Henry, mostratosi un ozioso perditempo, dedito per lo più a bere birra e a fumare seduto sotto il portico, non le sembrava di alcuna utilità. A breve, Frank decise di andarsene per proprio conto e Kate, alcuni giorni dopo, colse l'occasione per chiedere a Henry e Becky di lasciare la loro stanza libera nelle ventiquattrore successive. Così Henry Lucas e Becky, il mattino seguente partirono in cerca di un nuovo posto dove vivere. Verso mezzogiorno, il predicatore Rubin Moore, transitando con la sua auto nei pressi della stazione di autobus di Ringgold, si avvide di un adulto e di una ragazzina che sotto il sole cocente cercavano un passaggio. Presili a bordo, visto che i due non avevano una meta precisa, decise di portarli con sé alla *Casa di Preghiera* di sua pertinenza, a Stoneburg, distante da Ringgold appena una decina di miglia.

Rubin Moore, titolare, tra l'altro, di una ditta di materiali edili, accordatosi con Lucas per un lavoro nella sua azienda, offrì loro anche un alloggio in una baracca della missione e l'uso della cucina comune, in cambio dell'aiuto di Becky a sbrigare le faccende domestiche alla *Casa di preghiera*. Per un po' di tempo le cose parvero procedere per il meglio, Becky, trovata una certa serenità, partecipava alle funzioni religiose domenicali e ogni volta che gli era possibile faceva visita a Kate Rich che, nonostante tutto, considerandola alla stregua di una nipote, mostrava per lei una certa simpatia. Sempre più coinvolta nella vita religiosa la ragazzina, nell'agosto del 1982, decise di porre termine alla sua vita dissoluta. Così, la sera del 24 agosto, minacciato Henry di rompere la loro relazione, lo convinse a partire con lei verso la Florida dove insieme si sarebbero ricostruiti un'esistenza onesta, nel pieno rispetto delle leggi di Dio. Quindi, raccolte le loro cose, i due, alle prime ore del 25 agosto, si allontanarono dalla missione. Raggiunta una sopraelevata di intersezione stradale, in attesa dell'alba, decidero di riposare qualche ora in un prato dove, stesa a terra una coperta, una volta liberatisi dei vestiti, si coricarono.

Qui, Henry chiese a Becky di fare sesso e il rifiuto della ragazzina scatenò una lite. Il primo prese a insistere per un'immediato ritorno di entrambi alla missione, l'altra a ribadire che un suo ripensamento, poiché lei si sarebbe recata in Florida anche senza di lui, sarebbe valso la fine della loro storia. Becky, indispettita, schiaffeggiò Henry e lui forse per pareggiare i conti, impugnato il coltello, glielo affondò in pieno petto. Quando l'uomo si rese conto di ciò che aveva fatto, stretto il corpo dell'amata tra le sue braccia, pianse fino alle prime luci dell'alba. Infine, decisosi a seppellirla, col coltello le recise testa, braccia e gambe; pezzi che avvolti in lenzuola, scavate piccole fosse, interrò separatamente. Il tronco invece lo trascinò nel fitto della vegetazione dove sarebbe stato cibo per gli animali selvatici che infestavano la zona.

Conservato in ricordo della ragazza solo un'anello ch'ella teneva all'anulare, Henry, se ne tornò allora mesto alla missione dove raccontò che Becky risoltasi a lasciarlo, procuratasi un passaggio da un camionista, se ne era andata. Rubin Moore trovando il racconto plausibile e palese il dispiacere manifestato da Henry per l'abbandono subìto, non chiese ulteriori spiegazioni.

Domenica 16 settembre, Henry Lucas, acquistata da pochi giorni una vettura, quasi fosse anch'esso apparentemente pervaso da una sorta d'insperato ravvedimento spirituale, si era accordato con l'anziana Kate Rich per accompagnarla alla funzione serale. Presentatosi a casa sua in largo anticipo, in pieno accordo con la donna, per ingannare l'attesa, si procurarono qualche confezione di birra e parcheggiarono il mezzo in un luogo appartato, dove si dilungarono in chiacchere. Quando si ricordarono della messa, vi giunsero che il rito già era stato officiato.

Kate, fervente praticante, innervosita chiese allora a Henry di riaccompagnarla immediatamente a casa. Sulla via del ritorno Henry, però, abbandonata la statale, imboccò un sentiero e nonostante le proteste della donna andò a fermarsi in prossimità di un pozzo petrolifero abbandonato.

Perché Henry Lucas uccise Kate Rich, rifiutandosi lui di affrontare l'argomento, è tutt'oggi un mistero. È ipotizzabile che l'anziana, particolarmente affezionata a Becky, nutrendo qualche sospetto sulla sua scomparsa, lo abbia incalzato con domande imbarazzanti.

Comunque Henry, la pugnalò e ancora agonizzante, sventratone il corpo dalla gola all'addome, fece sesso con lei mentre quella esalava l'ultimo respiro. Quindi, trascinato il corpo in un canneto vicino a un formicaio, interrò i vestiti in uno scavo che approntò poco distante. Infine, in tutta tranquillità, fece ritorno alla missione.

Lo sceriffo Conway non ci mise molto a scoprire che l'ultima volta che Kate era stata vista in vita si trovava in compagnia di Henry. Convocato lo stesso alla stazione di polizia locale questi pur presentandosi si rifiutò di fornire spiegazioni.

"Purtroppo", disse Conway, *"nonostante i suoi precedenti penali, non avevo sufficienti prove per giustificarne l'incriminazione, per cui dovetti lasciarlo andare"*.

Kate Rich e Becky Powell, entrambe riportate come scomparse, erano state viste per l'ultima volta con Lucas. Consapevole di essere il principale sospettato, Henry, con la scusa di andare in cerca di Becky, la sola in grado di chiarire la sua posizione, disse, lasciò in tutta fretta il paese. Nell'intento di confondere le idee agli investigatori, in primo luogo si diresse a parlare con la signora Smart per avere da lei informazioni più precise sulla scomparsa della madre, Kate. Per sua sfortuna, il marito della Smart, notate alcune macchie di sangue sul sedile del passeggero, non appena Henry se ne fu andato ne informò lo sceriffo. Per tutto il mese di ottobre Lucas vagabondò indisturbato per il paese, ma non appena fece sosta nella conte di Montague, trovò lo sceriffo Conway ad attenderlo con un mandato di cattura ottenuto grazie alle condizioni di libertà vigilata che l'uomo aveva precedentemente disatteso in un altro stato. Non disponendo di elementi concreti, se non indiziari, per formulare un'accusa di omicidio, lo sceriffo chiese allora aiuto ai colleghi del Maryland al fine di trovare una scusa per prolungarne il fermo. Purtroppo giunsero cattive notizie: l'autorità giudiziaria del Maryland, pur di non sostenere i costi necessari per riportare Lucas sotto la propria giuridistizione, dichiarava il suo totale disinteresse a chiedergli, conto di un reato che considerava di lieve entità. Così, Henry Lucas, fu nuovamente messo in libertà.

L'uomo, avvertendosi braccato, per diversi mesi si spostò nelle più disparate località, attraversando Messico, California e Illinois, dove, fatta conoscenza con Gloria Ann Stephens, un'avvenente giovane, decise di portarla con sé. Naturalmente, uccise poi la ragazza durante il viaggio di ritorno in Texas, lasciandone il cadavere nelle campagne vicino a Huntsville.

Nonostante la sua pessima reputazione, si ripresentò, poi, alla

Casa di preghiera dove riuscì, recitando la parte dell'innocente perseguitato dalla giustizia, a ottenere asilo. Temendo che qualcuno potesse imbattersi nel cadavere di Kate Rich, non appena gli fu possibile ne andò a recuperare i resti che provvide a cremare in una stufa a legna della missione. Le ceneri, le disperse nei contenitori dell'immondizia.

Il 9 ottobre 1982, alcuni investigatori si portarono alla *Casa di preghiera* dove sottoposero Henry Lucas a un lungo interrogatorio. Quando gli agenti se ne furono andati, Henry corse ad appicare il fuoco all'abitazione di Kate Rich, poi, fatti i bagagli si diresse verso la California.

Fatta sosta forzata Tucumari, New Mexico, per un guasto all'auto, contattò telefonicamente un amico chiedendogli il favore di raggiungerlo e accompagnarlo fino alla contea di Montagne. Il caparbio sceriffo Conway, nel frattempo venuto a conoscenza da un poliziotto della zona che Lucas possedeva una calibro '22, trovò in quella valido motivo per trattenerlo in carcere per un periodo maggiormente lungo.

"È *un grave reato, per un condannato di un crimine violento, possedere un arma da fuoco*" spiegò Conway.

Lo sceriffo così, non appena Lucas, ingenuamente, tornò alla *Casa di preghiera*, lo trasse in arresto. Chiusolo provvisoriamente in una cella della stazione di polizia della contea, per forzarlo a una confessione, cercò di rendergli il soggiorno quanto mai spiacevole.

Posizionata la manopola dell'aria condizionata sulla più rigida temperatura – poiché Lucas fumava quattro pacchetti di sigarette al giorno e beveva un paio di litri di caffè, gli bloccò qualsiasi rifornimento.

Già dopo quarantotto ore Lucas, disse, amaramente:

"Tu sai bene come si piega un uomo, sceriffo".

Avuto a disposizione una penna e un bloc notes, il prigioniero, infreddolito e astinente cominciò allora a tracciare, in versi, un ritratto delle sue vittime: *una uccisa a new york /luminosi capelli Castani /occhi Blu / New York*/Buffalo /deve Essere Stata Strangolata /con una bianca fune/orecchini /d'oro /indossava /dentro l'appartamento /Joanie/ bei denti bianchi / con uno spazio /Fra gli incisivi superiori/Occhi blu /

piccolo Orecchino /Capelli fin sotto le spalle /lanciata oltre /Ponte /con testa e dita mancanti.

Dopo aver riempito pagine sul genere di quelle sopra citate, Henry Lucas fu trasferito al penitenziario di Wichita Falls, dove il 1 ottobre 1983, si dichiarò colpevole dell'omicidio di Kate Rich per la quale ricevette una condanna di 75 anni. Sottoposto a processo anche per l'omicidio di Becky, dichiarò quello, avvenuto incidentalmente durante un alterco. In merito a questo secondo processo, la sentenza, emessa il 10 novembre 1983, sanciva per lui l'ergastolo. Poiché, nel Texas, una condanna all'ergastolo non rende certa l'incarcerazione a vita dell'imputato che potrebbe uscire dopo alcuni anni libero sulla parola, gli inquirenti, che desideravano per Lucas la sedia elettrica, studiarono modo e maniera per fargli confessare L'*omicidio delle calze arancio*.

Mostrata a Lucas una fotografia del cadavere della ragazza, tenendo coperta l'area del collo che rendeva evidente il decesso per strangolamento – causa della morte mai rivelata neppure ai giornali – Henry disse: *"Ricordo questa ragazza, si tratta dell'autostoppista che venne strangolata"*.

Filmata segretamente ogni sua parola per rendere improbabile ogni possibile ritrattazione, Lucas, forniti dettagli sull'omicidio di cui solo l'autore poteva essere a conoscenza, ne confessò con dovizia di particolari altri 156 commessi in vari stati. Comunque l'interesse degli inquirenti era concentrato sul *Caso delle calze arancio* perché negli States la pena di morte è possibile solo se un omicidio è reso "aggravato" da un altro grave crimine.

Nonostante l'avvocato consigliasse a Lucas di tacere, questo concluse raccontando di come avesse abusato sessualmente di *Calze Arancio* prima e dopo il decesso. La pena capitale era una pura formalità dopo questo tipo d'ammissioni. Lucas si era procurato un biglietto di sola andata per l'inferno.

Il capitano Bob Prince, è l'ufficiale dei Texas ranger a cui fu dato l'incarico di coordinare le 875 agenzie, comprendenti più di 1000 investigatori che premevano per interrogare Lucas in merito a omicidi irrisolti commessi nelle loro rispettive giurisdizioni. Lucas, ora, suscitata l'attenzione mediatica e giuridica del mondo intero, si stava divertendo come non mai. Dotato di abiti nuovi, per renderlo presentabile fu anche sottoposto a cure dentistiche. Gli ufficiali di polizia si contendevano foto ricordo in sua compagnia; l'uomo che si supponeva essere il più prolifico serial killer nella storia americana. Poiché le autorità giudiziarie erano ansiose di risolvere tramite le sue dichiarazioni, più crimini possibili, sembrava che non si badasse a spese. Da aprile, la polizia, grazie a Henry aveva chiuso 190 pratiche di omicidio, sebbene Bob Prince spiegò che se Henry avesse ucciso veramente a quei ritmi, il numero totale delle sue vittime poteva essere stimato in oltre 3000. Nella loro fretta di chiarire omicidi irrisolti, gli ufficiali non si preoccupavano del fatto che spesso Henry confessava delitti commessi lo stesso giorno, alcuni anche a 600 miglia di distanza l'uno dall'altro. Solo gli omicidi sulla I-35 di Jacksonville, presentano un *modus operandi* comune, ma Lucas ha più volte dichiarato: "*Ho ucciso con ogni mezzo conosciuto all'uomo, tranne che con il veleno*".

Oggi si concorda sul fatto che Henry Lucas non possa essere l'autore di tutti gli assassini che gli sono stati attribuiti.

Riflettendo sull'infanzia di Henry non c'è dubbio che avesse subito seri danni psicologici durante i suoi anni formativi. Tali abusi, purtroppo condivisi da milioni di persone di diversi paesi e culture non ne giustificano però il suo divenire un serial killer. Prima della sua morte, ho intervistato Lucas numerose volte. Il suo volto e il fisico emaciato lo rendevano simile a uno zombie, ma i suoi modi apparivano incredibilmente cortesi. Senza dubbio, un passato di abusi e privazioni, l'uso smodato di medicinali, come pure i quattro pacchetti di sigarette al giorno e l'eccessivo consumo di alcol cui era avvezzo hanno comportato la progressiva degenerazione del suo sistema neurologico. Henry Lucas era emotivamente e socialmente deceduto prima ancora di raggiungere la pubertà, periodo in cui la sua esistenza si è ridotta alla mera e quotidiana necessità di soddisfare i propri impulsi. Nulla di quanto detto può comprovarne la pazzia: Lucas conosceva bene la differenza tra bene e male e, pur consapevole di infrangere le regole basilari dell'ordine sociale, non se ne curava affatto, disinteressandosi non solo delle conseguenze, ma altresì del dolore e della sofferenza generati dalla sua furia omicida.

Durante l'ultima intervista, Lucas ha affermato di non aver ucciso nessuno. Becky Powell, secondo la sua dichiarazione, era ancora viva e vegeta e il fatto che la polizia avesse recuperato un cumulo di ossa in una località da lui stesso indicata nella contea di Denton, non bastava ad accertarne il decesso. Del resto non solo non sussistevano sufficienti prove legali che identificassero il proprietario di quei resti, ma una donna si era perfino presentata innanzi alla polizia dichiarando di essere Becky Powell. Offertasi di fare un test calligrafico e consentire il prelievo di un campione di sangue, da usare per l'analisi del DNA, la sua proposta neppure era stata presa in considerazione dagli agenti. In fondo, a cosa sarebbe valso attestare il suo persistere in vita, se non a testimoniare l'opera di un essere demoniaco pronto a mutare in zombie i cadaveri? Una storia per la cui esclusiva la casa di produzione cinematografica *Hammer House of Horror* pagherebbe una grossa cifra.

"Non ho ucciso neppure Kate Rich" protestò Henry. Peccato che del suo corpo siano rimaste solo le ceneri, tracce grigie che mai potrebbero permetterne l'identificazone, e un paio di occhiali riposti accanto a quella stessa stufa in cui Lucas inizialmente ammise di averla gettata. Allorché l'ultima intervista si approssimò alla conclusione, gli chiesi come, se davvero si professava innocente, avesse potuto guidare gli agenti nei luoghi in cui avrebbero potuto disseppellire i cadaveri, descrivendo dettagli che solo il vero assassino poteva conoscere. Rispose, senza scomporsi, che gli avevano mostrato le foto dei corpi nei luoghi in cui essi erano stati ritrovati, per cui dalle immagini era stato in grado di ricavare quelle informazioni. Alla domanda: *"Come potevi sapere il punto esatto in cui erano stati gettati i corpi?"*

Ancora una volta, Henry diede quella che riteneva essere una risposta credibile: *"I poliziotti mi portavano sul posto e dopo mi chiedevano di mostrare loro dove fossero"*.

Peccato che gli agenti non avessero alcuna idea di dove reperire i cadaveri, finché Henry non lo aveva detto loro. Nell'estremo tentativo di ottenere almeno una risposta sincera, gli chiesi di parlarmi dell'omicidio di sua madre. Strofinandosi l'occhio di vetro con la manica della camicia, replicò imperterrito: *"Non ho mai ucciso nes-*

suno. Io stesso me n'ero attribuita la responsabilità, ma mia sorella, sul suo letto di morte, ammise di aver commesso lei quell'omicidio. Purtroppo l'unica testimone è deceduta".

A confermare l'incoerenza di tutto ciò, due settimane prima, durante l'ennesimo interrogatorio, Lucas aveva confessato agli ufficiali di polizia altri due omicidi, descrivendo perfino il luogo in cui avrebbero trovato i corpi. Henry Lucas, insidioso e nel contempo affascinante, stagliandosi in quel deposito di esseri umani conosciuto come il Penitenziario del Texas, costituiva il perfetto prototipo del serial killer.

Ottis Elwood Toole morì in prigione, di cirrosi epatica, nel settembre 1996. Henry Lee Lucas fu salvato dal Braccio della Morte e dalla certezza della sua esecuzione da quello che all'epoca era il Governatore del Texas e che in seguito divenne il Presidente degli Stati Uniti, George W. Bush, il 25 giugno 1998.

Secondo quanto affermato da Bush: *"Sebbene Henry Lucas sia senza dubbio colpevole di numerosi crimini, vi sono seri dubbi sulla sua colpevolezza nel caso 'Calze Arancio'".*

Alcuni documenti e un assegno incassato ne attestavano infatti la presenza in Florida nel giorno in cui era stato commesso tale omicidio. In Texas, un governatore ha l'autorità legale per commutare una sentenza di morte, solo su raccomandazione della maggioranza dei 18 membri della Commissione per la Libertà Vigilata. Durante il periodo in cui Bush ricoprì tale carica, la Commissione accordò la commutazione della pena unicamente a Lucas, negandola in altri 134 casi.

"C'è un 80% di possibilità che un giorno io possa uscire di prigione", disse Lucas, *"Lui (*Bush*) ha sostenuto ciò che credeva giusto e la legge stabilisce che nessuna persona innocente possa essere giustiziata".*

Il 30 giugno fu portato al Dipartimento di Giustizia Criminale del Texas, dove fu sottoposto a test medici e psichiatrici per stabilire se fosse in possesso delle proprie facoltà mentali, condizione basilare per consentirne l'esecuzione. Ottenuta la grazia, fu condannato all'ergastolo.

"Onestamente, quando mi informarono della commutazione, rimasi scioccato" disse Lucas. *"Non pensavo sarebbe successo. Tutti parevano con-*

tro di me. L'unica persona che ho davvero ucciso è *stata mia madre e ora sto pagandone dazio"*. All'età di 64 anni, Henry Lee Lucas morì di un attacco di cuore il 12 marzo 2001. Oltre 500 persone parteciparono alla sua funzione, un numero di gran lunga superiore a quello ottenuto da un qualsiasi altro omicida.

Questo capitolo è *basato sull intervista concessa in esclusiva dal Braccio della Morte a Christopher Berry-Dee da Henry Lee Lucas; Ellis Unit, Huntsville, Texas, 1996.*

INDICE

Usa il QR code e scopri altri titoli

www.ingramcontent.com/pod-product-compliance
Lightning Source LLC
LaVergne TN
LVHW060430051026
849518LV00002B/398
* 9 7 8 8 8 6 5 9 6 3 1 5 9 *